Margareta Mommsen
Angelika Nußberger

Das System Putin

Gelenkte Demokratie
und politische Justiz
in Russland

Verlag C. H. Beck

Mit 11 Abbildungen

Originalausgabe

© Verlag C. H. Beck oHG, München 2007
Gesamtherstellung: Druckerei C. H. Beck, Nördlingen
Umschlagentwurf: + malsy, Willich
Umschlagabbildung: Wladimir Putin bei den Feierlichkeiten
zum 200. Geburtstag des Moskauer Kreml-Museums
am 7. März 2006, © Yuri Kadobnov/AFP/Getty-images
Printed in Germany
ISBN 978 3 406 54790 4

www.beck.de

Inhalt

III. Gelenkte Justiz

IV. Berühmte Prozesse

Einführung

Russland ist nicht die Sowjetunion. Russische Bürger können in ihr Land frei ein- und ausreisen. Sie verbringen ihren Urlaub nicht mehr in Erholungsheimen am Schwarzen Meer, sondern auf Kreta und in Davos; man trifft sie in Salt Lake City und Melbourne. Moskau ist nicht mehr die graue Stadt mit den breiten leeren Straßen, sondern eine boomende europäische Metropole, in der Designerläden und teuere Restaurants dazu einladen, den Kapitalismus zu zelebrieren. Die Erinnerung an den Arbeiter- und Bauernstaat wird in kleinen Dosen auf Hochglanzpostkarten mit Bildern aus der Zeit des sozialistischen Realismus verkauft. Was früher richtungsweisende Losung war, ist nunmehr billiges Souvenir. Nirgendwo hängen Spruchbänder, die die Erfolge Lenins, Macht und Stärke der kommunistischen Partei und die Größe des Sowjetvolks preisen.

Seit 1991 gibt es ein neues Russland.

So scheint es. In Wirklichkeit ist hinter dem ersten neuen Russland der neunziger Jahre bereits ein zweites neues Russland entstanden. Auf die Jelzin-Jahre mit ihrer Experimentierfreudigkeit, Unberechenbarkeit, Offenheit, Streitfreudigkeit, mit ihrem Ausloten der Extreme folgte mit dem Beginn der Präsidentschaft Wladimir Putins eine nüchtern-pragmatische Rückorientierung auf einen «russischen Weg», der unter dem Zeichen von Stabilitätssuche und Autoritätsgläubigkeit unverkennbar zu einer umfassenden Rezentralisierung der Macht und Verstaatlichung der Zivilgesellschaft führte. Die verlorenen Grenzen – insbesondere im Verhältnis Staat – Individuum – wurden wieder neu eingezeichnet, das aus dem Lot geratene Gesamtgefüge neu justiert.

Im Gegensatz zu den Reformen zu Beginn der neunziger Jahre blieb nunmehr die Fassade aber unverändert, fanden keine grundlegenden institutionellen Neuerungen statt. Die in der Verfassung von 1993 proklamierten Ziele «Demokratie, Menschenrechte und

Marktwirtschaft» gelten weiterhin als Maßstab, auf den alles staatliche Denken und Handeln bezogen ist. Dennoch zeigen die Änderungen in allen Teilbereichen des gesellschaftlichen Lebens eine Rückorientierung auf Wertvorgaben und Organisationsformen der späten Breschnew-Zeit. Die Macht wird zentralisiert, informelle Netzwerke überlagern die von der Verfassung vorgesehenen Strukturen, geschriebenes Wort und gelebter Inhalt der Verfassung fallen auseinander, offizielle Verlautbarungen und private Bekenntnisse lassen sich nicht mehr zur Deckung bringen. Bei der Ausübung der Macht kehren patriarchalische Grundmuster wieder. Minderheitsmeinungen werden abgewertet oder stigmatisiert, Karikatur und Kritik sind unerwünscht. Gegenüber dem Ausland erfolgt eine ideelle Abschottung. Dem europäischen Marktplatz der Ideen werden die «russischen Werte» entgegengestellt.

Dieses zweite neue Russland ist Gegenstand des vorliegenden Buches.

Wer immer auf vergangene oder gegenwärtige Missstände in Russland verweist, setzt sich dem Vorwurf aus, kein «Patriot» zu sein. Patriotismus ist der neue Orientierungsbegriff. Reformideen, die Entwicklung von Zielvorgaben und Zukunftsvisionen sind zwar erwünscht. Aber dahinter hat die kritiklose Liebe zum Vaterland zu stehen, zu den tief verwurzelten russischen Traditionen, die auch – das wird nicht in Abrede gestellt – das autokratische Regieren, die orthodoxe Religion, den Rechtsnihilismus und die obrigkeitsstaatliche politische Kultur umfassen – dies ist Gegenstand des ersten Kapitels.

Diejenigen, die die Macht in Händen halten, verordnen Kritiklosigkeit und profitieren davon. Die auf dieser Grundlage entstehende «gelenkte Demokratie» wird im zweiten Kapitel dargestellt. Auch die Justiz wird gesteuert, steht dabei allerdings im Spannungsfeld zwischen proklamierter Rechtsstaatlichkeit und dem Aufbau einer vertikalen Struktur bei der Entscheidungsfindung. Das dritte Kapitel ist so den Besonderheiten einer «gelenkten Justiz» und damit Reformen, die keine wirklichen Veränderungen bewirken sollen, gewidmet.

Das Ideal eines kritiklosen Patriotismus ist auch der Schlüssel zum Verständnis der Haltung der Mehrheit der russischen Bürger zu den großen Prozessen der letzten Jahre, die sich aus der Außenperspektive als politisch motiviert darstellen. Gleich ob es um die Verurteilung der «Oligarchen» Wladimir Gussinski und Michail Chodorkowski, der angeblichen Spione Grigori Pasko, Walentin Danilow und Igor Sutjagin oder der Kulturschaffenden und Organisatoren des Sacharow-Zentrums im Prozess «Vorsicht, Religion!» geht, immer werden sie als Feinde, als Störenfriede gesehen und ausgegrenzt. Wer Russland liebt, so ist die Botschaft, muss ihrer Verurteilung zustimmen. Nur am Verfahren gegen den wegen Kriegsverbrechen in Tschetschenien angeklagten russischen Offizier Budanow scheiden sich die Geister. Hier ist nicht klar, wer Patriot ist, derjenige, der Budanow, wie etwa der russische Verteidigungsminister, als Schande für die russische Armee empfindet, oder derjenige, der ihn als «Held des Vaterlands» verteidigt. Von diesen Gerichtsprozessen handelt das vierte Kapitel.

Das neue Russland als Großmacht, als nach innen und außen wieder erstarkter Staat, wirft die Frage nach Alternativen zur «gelenkten Demokratie» auf. Ist die Entwicklung zum «System Putin» einer zwangsläufigen Gesetzmäßigkeit geschuldet, folgt nunmehr, wie in den letzten Jahren der Herrschaft Breschnews, eine Zeit der Erstarrung? Oder gibt es Ansätze zu einer dynamischen Weiterentwicklung, zu einer nicht nur formalen, sondern auf gemeinsamen Werten beruhenden Einbindung Russlands in ein modernes Europa? Müssen der Westen und der Osten des Kontinents Antipoden bleiben oder gibt es Zeichen, dass sie sich aufeinander zu bewegen? Mit dieser Frage befasst sich das letzte Kapitel.

I. Die Macht zaristischer und sowjetischer Traditionen

Deutungsmuster und Klischeebilder

«Der Westen und Russland verlieren einander unzählige Male. Dieser Tanz von Anziehung und Abstoßung dauert jahrhundertelang, und die gerade anstehende Zeit der Abstoßung kann man philosophisch gelassen nehmen.» So schreibt der russische Publizist Andrei Piontkowski und reflektiert, allein in postsowjetischer Zeit könne man bereits zwei Zyklen der Annäherung und Entfremdung zwischen dem Westen und Russland erkennen.[1] Ein erster Zyklus reiche von Jelzins Außenminister Andrei Kosyrew, dem Flaggschiff der stark nach Westen orientierten Außenpolitik, bis zu Jewgeni Primakow, dem letzten einflussreichen und eigenständigen Regierungsvorsitzenden in Russland; ein zweiter Zyklus beginne mit dem Ruf «Amerikaner, wir stehen euch bei», mit dem Wladimir Putin spontan auf die Anschläge des 11. September reagiert hatte, und ende bei der Wiederentdeckung alter Feindschaften in der Gegenwart. Die Beziehung zwischen Russland und dem Westen ist immer spannungsreich, einmal offen und freudig, mit euphorischen Trinksprüchen auf den Lippen und dem Glas Wodka in der Hand, dann aber verkrampft und abweisend, am Tag danach, wenn der Kater kommt und man sich besinnt, dass man sich so nah nun doch nicht ist und auch nicht sein möchte.

Aber nicht nur die Beziehungen zu Russland scheinen durch zyklische Wiederholungen und vorgefertigte Muster geprägt zu sein, auch der russische Weg selbst gibt Anlass zurückzublicken und in Tradition und Geschichte Erklärungen für die Gegenwart zu suchen. Mit Blick auf die von Jelzin eingesetzte Begnadigungskommission zitiert der russische Schriftsteller Anatoli Pristawkin die Frage des russischsten aller russischen Dichter, Alexander Puschkins, «Was ist Russland?» und wiederholt dessen Antwort:

«Halbwilde Völker … ihre immer wiederkehrenden Empörungen, ihre Abneigung gegen Gesetze und Bürgersinn, ihr Leichtsinn, ihre Grausamkeit …». Und schließt auf die Gegenwart: «Aber wir sind seit jener Zeit nicht besser geworden, der Dichter hat nicht nur den damaligen Zustand Russlands beschrieben, sondern auch die Zukunft des Landes vorhergesagt. Das, was wir gegenwärtig durchmachen. Was die Menschen auch noch lange nach uns durchmachen werden.»[2] Derart düstere Selbstcharakteristiken sind in der russischen Literatur – sei es in künstlerischen Werken, sei es in wissenschaftlichen Abhandlungen – keine Seltenheit. Kritik von außen ist – trotz aller Selbstkritik – dagegen nicht erwünscht. Dem kleinlichen Vergleichen, dem Messen und Vermessen setzt man den «Glauben an Russland» entgegen, wie es in dem von jedermann zu jeder Zeit zitierten kleinen Vierzeiler des romantischen Dichters Tjutschew heißt. Und um noch einmal Puschkin zu bemühen: «Natürlich verachte ich unser Vaterland vom Kopf bis zu den Zehen, aber es ist mir auf das Äußerste zuwider, wenn ein Ausländer dieses Gefühl mit mir teilt.»[3]

Sicherlich gibt es auch Stereotype bei der Betrachtung Russlands aus dem Westen, gerade, wenn es um Recht oder Nicht-Recht geht. Bereits bei der ersten Übersetzung eines russischen Gesetzestextes, dem Gesetzbuch von Zar Alexei, fühlt sich der Herausgeber genötigt, seine Leserschaft einleitend auf die «anoch etwas hart eingerichteten Strafen» vorzubereiten, auch wenn er zugleich betont, dass man aus der Anschauung dessen, was anders sei, viel lernen könne. In der Gegenwart bestätigen Buchtitel wie «Russland im Aufruhr. Innenansichten aus einem rechtlosen Reich»[4] oder «Das korrupte Imperium»[5] ein kritisch-abwertendes Grundverständnis. Der im Jahr 1922 ins Exil verbannte Philosoph und Jurist Iwan Iljin hat die Naivität der Vorstellung, Russland könne man wie die Schweiz demokratisch regieren, gebrandmarkt und aus der Außenperspektive über ein neues Russland nachgedacht. Immer wieder betont er, dass alle zusammenstehen und von einer starken Hand geführt werden müssten: «Das russische Volk muss sich als rechtliche Einheit verstehen, als Rechtssubjekt, das aus einer Vielzahl von Rechtssubjekten besteht; als lebendige gesamtrussische Persönlichkeit, die eine starke rechtliche Macht aufbaut und führt.»[6] So nimmt es nicht Wunder, dass die Idee der Gewaltenteilung nicht in Russland entwickelt wurde, dass sie, auch wenn sie von Katharina der Großen in ihrer von den französischen Denkern der Aufklärung inspirierten «großen Instruktion» von 1768 propagiert wurde, nie Bedeutung in der Rechtswirklichkeit gewann.

Kann nun aber die russische Geschichte und Geistestradition, können die Ansichten Puschkins und Tolstois, das Machtverständnis Iwans III. und Katharinas der Großen wirklich Deutungsmuster für die politische und rechtliche Entwicklung der Gegenwart liefern? Sind darin Erklärungen zu finden für das Zusammenschnurren der Zivilgesellschaft auf ein Häuflein Unentwegter, die bei ihrem Versuch zu demonstrieren einer vierfachen Übermacht der Polizei gegenüberstehen und von Hubschraubern in der Luft übertönt werden?[7] Für die Formularkultur, in der Ideen und Spontaneität begraben werden?[8] Für den Blick nach oben, mit dem derjenige an der Spitze des Staates von aller Schuld freigesprochen und mit dem Finger nur auf die Untergeordneten, die schlechten Gehilfen, gezeigt wird?[9] Für das Misstrauen gegen alles, was mit Gesetzbüchern und Richtern in Verbindung steht?[10] Für die Bildung von Netzwerken in allen staatlichen Strukturen?

Traditionen sind wie Spurrillen, die am Boden eingezeichnet sind. Man hat viel über ihre Wirkmächtigkeit nachgedacht, versucht, eine «Theorie der Tradition» zu entwickeln. Karl Popper, vielleicht der bekannteste Denker, der die Bedeutung von Traditionen zu seinem Thema gemacht hat, sah zwar den Weg zur Entwicklung einer rationalen Theorie der Tradition vor sich, wusste, welche Fragen zu stellen wären, nahm aber nicht für sich in Anspruch, zu einem Ergebnis kommen zu können.[11] Auch wer politische Systeme oder Rechtssysteme vergleicht, kann zwar Unterschiede feststellen, die bereits in der Vergangenheit hervorgetreten sind und in die Gegenwart hineinwirken, doch wird er Ursachen und Folgen nicht als konsistentes Muster darstellen können.[12]

Dies gilt auch für Russlands geschichtliche Entwicklung. Wiederholungen sind teils zufällig, teils gewollt, teils ungewollt und scheinbar unvermeidbar. Gerade in Bezug auf das Verhältnis zwischen Macht und Recht lohnt der Blick zurück auf die Vergangenheit, auf die Tradition des Rechtsnihilimus, die Missachtung verfassungsrechtlicher Vorgaben, die Max Weber als «Scheinkonstitutionalismus» bezeichnet hat, die Verbindung von Autokratie und Orthodoxie sowie das halbherzige Experimentieren mit verschiedenen Formen von Demokratie. Dennoch kann die Antwort auf die Frage, wie es früher war, allenfalls die Augen für besondere Eigenheiten der Entwicklung öffnen und Muster erkennen lassen, mehr nicht. Traditionen sind eben nur Spurrillen und keine Schienen, von denen nicht abgewichen werden könnte.

Rechtsnihilismus

«Rechtsnihilismus» prägt das russische Rechts- und Staatsverständnis. In der russischen Sprache fügt man das lateinische Wort «nihil» für «nichts» und das russische Wort *prawo* für «Recht» zusammen und erhält so mit dem Kunstbegriff *prawowoi nigilism* eine Klammer für ein bereits im 19. Jahrhundert vieldiskutiertes Phänomen. Recht ist nichts, das ist das Credo; Recht und Gerechtigkeit haben wenig oder nichts miteinander zu tun. Was in Gesetzen niedergeschrieben ist, braucht nicht befolgt zu werden, es sei denn, man wird dazu mit physischer Gewalt gezwungen. Der gemäßigte Rechtsnihilismus entspringt einer Kritik am Bestehenden, lehnt das Recht nicht als Ordnungsform ab, sondern bemängelt vielmehr das Auseinanderfallen zwischen dem Ideal der Gerechtigkeit einerseits und den Rechtsnormen und ihrer Umsetzung in der Wirklichkeit andererseits. Dagegen propagiert der radikale Rechtsnihilismus die Ablehnung rechtlicher Regelungen aus grundsätzlichen Erwägungen. Gustav Radbruch spricht in diesem Zusammenhang davon, dass sich «das russische Rechtsdenken … in einer negativen Rechtsphilosophie am deutlichsten ausgedrückt finden musste»[13], und nennt als ihren prominentesten Vertreter Leo Tolstoi «mit seiner aus letzten Tiefen des religiösen Bewusstseins entspringenden Verneinung alles Rechts».[14] Tolstoi versteht Recht ausschließlich als «institutionalisierte Gewalt». Es dient in seinen Augen nur dazu, die gewaltsame Durchsetzung des Stärkeren gegenüber dem Schwächeren zu rechtfertigen, und widerspricht dem grundlegenden Gebot der Nächstenliebe. In seinem berühmten *Über das Recht* titulierten Brief an einen Schüler des russischen Juristen Petrażycki führt Tolstoi im Jahr 1909 aus: «In Wirklichkeit aber wird Folgendes Recht genannt: Für die Menschen, die Macht haben, ist es die sich selbst erteilte Erlaubnis, die Menschen, welche sie beherrschen, zu zwingen, das zu tun, was für die Herrschenden vorteilhaft ist. Für die Beherrschten aber wird Recht die Erlaubnis genannt, all das zu tun, was ihnen nicht verboten ist. ... Das bürgerliche Recht ist das Recht der einen auf Bodenbesitz, auf tausend und zehntausend Desjatinen und auf den Besitz von Arbeitsmitteln; und es ist das Recht derer, die keinen Boden und keine Arbeitsmittel haben, ihre Arbeit und ihr Leben denen, die den Boden und das Kapital beherrschen, zu verkaufen, und dabei vor Not und Hunger zu sterben. Das Strafrecht ist das Recht der einen, diejenigen zu verbannen, einzusperren, zu hängen, bei welchen sie es für nötig erachten, dass sie verbannt, eingesperrt, gehängt werden. Für die verbannten, eingesperrten und gehängten Menschen aber ist es das Recht, solange nicht vertrieben, eingesperrt oder aufgehängt zu werden, wie es denjenigen, welche die Möglichkeit haben, es zu tun, nicht als nötig erscheint.»[15]

Der Rechtsnihilismus und mit ihm ein tief verwurzeltes Misstrauen gegen die Gerichte ist in Russland kulturprägend. Man hat dafür eine Vielzahl von Begründungen bemüht – «im Namen der Selbstherrschaft oder der Anarchie, im Namen von Christus oder Marx, im Namen der höchsten geistigen Werte oder der materiellen Gleichheit».[16] Das Lamento über den «allgemein kümmerliche[n] Zustand des Rechtsbewusstseins der russischen Intelligenzija» zieht sich als Konstante durch die russische Geschichte.[17]

Die Herrschenden, sei es Zar Peter oder Zarin Katharina, sei es Stalin oder Putin, reagieren auf die rechtsnihilistische Grundeinstellung der Bevölkerung immer gleich: mit der Forderung, mit harter Hand gegen Rechtsbrecher durchzugreifen. Bezeichnend ist die von Putin gewählte Formulierung; er spricht von der «Diktatur des Gesetzes». Nur ausnahmsweise werden Reformen angemahnt, um die Gesetze zu verbessern. Dabei sind viele der Gesetze so, wie sie niedergeschrieben sind, tatsächlich nicht zu erfüllen, zumeist weil sie in sich widersprüchlich oder unvollständig sind oder auch, weil sie ideale Forderungen vorschreiben, die mit der Wirklichkeit nichts zu tun haben.[18] Die Nicht-Erfüllung der Gesetze ist somit in gewisser Weise auch ein gewollter Zustand: Jeder – und zwar sowohl der Beamte, der für die Umsetzung eines Gesetzes zuständig ist, wie auch der Bürger, auf den ein Gesetz zur Anwendung kommt – ist potentieller Rechtsbrecher, auf jeden kann theoretisch immer mit legalen Sanktionen zugegriffen werden. Das Recht schafft so Rechtsunsicherheit und ist ein Nährboden für Willkür und Ungleichbehandlung.

Die sowjetische Zeit stand unter dem Diktat erst der «revolutionären», später der «sozialistischen Gesetzlichkeit». Das bedeutet, dass zwar die Pflicht, Gesetze einzuhalten, anerkannt wurde, zugleich aber die Machthaber jederzeit das Recht hatten, davon nach Opportunitätsgesichtspunkten abzuweichen. Der Rechtsnihilismus wurde damit zum Programm. Davon zu sprechen war aber tabu. Der erste mutige Aufsatz zu dem Thema findet sich in der Perestrojka-Zeit, im Jahr 1988, in der Zeitschrift *Sowjetischer Staat und Recht*, und stammt von Wladimir Tumanow, dem späteren Präsidenten des Russischen Verfassungsgerichts und ersten russischen Richter am Europäischen Gerichtshof für Menschenrechte.[19] Er beschreibt den Rechtsnihilismus als Phänomen der Vergangenheit. Die postsowjetische Entwicklung hat indessen gelehrt, dass der Rechtsnihilismus nicht leicht zu überwinden ist. In der Gegenwart ist er verbreiteter denn je, überlagert doch der machtpolitische Pragmatismus im Umgang mit dem Recht im Alltag ebenso wie in der hohen Politik die Scheinwelt der Rechtsstaatlichkeit.

Scheinkonstitutionalismus

Von den Herrschern Russlands wird das Recht traditionell als Mittel zur Festigung ihrer Macht, nicht aber als gegen sie einsetzbares Kontrollinstrument verstanden. Da die russische Autokratie nach dem Ende des oströmischen Reichs 1453 den Anspruch erhob, als «Drittes Rom» das geistig-religiöse Erbe von Byzanz anzutreten, war jede Form der Kritik undenkbar; die Macht war sakral. Überdeutlich schlug sich dieses Verständnis in dem von Peter I. im Jahr 1716 erlassenen Militärgesetz nieder: «Denn seine Majestät ist ein alleinmächtiger Monarch, der niemandem auf der Welt Rechenschaft für seine Taten abzulegen braucht, der aber Kraft und Macht besitzt, seine Staaten als christlicher Herrscher nach seinem Willen und besten Dafürhalten zu regieren.» Stammt diese Bestimmung aus einer Zeit, in der die Idee der Begrenzung staatlicher Macht selbst in der Theorie noch kein Gemeingut geworden ist, so zeigt sich die besondere, in der Autokratie verwurzelte russische Tradition darin, dass der umfassende Herrschaftsanspruch auch mehr als ein Jahrhundert später und damit nach der Französischen Revolution und der Periode des Konstitutionalismus in Westeuropa noch mit unverminderter Schärfe aufrechterhalten wurde. So heißt es im Staatsgrundgesetz von 1832: «Der Imperator von Allrussland ist ein selbstherrlicher und unumschränkter Monarch. Seiner obersten Gewalt zu gehorchen nicht nur aus Gründen der Furcht, sondern des Gewissens, befiehlt Gott selbst.»

Die erste Verfassung wurde Zar Nikolaus II. abgetrotzt. Nach dem Ausbruch eines Generalstreiks erging das Manifest *Zur Vervollkommnung der Staatsordnung*, in dem der Zar der Regierung als seinen «unbeugsamen Willen» auferlegt, das allgemeine Wahlrecht und die Mitwirkung der Duma an allen Gesetzen durchzusetzen sowie «der Bevölkerung unerschütterliche Grundlagen der bürgerlichen Freiheit zu verleihen, gegründet auf wahrhafte Unverletzlichkeit der Person, Freiheit des Gewissens, des Wortes, der Versammlungen und der Vereine.» Auch in dieser ersten von der Idee einer demokratischen Herrschaft inspirierten Verfassung wurde aber die Macht des Zaren noch immer als «selbstherrlich» angesehen; lediglich die Beschreibung als «unumschränkt» hatte man gestrichen. Eingefügt wurde ein Kapitel «Von den Rechten und Pflichten der russischen Untertanen», das einerseits grundlegende Rechte wie Religions-, Gedanken-, Presse- und Eigentumsfreiheit garantiert, andererseits die Zahlung von Steuern und Abgaben normiert und die Verteidigung des Thrones und des

Vaterlands zur heiligen Pflicht eines jeden russischen Untertanen erklärt. In einem weiteren Kapitel «Von den Gesetzen» wurde festgelegt, dass kein neues Gesetz ohne Genehmigung des Reichsrats und der Reichsduma und ohne Bestätigung des Kaisers in Kraft treten kann. Doch der Zar wollte die neue Ordnung nicht als ihn vor Gott bindend anerkennen und weigerte sich, auf die Verfassung zu schwören.

Ob das Verfassungsgebäude von Anfang an morsch und der Vorwurf Max Webers, es handle sich nur um «Scheinkonstitutionalismus»[20] berechtigt ist, ist fraglich. Zwar schließt das Wahlrecht nicht nur Frauen, sondern auch Studierende höherer Lehranstalten und Militärpersonen aus, auch hat der Zar bestimmenden Einfluss auf die Besetzung des Senats und kann mit seinem Vetorecht das Zustandekommen von Gesetzen blockieren, doch ist ein Recht der Volksvertretung auf Mitwirkung am Gesetzgebungsverfahren, bei der Bewilligung neuer Steuern und bei der Aufstellung des Budgets gewährleistet. Zudem können die Verwaltungsbeamten kontrolliert und die gesamte Finanzverwaltung überwacht werden. Da jeder Architektenplan aber letztlich nach dem fertigen Gebäude bewertet wird, verwundert es nicht, dass die russische Verfassung von 1905 einen schalen Nachgeschmack hinterlässt; dem Sturm der Revolutionen hatte sie nichts entgegenzusetzen.

Parallelen zur Gegenwart drängen sich auf. Wie die Verfassung von 1905 ist die Verfassung von 1993 eine in gewisser Weise «oktroyierte» Verfassung. So war an ihrer Ausarbeitung zwar eine Vielzahl von gesellschaftlichen Gruppen beteiligt, doch wurde dem Volk im Dezember 1993 eine Verfassung zur Abstimmung vorgelegt, die keiner der zuvor diskutierten Vorlagen entsprach. Die in letzter Minute eingefügten Änderungen lassen vielmehr deutlich die Handschrift des Präsidenten erkennen. Gefährlich ist insbesondere die Formel, der Präsident sei der «Garant der Verfassung der Russischen Föderation und der Rechte und Freiheiten des Menschen und des Bürgers.» Auch wenn einschränkend geregelt ist, der Präsident dürfe nur in dem von der Verfassung vorgesehenen Verfahren Maßnahmen zur Wahrung der Souveränität der Russischen Föderation, ihrer Unabhängigkeit und staatlichen Einheit treffen, so dient diese Bestimmung doch als Hebel, um das Gleichgewicht der Gewalten aus den Angeln zu heben. Im Zweifel darf der Präsident handeln, und im Zweifel handelt der Präsident.

So klaffen das demokratische Verfassungswerk von 1993 und die autoritäre Verfassungspraxis im System Putin weit auseinander. Besonders auffällig ist, dass anstelle des Rechtsstaats ganz gegenteilige Leitideen wie der «starke Staat» und die «Vertikale der Macht» zum Tragen kommen. Vom demokratischen Verfassungsauftrag sind nur eigentümliche Wortverbindungen wie die einer «angepassten» oder einer «souveränen Demokratie» übrig geblieben. Die in der Verfassung niedergelegten Werte können daher keine Wurzeln schlagen, es kommt keine Verfassungslegitimität und schon gar kein «Verfassungspatriotismus» auf.

Das Unverständnis der politischen Eliten für die Bedeutung der Verfassung zeigt sich auch daran, dass ihre identitätsstiftende Funktion gar nicht erst wahrgenommen wird. Vielmehr hält man nach einer neuen «nationalen Idee» Ausschau.[21] Dabei interessiert vorwiegend eine werbekräftige Losung zur Stimulierung und Beschleunigung der Modernisierung des Landes. Während eine solche Zauberformel bis heute nicht aufgetaucht ist, haben sich in der politischen Elite einzelne Fragmente einer neuen Staatsphilosophie festgesetzt. An der Spitze steht die Vorstellung, Russland müsse kraft Kultur, Geschichte und Tradition einem «Sonderweg» und nicht dem Entwicklungspfad westlicher Demokratien folgen. Selbstgefällig pocht man auf Russlands «Einzigartigkeit».[22] In diesem Zusammenhang feiert die schon im 19. Jahrhundert viel diskutierte «Russische Idee» fröhliche Urständ. Eng damit verknüpft steht Patriotismus hoch im Kurs. Ein moderater und vermeintlich steuerbarer Nationalismus tritt hinzu. Das Bild vom «starken Staat» speist sich aus den ebenfalls älteren Vorstellungen von einem notwendig rigiden Zentralismus und fortgesetzter militärischer Stärke. Neu ist der Fetisch eines ungebremsten Wirtschaftswachstums und der Bildung russischer Unternehmen als weltumspannende Wirtschaftsgiganten. Alles zusammen dient dem vorherrschenden Ziel, Russlands traditionellen Großmachtstatus zu bekräftigen und seine Rolle als autonomer weltpolitischer Akteur und als Weltwirtschaftsmacht zu begründen.

Dass sich das System Putin meilenweit von der demokratischen Verfassung entfernt hat, wurde gerade von ihren Autoren häufig beklagt. Im Herbst 2006 meldeten sich einmal mehr namhafte Persönlichkeiten kritisch zu Wort. So empörte sich Jelzins Pressesekretär Wjatscheslaw Kostikow über den faktischen «Verlust der Verfassung».[23] Die Rechtswissenschaftlerin Tamara Morschtschakowa bedauerte, dass das ganze «zivilisatorische Projekt der späten achtziger und der neunziger Jahre verloren gegangen» sei.[24] Der Philosoph und Publizist Dmitri Furman stellte resigniert fest: «Wir haben die Demokratie zwar proklamiert», allerdings «waren wir nicht in der Lage, sie zu errichten».[25] Während so bekannte Autoritäten wie Kostikow, Morschtschakowa und Furman ihr Bedauern nostalgisch mit der Überzeugung von dem Verlust einer in vieler Hinsicht vorbildlichen Verfassung verbinden, klagen andere kritische Geister wie Lilia Schewzowa und Michail Krasnow, dass die Verfassung selbst eines der Grundübel der autoritären Entwicklungen in Russland sei.

Der Katzenjammer über ein angeblich misslungenes Verfassungswerk hält einem gründlichen Studium des Dokuments nicht stand. Tatsächlich haben die russischen Verfassungsautoren nicht nur eine Vielzahl moderner Verfassungen durchkämmt, sondern sich auch stark an das deutsche Grundgesetz und die Verfassung der Fünften Französischen Republik angelehnt.[26] Dass sich die russischen Verfassungsautoren ganz bewusst an der semipräsidentiellen Verfassungsordnung der Fünften Französischen Republik orientierten, erklärt sich daraus, dass man in ihr die ordnende Kraft sah, die Frankreichs Krise am Ende der fünfziger Jahre beendet hat. Man hoffte, dass die neue russische Verfassung auf ähnliche Weise den russischen Wirren zu Beginn der neunziger Jahre ein Ende bereiten könnte. Außerdem setzte man bei der Beilegung des Chaos der russischen Transformation auf die ausgeprägte Flexibilität der französischen Verfassung, die bereits Gorbatschows Berater Schachnasarow fasziniert hatte.[27]

In der russischen Verfassung rangieren wie im Bonner Grundgesetz die Menschen- und Grundrechte, die Demokratie, das Prinzip des Rechtsstaats, des Bundesstaats und des Sozialstaats an vorderster Stelle. Ganz bewusst dem Vorbild des deutschen

Grundgesetzes folgend, wurde der Grundrechtsteil an eine herausragende Stelle des Dokuments gesetzt. Die «Rechte und Freiheiten» des Menschen sowie deren Einhaltung und Schutz werden als die «höchsten Werte» bezeichnet. Sie gehören wie im Bonner Grundgesetz zum unveränderlichen Verfassungskern und werden in die «allgemein anerkannten Prinzipien und Normen des Völkerrechts» eingebettet. Im ersten Kapitel sind die Prinzipien der Volkssouveränität, der Gewaltenteilung, die wünschenswerte ideologische Vielfalt und der Parteienpluralismus verankert. Es ist als bewusste Abkehr von der in der Sowjetunion verbindlichen marxistisch-leninistischen Ideologie und vom kommunistischen Herrschaftsmonopol anzusehen, dass jedes «ideologische Monopol» verboten und ausdrücklich die ideologische Vielfalt und der politische Pluralismus anerkannt werden. Ein Mehrparteiensystem wird proklamiert, ohne allerdings Stellung und Funktion der politischen Parteien zu präzisieren. Dem Vielvölkerstaat ist es geschuldet, dass das «multinationale Volk» als der Träger der Volkssouveränität definiert wird.[28]

Die Ursachen für den letztlichen Verlust der demokratischen Verfassung in Russland sind vielschichtig. Sie reichen vom Dissens der Akteure im Verfassungsgebungsprozess, vom völlig unterentwickelten Parteiensystem und dem Überhandnehmen informeller Strukturen bis zur überkommenen politischen Kultur des Landes, die weitgehend Vorstellungen vom traditionell autoritären, bürokratisch und hierarchisch verfassten Staat verhaftet bleibt. Vor diesem Hintergrund gelingt es den im Sowjetsystem sozialisierten politischen Spitzenakteuren nur sehr begrenzt, sich demokratische Überzeugungen und ein entsprechendes Knowhow im praktischen Umgang mit der Verfassung anzueignen. Jelzin räumte wiederholt ein, wie schwer es ihm fiel, sich von seinem Selbstverständnis als Gebietsparteisekretär der KPdSU freizumachen.[29] Putin ist durch Schulung und Erfahrungen während seiner siebzehnjährigen Tätigkeit im sowjetischen KGB geprägt.

4. Kultur des Obrigkeitsstaats

Jelzin wie Putin vertreten gleichermaßen die irregeleitete Vorstellung von der alles überragenden Machtposition des Präsidenten und der Vorherrschaft der Exekutive über die Legislative und begründen dies selbst mit der besonderen politischen Kultur des Obrigkeitsstaates.[30] Beide bleiben so gesehen in den autoritären Denkmustern des alten Regimes gefangen. Anders verhält es sich im Umgang mit der Marktwirtschaft. Während für Jelzin der Übergang von der Plan- zur Marktwirtschaft höchste Priorität besaß und er liberale Wirtschaftsreformen praktisch mit der Demokratie gleichsetzte, wurden beide Zielsetzungen unter Putin getrennt. Für Putin rangiert das Ziel, die Wirtschaftsleistung des Landes und zugleich die internationale Wettbewerbsfähigkeit Russlands zu steigern, an oberster Stelle.[31] Mit dieser von Anfang an konstant und glaubhaft vertretenen Überzeugung verbinden sich letztlich auch Putins Vorstellungen vom «starken Staat» und der Wunsch zur Wiederherstellung der Großmachtrolle Russlands.

Demgegenüber nehmen sich Putins Bekenntnisse zum demokratischen Aufbau des Landes wenig überzeugend und widersprüchlich aus. Im Zuge seiner Präsidentschaft wurde deutlich, dass ein demokratischer politischer Wettbewerb und freie Medien sogar für unvereinbar mit dem vorrangigen Ziel der wirtschaftlichen Konsolidierung Russlands gehalten und deshalb immer stärker hintangesetzt wurden. Während seiner ersten Amtszeit sprach sich Putin mal zugunsten dieser, mal jener Werte aus. Er schwärmte von der «Diktatur des Gesetzes» und vom «starken Staat», ohne zu spezifizieren, was damit genau gemeint war.[32] Allerdings machten seine ersten Maßnahmen zur Einschränkung der Meinungsfreiheit, zur Disziplinierung der regionalen Oberhäupter und zur Rekrutierung von Spitzenbeamten aus Militär wie Sicherheitsorganen deutlich, dass der neue Kurs in Richtung Zentralisierung und Militarisierung des Systems ging. Außerdem signalisierten Putins *law and order*-Parolen, dass das Chaos und die demokratischen Experimente der Jelzin-Zeit der Vergangenheit angehören. Bei den Präsidentschaftswahlen wurde Putin den Bürgern im März 2000 erfolgreich als Liberaler und als autoritärer Führer präsentiert.[33]

Während Putin zu Beginn seiner Amtszeit den besonderen «russischen Werten» und damit dem traditionellen Obrigkeitsstaat huldigte, stand er nicht an, gleichzeitig den Vertretern der Europäischen Union zu versichern, Russland folge den gleichen Normen und Idealen, die für die europäische Integration richtungsweisend seien.[34] Aber auch sowjetische Werte kamen rasch wieder in Mode. Dies offenbarte sich in der Wiedereinführung der sowjetischen Hymne, in patriotischen Erziehungsprogrammen und in dem Entschluss, den revolutionären Staatsgründer Lenin als mumifiziertes Staatssymbol auch des heutigen Russlands zu ehren.[35] Angesichts so großer Wendigkeit bereitete es größte Schwierigkeiten herauszufinden, wofür Putin eigentlich einsteht und von welchen Visionen er tatsächlich geleitet ist. Der Journalist Witali Tretjakow beschrieb Putins «ambivalente» Natur im Oktober 2003 so: «Schaut man auf ihn von einer Seite her, so ist er ein Konservativer, schaut man auf ihn von der anderen Seite her, so ist er ein Liberaler, dreht man ihn, ist er ein Bolschewik, und dreht man ihn erneut, ist er ein Antikommunist».[36] Soziologen versuchten vergeblich, ein konsistentes Weltbild Putins auszumachen. Während Juri Lewada von dem renommierten Allrussischen Institut für die Erforschung der Öffentlichen Meinung im Mai 2001 überhaupt keine Leitvorstellungen oder irgendein Programm des Präsidenten entdecken konnte, ordnete der Emigrant Wladimir Schljapentoch Putin dem Typus des «undefinierten Präsidenten» zu und sprach von einer eklektischen Ideologie der russischen Führung.[37]

Weiterführende Antworten auf die lange Zeit gängige Frage «Who is Mister Putin?» lieferte der Präsident selbst mit sporadischen Einblicken in sein Amtsverständnis. Dabei sticht hervor, dass er konsequent seine Eigenschaft als Politiker leugnet. Noch im September 2006 bekräftigte er die Meinung, er sei «kein typischer Politiker», da er weder «eine politische Ausbildung erhalten noch eine Karriere in der Politik» gemacht habe.[38] Hingegen identifiziert sich Putin gerne als ein vom Volk «angestellter Manager des Großunternehmens Russland» und bekundet somit ein eher

technokratisches Selbstverständnis.[39] Dem entspricht sein Auftreten bei internationalen Treffen, Pressekonferenzen oder Bürgeraudienzen, bei denen er mit seinen detaillierten Kenntnissen aller
regierungsrelevanten Daten brilliert und seine Zuhörer in Erstau-
nen versetzt.[40]

Putins Selbstbild als «Managerpräsident» spiegelt sich in seinem
starken Interesse an einer kräftigen Wirtschaftsentwicklung des
Landes. In seinen jährlichen Botschaften an das Parlament nimmt
die Forderung nach Ankurbelung des Wirtschaftswachstums und
gesteigerter Wettbewerbsfähigkeit des Landes einen hohen Stel-
lenwert ein. Eine ganze Weile sah man in diesen Zielen die endlich entdeckte neue «nationale Idee». Konkret handelt es sich um
eher prosaische Vorstellungen wie die Verdoppelung des Brutto-
inlandsproduktes bis zum Jahr 2010.[41] In die gleiche Richtung
geht die Anfang 2007 der Regierung wie den Großunternehmern
erteilte Aufgabe, eine grundlegende Diversifizierung der Wirtschaft einzuleiten, um von der einseitigen Rohstoffproduktion
wegzukommen.[42] Derartige Aufgabenstellungen sind für den
Technokraten und «Managerpräsidenten» offensichtlich die her-
ausragenden Richtwerte für die Modernisierung des Landes, seinen Aufstieg zur Weltwirtschaftsmacht und die Behauptung eines
eigenen Pols in der multipolaren Welt.

Während der Zusammenhang von Wirtschaftsleistung und Sys-
temstabilität von Putin als zwingend gesehen wird, erscheinen
demgegenüber die demokratischen Freiheiten als Störpotential
und Bedrohungsfaktoren für die Konsolidierung der Wirtschaft
und folglich auch für die Entstehung eines stabilen und «starken
Staates». Eine nicht gelenkte Demokratie ist so gesehen geradezu
antipodisch zu dem sakrosankten Ziel der «Wiederherstellung
russischer Staatlichkeit».

Nach vier Jahren Amtsausübung war klar, dass Putin neben
seiner technokratischen Natur den Typus eines *gossudarstwennik*
und *derschawnik* verkörpert. Diese nur schwer übersetzbaren
Begriffe bedeuten, dass Putin der im Staat inkarnierten Macht
(*gossudarstwo*) und der Großmachtrolle des Landes (*derschawa*)
den Vorzug vor demokratischen Experimenten gibt.[43]

Dass Putin der Demokratie misstraut und befürchtet, demokratische Verfahren und Einrichtungen würden den russischen Staat unterhöhlen und Wirtschaftsreformen eher behindern als fördern, deckt er selbst in höchst ambivalenten Aussagen zur Demokratie und zu Russlands Entwicklungsweg auf. Vor allem sticht sein restriktives Verständnis der freiheitlichen Grundwerte ins Auge. Ein demokratisches System hält er – so in einem Gespräch mit amerikanischen Journalisten im September 2003 – überhaupt nur in einem Land für möglich, dessen territoriale Integrität gesichert sei. Russland könne sich keine Demokratie leisten, die «zu Chaos oder gar zur Auflösung des Staates» führe.[44]

Solche Vorbehalte gegenüber den unterstellten destabilisierenden Wirkungen demokratischer Einrichtungen zeigen, dass Putin diese eher als Luxus denn als Grundausstattung eines Regierungssystems betrachtet und dass er einer mit autoritären Mitteln gesicherten Integrität und Stabilität Russlands allemal den Vorzug gibt. Seit Herbst 2004 macht sich Putin zudem für eine «Demokratie nach russischem Stil» stark.[45] Auf dem Gipfeltreffen mit dem amerikanischen Präsidenten George W. Bush, das Ende Februar 2005 in Bratislawa stattfand, verteidigte er einmal mehr seine Vorstellung von einer «den Verhältnissen, Traditionen und Sitten» Russlands «angepassten Demokratie».[46] Und auf dem G8-Gipfel in St. Petersburg im Juli 2006 versuchte der russische Staatschef erneut, seinen Gästen die Besonderheiten einer Demokratie «im russischen Stil» nahezubringen.

Die jährlichen Botschaften des Präsidenten an das Parlament bringen die rhetorischen Wechselschritte zwischen der Betonung des notwendigen «starken Staates» und wiederholten Lippenbekenntnissen zur Demokratie klar an den Tag. 2005 machte Putin – unmittelbar vor den großen Feiern zur 60. Wiederkehr des Sieges über Hitlerdeutschland und in Erwartung der Großen der Welt in Moskau – einen besonders auffälligen Kotau vor den «europäischen Werten», vor Freiheit und Demokratie. Gleichzeitig setzte er dieser Perspektive erneut klare Grenzen, denn «der Preis für die Entwicklung der demokratischen Verfahren» dürfe «weder die Aufgabe der Rechtsordnung noch die Aufgabe der so schwer erlangten Stabilität, noch die Aufgabe des so konsequent eingeschlagenen Wirtschaftskurses sein». Außerdem werde Russlands Platz in der heutigen Welt «nur dadurch bestimmt, wie stark und wie erfolgreich wir sein werden».[47] Auch diese Äußerung zeigt, dass keineswegs Demokratie, sondern der starke Staat und die Großmachtrolle als Bewertungskriterien für die Entwicklung Russlands gelten.

Während Putins Botschaft an das Parlament im Jahr 2005 immerhin an 23 Stellen die Demokratie erwähnt, entdeckt man in der Botschaft des Jahres 2006 nur zweimal einen Bezug darauf. Anstelle einer liberalen und demokratischen Rhetorik dominierte diesmal ganz die Pose der aufstrebenden Wirtschafts- und imposanten Militärmacht. Beides verband sich mit klaren rhetorischen Speerspitzen gegen die USA und deren Getue («Pathos») um Menschenrechte und Demokratie.[48] Seine Botschaft kam wie ein Relikt des Kalten Krieges daher.[49] Die Spitzen stellten auch eine Replik auf die vom amerikanischen Vizepräsidenten Dick Cheney nur wenige Tage zuvor gerittene Attacke auf Russlands Verfehlungen in Sachen Demokratie dar.

Kurz darauf wappnete sich der Kreml mit dem neuen Konzept der «souveränen Demokratie», um sich ein für allemal derartige Einmischungen in die eigenen politischen Verhältnisse zu verbitten. Wladislaw Surkow, der Stellvertretende Leiter der Administration und neue Chefideologe des Kreml, entwarf das Konzept vor dem Hintergrund der «orangenen Revolution» in der Ukraine als Abwehr gegen einen möglichen Aufruhr in Russland selbst. Inhaltlich versteht sich die «souveräne Demokratie» als selbstbewusste Abgrenzung des nationalen Demokratiemodells – und damit des faktisch autoritären Systems – vom Typus der «westlichen Demokratie», die man sich nicht überstülpen lassen wolle. Im Kern geht es um den Anspruch auf einen historischen Sonderweg entsprechend der «russischen Idee» mit eigenen Werten und Institutionen, weiter um die Stärkung der Rolle Russlands in der Welt und um die Abwehr jedweder Kritik des Auslands an den innenpolitischen Verhältnissen Russlands.[50]

Unterstützung erhält diese Position von dem Nationaldichter Alexander Solschenizyn, der nicht ansteht, sogar die Grundrechtsidee als Ausdruck einer individualistischen, egoistischen Weltsicht in Abrede zu stellen.[51] Auch die höchsten Würdenträger der Russischen Orthodoxen Kirche leisten dem Konzept der «souveränen Demokratie» Schützenhilfe. Patriarch Alexij und andere hohe Geistliche werfen sich gerne zu Kritikern des «westlichen» Konzepts der Menschenrechte auf. Metropolit Kirill bezeichnet gar die «Harmonisierung der Interessen» als den idealen Gegenentwurf zur westlichen Streitkultur und lehnt sich damit an die von den Slawophilen beschworene *Sobornost* im Sinne der Mystik einer harmonischen «Gemeinschaft» des sozialen Kollektivs an.[52]

Dem gleichen Geist der so wiederbelebten «russischen Idee» und der damit betonten Rückkehr zu den besonderen nationalen Werten und zur Verteidigung des eigenen Weges entspricht das Erstarken des Patriotismus und russischen Nationalismus. Der Trend spiegelt sich auch in der Neuregelung der nationalen Feiertage und in einer Welle nationaler Filmepen wider. Für die Geringschätzung der Verfassung spricht, dass der am 12. Dezember zu Ehren des an diesem Tag 1993 vom Volk angenommenen Grundgesetzes gefeierte «Verfassungstag» abgeschafft wurde. Den seit 1991 jeweils am 12. Juni begangenen Tag der «nationalen Unabhängigkeit», der an die noch zu Sowjetzeiten proklamierte «Souveränität» der russischen Teilrepublik gegenüber der UdSSR erinnert, funktionierte man in einen «Russland-Tag» um. Schließlich wurde der 7. November, an dem in der Sowjetzeit die Oktoberrevolution und seit 1997 ein «Tag der Eintracht und Versöhnung» gefeiert wurde, 2005 als Feiertag ganz abgeschafft. Als Ersatz dafür wurde in enger zeitlicher Nähe am 4. November ein neuer Staatsfeiertag als «Tag der nationalen Einheit» eingeführt und mit einem historischen Motiv ausgestattet. Am 4. November 1612, so will es die unter Historikern umstrittene, heute jedoch offizielle Version, habe eine von Nischni Nowgorod ausgehende Volkswehr unter dem Kommando des Bürgers Kosma Minin

Putin in Gesellschaft des Nationaldichters
Alexander Solschenizyn. In dem Treffen spiegelt sich die Affinität zwischen
den von dem konservativen Nationaldichter wie von der Kremlführung
hochgehaltenen eigenständigen russischen Traditionen und Werten.
(Foto: Reuters/Corbis)

und des Fürsten Dmitri Poscharski den Moskauer Kreml von der
polnischen Besatzung befreit und damit die Zeit der «Wirren»
(*Smuta*) beendet. Die Analogie zur Errichtung eines starken
Staats als Antwort auf die Wirren der Jelzin-Zeit liegt auf der
Hand. Zugleich verbindet der 4. November, an dem laut Kirchen-
kalender seit dem 16. Jahrhundert der Tag der Ikone der Heiligen
Gottesmutter von Kasan begangen wird, nunmehr einen kirch-
lichen mit einem staatlichen Festtag. Auf diese Weise tritt zur
Erinnerung an die Wiedergewinnung der staatlichen Autonomie
im 17. Jahrhundert die Reverenz gegenüber der orthodoxen Kirche und ihrer tragenden Rolle im russischen Staat gestern wie
heute.[53]

Der so erneuerte symbolische Schulterschluss zwischen Kirche
und Staat trägt keine Früchte. Während die Bevölkerung den

Putin küsst den Patriarchen Alexij II. Die Geste symbolisiert den engen Schulterschluss zwischen der politischen Macht und der Russischen Orthodoxen Kirche. (Foto: Misha Japaridze/Pool/Reuters/Corbis)

neuen Feiertag nicht annimmt, nutzen ihn rechtsradikale Kräfte, um zu nationalistischen Kundgebungen unter der Losung «Russland den Russen» aufzurufen.[54] Die Strategen der staatlichen Erinnerungskultur haben also eher eine Büchse der Pandora für das Ausströmen des russischen Nationalismus geöffnet als einen Festtag zum Bürgerfrieden gestiftet. Das Debakel zeigt, dass die Propagierung von Patriotismus und Großmachtchauvinismus, der an Nationalismus grenzt, mehr Risiken enthält, als einer neu aufgelegten «russischen Idee» im Verein mit einer «souveränen Demokratie» zuträglich ist. Die Rekonstitution des modernen Russland auf autokratischen Versatzstücken anstelle der Entwicklung einer Verfassungskultur dient ebenso wenig der gewünschten wirtschaftlichen Modernisierung des Landes.

Wie unterentwickelt die Verfassungskultur tatsächlich ist, bringen Umfragen an den Tag. Sie zeigen, dass die Bevölkerung von den Menschenrechten kaum eine Ahnung hat. Eine Mehrheit glaubt zudem, dass der «Souverän» und das russische Staatsoberhaupt ein und dasselbe seien.[55] Solche Vorstellungen spiegeln letztlich nur das autoritäre Regime wider, das sich im postsowjetischen Russland in Wirklichkeit etabliert hat. Der Historiker Juri Piwowarow sieht in der Rückkehr zu den Konstanten der russischen Macht die Bestätigung dafür, dass das politische System Russlands einen eigenen Herrschaftstypus verkörpert, nämlich den Typus des «Russischen Systems», in dem sich immer von neuem das autokratische Prinzip durchsetzt, in dem die Macht zentralisiert und personalisiert ist und als Fortsetzung des Eigentumsrechts im Sinne einer patrimonialen Herrschaft konzipiert wird.[56]

In den folgenden Abschnitten geht es darum, typische Strukturen und Funktionsweisen des Systems Putin darzustellen, ob man es nun «gelenkte Demokratie» oder Piwowarow folgend einfach «Russisches System» nennt. An weiteren Bezeichnungen fehlt es im Übrigen nicht; sie reichen von einer «konstitutionellen Wahlautokratie» zur «imitierten», «simulierten» oder «inszenierten» Demokratie» bis zum «bürokratischen Autoritarismus». Es wird zu zeigen sein, wie sich die einzelnen widersprüchlichen Systemelemente zueinander fügen oder sich auch gegenseitig behindern und welche Risiken die eigentümliche Mixtur aus Autokratie, Oligarchie und Demokratie für die Stabilität und Modernisierung Russlands birgt.

II. Gelenkte Demokratie

I. Machtvertikale und Schaffung institutioneller Klone

Die Vertikale der Macht bildet das Rückgrat von Putins «gelenkter Demokratie». Der Begriff «Vertikale der Macht» oder kurz «Vertikale» bezieht sich auf die strikte Kommandokette, die sich vom Kreml ausgehend über alle staatlichen Organe erstreckt. Der Befehl zur Ein- oder Unterordnung trifft alle wichtigen Einrichtungen der staatlichen Macht, ob föderales Parlament oder regionale Oberhäupter. In der Regel geht ihre Entmachtung mit der Schaffung bedeutungsloser institutioneller Klone einher. Diese Tendenz zeigte sich bereits im ersten Jahr der Präsidentschaft Putins, und auch nach sieben Amtsjahren des ehemaligen KGB-Obersten als Staatsoberhaupt meißeln die staatlichen Baumeister weiter am «vertikalen» Profil des Systems. Dabei treibt sie die fixe Idee, dass nur eine vollkommene Disziplinierung des politischen Lebens die wirtschaftliche Leistungsfähigkeit wie die Integrität des Landes gewährleisten könne.

Die neue demokratische Verfassung wurde schnell beiseite geschoben. Dabei blieb zunächst unklar, ob es dazu einen Masterplan gab oder ob sich die Umstände einfach so fügten, dass anstatt der von der Verfassung aufgegebenen vertikalen und horizontalen Gewaltenteilung die Exekutive die alleinige Kontrolle über Staat und Gesellschaft in Anspruch nahm. Vielleicht haben die politischen Führungspersönlichkeiten die Verfassungsprinzipien auch nicht ganz verstanden oder diese dem Bedarf der Stunde entsprechend mal mehr mal weniger regelkonform ausgelegt. Blickt man auf die heute so perfekt kontrollierten gesellschaftlichen und staatlichen Einrichtungen, so erscheint die Einschätzung Iwan Krastews, Russlands System sei eine «illiberal democracy by design», nicht «by default», durchaus plausibel.[1] Jedenfalls tritt ein vertikales Design als das Grundmuster eines neuen Systems

32

etwa seit Mitte der neunziger Jahre und noch deutlicher seit dem Jahr 2000 klar hervor.

Das Erbe Jelzins

Bereits unter Boris Jelzin wurden Bestrebungen sichtbar, den Einsatz demokratischer Verfahren mit der strikten Lenkung des politischen Wettbewerbs zu verbinden. Am auffälligsten wurde dies anlässlich der Präsidentenwahlen von 1996, als die Medien, die mächtigen Industriekapitäne und die neuen «Polittechnologen» ihre Anstrengungen bündelten, um mit aller Macht den fast absehbaren Sieg des Kommunisten Sjuganow zu vereiteln.[2]

Trotzdem blieben unter Jelzin wichtige Grundvoraussetzungen der Demokratie erhalten. So verfügten die Medien in den neunziger Jahren über vergleichsweise große Freiräume. Einen wesentlichen Unterschied zu Putins «Vertikale» machten vor allem die gewaltenteilenden Mechanismen aus, wie sie im Gegenspiel von Exekutive und Legislative sowie im Verhältnis von Zentrum und Regionen zur Geltung kamen. Demgegenüber zerschlugen sich regelmäßig die auch schon in den neunziger Jahren beabsichtigten Maßnahmen, eine «Präsidentenvertikale» im Sinne einer strikten bürokratischen Befehlskette von oben nach unten zu errichten.[3]

Die Ära Jelzin war generell durch ein nur rudimentäres demokratisches Know-how und einen unsicheren Umgang der politischen Eliten mit den neuen Verfahren und Institutionen gekennzeichnet. Noch fehlten eklatante Versuche, offen gegen die Verfassung zu verstoßen oder diese systematisch zu umgehen. In Jelzins Vorstellungen verschmolz der angestrebte rasche Übergang zur Marktwirtschaft mit der Idee der Demokratisierung. Jelzin profilierte sich als Meister des Aushandelns von Kompromissen, etwa im Umgang mit den regionalen Oberhäuptern.[4] Aufs Ganze gesehen, ließen sich die Verhältnisse in den neunziger Jahren noch unter den Begriff der Demokratie subsumieren, wenn auch als «defekte Demokratie», wie eine Mehrheit westlicher Russlandexperten urteilt.

Von nachhaltig negativer Wirkung war, dass Jelzin zu einer einseitigen Auslegung der Verfassung im Sinne eines präsidentiellen anstatt eines semipräsidentiellen Systems neigte und dass er nicht bereit war, durch Schaffung einer Art Präsidentenpartei einem Mehrparteiensystem Leben einzuflößen. Seine Auslegung der Verfassung als «präsidentielles» System widersprach dem Credo der Verfassungsautoren, die sich eng an dem Modell der Fünften Französischen Republik ausgerichtet hatten. Bei Jelzins Fehlinterpretation rächte sich die Traumatisierung, die er im heftigen Kampf mit seinem parlamentarischen Widerpart in den Übergangsjahren 1991 und 1992 erlitten hatte. Nach der gewaltsamen Auflösung des Parlaments im Herbst 1993 war Jelzin eher als fragwürdiger Sieger zurückgeblieben. Umso mehr war er bestrebt, den prekären Sieg in der fortgesetzten Dominanz des Präsidenten gegenüber den anderen Staatsorganen wettzumachen.

In der «präsidentiellen» Ausdeutung der neuen Verfassung schlug sich aber auch die traditionelle politische Kultur Russlands nieder, derzufolge dem obersten Amtsträger stets eine überragende Autorität zugeschrieben wurde. Machte Jelzin geltend, dass man in Russland «an Zaren und Führer» gewohnt sei, so räsonierte Putin später ganz ähnlich, dass die Ausrichtung auf einen «superzentralisierten Staat» schon «im genetischen Code, in den Traditionen und in der Mentalität» des russischen Volkes begründet sei.[5] Die verfehlte Auslegung der Verfassung als präsidentielles Ordnungssystem wurde also von beiden Staatsoberhäuptern dem Vermächtnis des «Russischen Systems» als einem übermäßig zentralisierten und personalisierten Gemeinwesen zugeschrieben.

Während man sich in dieser Frage auf dem sicheren Boden der besonderen Traditionen Russlands fühlte, war ein Parteienpluralismus eine unbekannte, mit vielen Risiken behaftete Größe. Jelzin begründete seine Weigerung, eine eigene Partei anzuführen, nicht ganz zu Unrecht mit der Sorge, dass eine solche Kraft über kurz oder lang der sowjetischen Staatspartei KPdSU ähneln würde. Demgegenüber betonte Putin wiederholt die grundsätzliche Unverzichtbarkeit politischer Parteien und spielte bisweilen in aller Öffentlichkeit mit dem Gedanken, eine «Parteienregierung» zu bilden, nur um sich sogleich von der offenkundig bedrohlichen Vorstellung zu distanzieren, das Ministerkabinett könnte aus einer parlamentarischen Mehrheit hervorgehen und zu einem eigenständigen Machtfaktor neben dem Präsidenten werden. Dass eine solche Möglichkeit mit der Verfassung durchaus vereinbar war, zeigte sich in der acht Monate währenden Regierungszeit Jewgeni Primakows, der als starker Kabinettschef mit breiter parlamentarischer Mehrheit dem aus vielerlei Gründen geschwächten Präsidenten Jelzin Paroli zu bieten verstand. Die von September 1998 bis Mai 1999 während Ära Primakow machte vor allem deutlich, dass es für die semipräsidentielle Verfassungsordnung auch in Russland gute Realisierungschancen gab.[6]

Putin ging allerdings so weit, das vorgeblich «präsidentielle System» als ein Russland geradezu vorherbestimmtes Regime zu verabsolutieren. Auf einer Pressekonferenz im Juni 2003 erklärte er, dass eine andere als die «präsidentielle Republik» für Russland «nicht zulässig» und sogar «gefährlich» sei. Eine parlamentarische Republik passe nicht zu Russland. Er verwies dabei auf «die komplizierte Zusammensetzung» der Föderation, auf die «Multinationalität» und «Multikonfessionalität» der Bürger.[7] In Wirklichkeit schien er sich nicht aus den Prägungen des «Russischen Systems» lösen und von der Sorge freimachen zu können, eine «Parteienregierung» könnte der «vertikalen» Kontrolle entgleiten. Aus dieser Haltung heraus hielt Putin auch angesichts einer satten Zweidrittelmehrheit kremltreuer Dumaabgeordneter an dem Prinzip des reinen Präsidialkabinetts fest, dessen Bildung unter Jelzin mangels klarer Mehrheitsverhältnisse in der Duma nur als Verlegenheitslösung zustande gekommen war.

Im Unterschied zu Jelzin fügte Putin seinem Ideal eines «superzentralisierten Staats» jedoch eine breite Palette kraftstrotzender Parolen hinzu, darunter die Losung von der «Diktatur des Gesetzes». Außerdem berief er sich auf die notwendige Wiedergewinnung der traditionellen russischen Werte. Aus dem Wunsch heraus, einen «starken Staat» und eine «effiziente Verwaltung» zu schaffen, stellte er sich von Anfang an gegen das Design des Systems Jelzin, das auf Gegengewichten und dem Aushandeln von Interessenkonflikten gefußt hatte.[8] Ohne die Verfassungsgebote als solche in Frage zu stellen, kam es unter Putin schnell zur Einebnung aller gewaltenteiligen Elemente. Während man die demokratischen Verfassungseinrichtungen schwächte, häuften sich deren institutionelle Surrogate. Zumeist waren es geklonte, entmachtete Doubles der ursprünglichen Gremien.

Aufbruch in die «Vertikale» – Entmachtung der Regionen

Putin war bekanntlich von Jelzin und dem informellen Herrschaftsklan der «Familie» listenreich in das Präsidentenamt gehievt worden. Das Vorgehen sprach allen demokratischen Prinzipien Hohn. Zu dem manipulierten Machttransfer gehörte, dass der weithin unbekannte Geheimdienstler im Sommer 1999 unerwartet zum Premierminister avancierte und das Präsidentenamt durch den Rücktritt Jelzins Ende 1999 vorzeitig für den gewünschten Nachfolger freigemacht wurde.[9] Rätselhafte Bombenangriffe auf Wohnhäuser in Moskau und anderen Städten, die man vorschnell kaukasischen Rebellen zuschrieb, verschafften Putin die Möglichkeit, sich als der neue Mann für *law and order* und als gnadenloser Verfechter einer «antiterroristischen Operation» zu profilieren. In der aufgebrachten öffentlichen Stimmung punktete er mit seinem martialischen Auftreten bravourös. Eine Heerschar neuer «Polittechnologen» sorgte dafür, dass sich zur gleichen Zeit die neue Kremlpartei «Einheit – Der Bär» als parlamentarischer Tross Putins in der Duma etablierte. Die neuen Meister in der Kunst der Propaganda bereiteten ebenso zielstrebig wie erfolgreich die Volkswahl des Interimspräsidenten Putin im März 2000 vor. Siegesfanfaren aus dem erneut entbrannten Krieg in Tschetschenien begleiteten den Triumphzug des Kandidaten in den Kreml. Vor diesem Hintergrund war es kein Zufall, dass der Begriff der «gelenkten Demokratie» zum Auftakt der Präsidentschaft Putins Anfang März 2000 von einem Polittechnologen lanciert wurde.[10]

Der neue Präsident machte sich unverzüglich daran, die Macht der wichtigsten politischen Vetoakteure zu schleifen oder einzudämmen. Der erste «Blitzkrieg» richtete sich im Frühjahr 2000 gegen die Regionen, deren Oberhäupter in der Jelzin-Ära ein erhebliches Machtpotential erreicht hatten. Er wurde auf zwei Fronten eröffnet. Zum einen wurden die aus der Zarenzeit bekannten «Generalgouverneure» als neues Kontrollorgan des Kremls revitalisiert. Die neuen Kontrolleure wurden unter dem zeitgemäßen Namen von «Bevollmächtigten Vertretern des Präsidenten» in sieben Großbezirken, die im Wesentlichen den Grenzen der Militärbezirke folgten, eingesetzt. Ihre vordringliche Aufgabe war es, für eine wirksamere Aufsicht des Zentrums gegenüber den Provinzen und für die Wiederherstellung eines einheitlichen Rechtsraumes zu sorgen. Da die regionale und die föderale Gesetzgebung weit auseinanderklafften, bestand dringender Handlungsbedarf. Die sieben neuen Statthalter Moskaus, darunter fünf Generäle, machten sich erfolgreich an die Arbeit. Ansonsten erlangte die neue Einrichtung wenig Profil. Sie war in der Verfassung nicht verankert und besaß daher nur «sekundäre Legitimität».[11]

Die zweite Front des «Blitzkrieges» gegen die Regionen richtete sich im Frühjahr 2000 gegen den «Föderationsrat». Die zweite Parlamentskammer, in der sich die Oberhäupter der 88 Provinzen («Subjekte») zur Vertretung regionaler Interessen treffen, hatte es vor allem am Ende von Jelzins zweiter Amtszeit glänzend verstanden, ihr Machtpotential gegenüber der Exekutive zur Geltung zu bringen. Putin fand gewiss wenig Gefallen an der Perspektive, sich mit dem Föderationsrat herumschlagen zu müssen. Deshalb zielte er sofort auf die Entmachtung dieses bedeutenden Vetoakteurs. Per Gesetz wurde verfügt, dass ab 1. Januar 2002 nur noch weisungsgebundene ständige Delegierte der Oberhäupter der regionalen Exekutive und Legislative im Föderationsrat vertreten sein sollten, hingegen nicht mehr die regionalen Spitzen selbst, die als politische Schwergewichte in Moskau gefürchtet waren. Die Staatsduma verabschiedete die Gesetze zur Degradierung des Föderationsrates mit großer Zustimmung.[12] Dabei spielte die Genugtuung der ersten Kammer über die Entmachtung der zweiten Kammer eine ausschlaggebende Rolle, während verfassungsrechtliche Bedenken oder die Sorge um die Einschränkung der horizontalen Gewaltenteilung und des Föderalismus gar nicht erst aufkamen. Vor diesem Hintergrund waren Widerstandspläne des Föderationsrates wenig aussichtsreich. Tatsächlich kam es so weit, dass sich die Provinzfürsten zuletzt widerspruchslos an den Gesetzen zur Vernichtung ihrer eigenen Moskauer Machtbasis beteiligten.

Als Ausgleich bot der Präsident den Gouverneuren an, anstatt für zwei wie bisher, für drei und vier Amtsperioden weiter regieren zu dürfen. Außerdem wurde als symbolische Kompensation für den Status- und Machtverlust ein neuer «Staatsrat» als ein Forum des Austauschs zwischen den regionalen Oberhäuptern und dem Präsidenten gegründet. In der Presse erntete das konsultative Gremium nur beißenden Spott. Man machte sich lustig über die «Traumfabrik» oder über den «exklusiven Club der Gouverneure».[13] Es wurde erwartet, dass der dürftige Ersatz für den Föderationsrat früher oder später eingehen werde. Unterdessen hat sich herausgestellt, dass eher dieses Surrogat als der weiterhin bestehende, wenn auch amputierte Föderationsrat einen honorigen Platz in der «Vertikale» fand. Die Treffen des Staatsrates sind stets pompös inszeniert und wecken schon deswegen das Interesse der Öffentlichkeit. Tagesordnung und Diskussionsverlauf vermitteln den Eindruck, es gehe um geübte Akteure in hoher staatsmännischer Kunst. Präsident Putin benutzt die Ratstagungen gern, um wichtige politische Vorhaben anzukündigen und zur Diskussion zu stellen. Insofern verkörpert der «Staatsrat» eine Institution, die als glanzvolles Forum präsidentieller Machtentfaltung perfekt in das archaische «Russische System» hineinpasst.

Unterdessen hat der degradierte Föderationsrat seine ursprüngliche Rolle als regionale Interessenvertretung zugunsten eines Forums von Wirtschaftslobbyisten verloren. Für diese neue soziale Spezies scheint die institutionelle Nähe zur Macht lohnenswert. Dies erklärt, dass Sitze im Föderationsrat bei informellen Auktionen teuer erworben werden.[14] Hinzu kommt, dass die neuen «Delegierten» häufig mit den Provinzen, die sie nominell vertreten, wenig bis gar nichts zu tun haben. In seiner Gesetzgebungsarbeit verkam das Gremium zu einem reinen Akklamationsorgan. Der Föderationsrat wurde in Putins gelenkter Demokratie zu einer «gelenkten Institution» par excellence.[15] Dabei macht es sich gut, dass der Vorsitzende der Kammer, Sergei Mironow, schon lange zu Putins engen Vertrauten zählt. Mironows servile Gefolgschaft gegenüber Putin ist unübertroffen. So nutzte Mironow seine eigene Kandidatur bei den Präsidentenwahlen im

März 2004 nur dazu, um für die Wiederwahl Putins zu werben. Bei den Wählern kam Mironows hyperloyale Wahlplattform allerdings nicht an. Die Zustimmung zu ihm blieb unter einem Prozent.

Gängelung der Staatsduma

Einen ähnlichen Machtverlust wie der Föderationsrat erlitt auch die Statsduma. War ihre Arbeit unter Jelzin vom mühsamen Ringen um Abstimmungsmehrheiten beeinträchtigt und das allgemeine Verhältnis von Präsident und Staatsduma weitgehend durch Konfrontation bestimmt, so entwickelte sich nach den Dumawahlen vom Dezember 1999 und erst recht nach Putins Amtsantritt eine immer engere Kooperation zwischen Legislative und Exekutive. An die Stelle des Tauziehens trat die Vormundschaft der Präsidialadministration gegenüber den Fraktionen und Abgeordnetengruppen, die sich der Kremlführung politisch verpflichtet fühlten. Die Administration beeinflusste die Machtkonstellation in der Duma erheblich. Sie organisierte im großen Stil unmittelbar nach den Wahlen eine Abwanderung vieler Abgeordneter in das Lager der Kremlpartei. Reihenweise wurden «unabhängige» Abgeordnete aus Einerwahlkreisen und selbst Angehörige anderer Fraktionen zugunsten der Kremlfraktion abgesaugt. Im Ergebnis verfügte diese dann über weitaus mehr Sitze, als ihr kraft Wählerstimmen zugefallen wären. Dies geschah erstmals zugunsten der Partei «Einheit – Der Bär» Ende 1999 und dann vier Jahre später zugunsten ihrer Nachfolgerin, dem «Einigen Russland». Nach den Wahlen vom Dezember 2003 war das Ergebnis der forcierten Wander- und Konzentrationsbewegungen in der Duma besonders krass, insofern von den 450 Dumasitzen 304 (mittlerweile 310) beim «Einigen Russland» verblieben. So schwoll der 37-prozentige Anteil an Wählerstimmen auf gut zwei Drittel der Abgeordnetensitze an.[16]

Die trickreichen Vorgänge zur Aufblähung der kremltreuen Kontingente brachte der liberale Duma-Abgeordnete Wiktor Scheinis bereits nach den Wahlen von 1999 wie folgt auf den Punkt: «Anstatt dass das Parlament die Regierung bildete, war es die Regierung, die sich für sich und unter ihrer Führung ein Parlament schuf.»[17] Aleksei Arbatow, gleich Scheinis Angehöriger der demokratischen Jabloko-Partei, sah in dem geschilderten Phänomen den schlagenden Beweis dafür, dass sich Russland bei der Staatsbildung keineswegs «auf das europäische Modell» zubewege, wie es offizielle Kommentare nahelegten, sondern genau die entgegengesetzte Richtung einschlage.[18] In den Augen des Publizisten Pawel Woschtschanow verkörperten die neuen Heerscharen des «Einigen Russland» schlicht den «Kollektiven Putin» im Parlament.[19]

Bei aller problematischen «vertikalen» Steuerung der Dumamehrheit durch die Administration war es ein Fortschritt, dass grundlegende Gesetzesprojekte, die zuvor am hartnäckigen Widerstand der Kommunisten gescheitert waren, dank der jetzt straff organisierten Abstimmungsmaschine problemlos verabschiedet wurden. Dies betraf zum Beispiel das schon überständige Gesetz über das Privateigentum an Grund und Boden und den Erwerb von Grundeigentum sowie ein modernes neues Steuerrecht.[20] Allerdings wurde selbst von Abgeordneten des pro-präsidentiellen Lagers die Sorge geäußert, dass die konstruktive Zusammenarbeit der Staatsduma mit der Administration nur dem Kauf von Abgeordnetenstimmen zu verdanken sei.[21] Generell registrierte man mit Sorge, dass die Duma ihre angestammte Kontrollfunktion gegenüber der Exekutive immer mehr einbüßte.[22] Nach und nach setzte sich allenthalben die Überzeugung durch, dass die effiziente Gesetzgebung ein Ergebnis der Fernsteuerung durch die Exekutive war, insofern Abstimmungsmodalitäten wie Gesetzesvorlagen von der Administration klar vorgegeben wurden. Die Gängelung der Staatsduma durch den Kreml und ihre Herabwürdigung zu einem «Taschenparlament» wurde in der kritischen Presse zu einem Dauerthema.

Zu dem spektakulären weiteren Anwachsen der parlamentarischen Mehrheiten im Gefolge der Dumawahlen 2003 gehörte, dass über die Abgeordneten des «Einigen Russland» hinaus die Deputierten der beiden Satellitenparteien des Kremls, «Rodina» und Schirinowskis vorgeblich Liberaldemokratische Partei, im Bedarfsfall als Lieferanten zusätzlicher Voten bereitstanden. Die

Opposition schrumpfte auf das Häuflein der Kommunisten von 52 Sitzen zusammen, sodass man schon von einem «Einparteien-parlament» sprach.[23] Anfang 2004 brachte der liberale Politiker Boris Nemzow die «sozio-politische Formation» des «Putinismus» wie folgt auf den Punkt: «Ein Einparteiensystem, Zensur, ein Taschenparlament, eine zahme Justiz, strikte Zentralisierung von Macht und Finanzen, eine übertriebene Rolle für die Geheimdienste und die Bürokratie».[24]

Die Einstufung als «Einparteiensystem» überhöht allerdings die politische Bedeutung des «Einigen Russland», das in Wirklichkeit als bloßes Anhängsel der Exekutive fungiert. Dessen ungeachtet profitiert die Partei von einer symbolischen Aufwertung. So wurde es üblich, sie als «regierende» Partei zu bezeichnen, und dies obwohl sie von der Regierung ausgeschlossen bleibt. Dass sich Boris Gryslow als Parteivorsitzender des «Einigen Russland», als Fraktionsvorsitzender und zusätzlich als Sprecher der Duma wie der rechtmäßige Anführer einer Regierungspartei präsentiert, hat ebenfalls nur dekorative Bedeutung. Denn gerade bei der Regierungsbildung, die im März 2004 erfolgte, wurden sowohl er wie die von ihm geleitete Dumafraktion des «Einigen Russland» von Putin und der Administration vollkommen ignoriert. Das «Einige Russland» fühlte sich nicht zu Unrecht düpiert und wollte ähnlichen Vorkommnissen ein für alle Mal abhelfen. Deshalb brachten ihre Abgeordneten ein Gesetz auf den Weg, das es den Inhabern höchster Regierungsämter erlauben sollte, Mitglied einer Partei und sogar Träger eines führenden Parteiamtes zu sein.[25] Die in Parteiendemokratien selbstverständliche Ämterverbindung war im «Russischen System» gesetzlich untersagt. Für die Praxis bedeutete die Gesetzesnovelle, dass sich die Kabinettsmitglieder tunlichst um Mitgliedschaft und Ämter im «Einigen Russland» bewerben konnten und sollten. Die Fraktionsführung des «Einigen Russland» pries die Neuerung als eine elegante «evolutionäre» Methode auf dem Weg zu einem parlamentarischen Parteiensystem.[26]

Kritiker stellten aus dem gleichen Anlass diese typischen Merkmale von Russlands «gelenkter Demokratie» dem demokratischen Usus im Westen gegenüber. So klärte Aleksei Arbatow darüber auf, dass man dort zunächst zum Parteiführer und erst dann zum Minister oder Regierungschef werde. Er mokierte sich darüber, dass es in Russland wieder einmal genau umgekehrt sei. Bei aller Werbung für eine stärkere politische Rolle des «Einigen Russland» steht deren Vorsitzender Gryslow letztlich nicht an, die vom Kreml geforderte vollkommene Unterwerfung der Abgeordneten unter das Diktat der Exekutive hinzunehmen. Er gilt als eine für die gelenkte Demokratie typische «gelenkte» Führungspersönlichkeit.[27] Tatsächlich scheinen dem Dumasprecher selbst kontroverse Diskussionen unter den Abgeordneten von Übel. So machte er im Oktober 2005 die entlarvende Aussage, dass die Duma kein Platz für politische Diskussionen sei.[28]

Der Abgeordnete Anatoli Jermolin aus der Fraktion des «Einigen Russland» kündigte indessen vor lauter Empörung über das Diktat der Administration seine Loyalität gegenüber dem Kreml auf. Er kritisierte den Missstand Anfang November 2004 in einem offenen Brief an Boris Gryslow und fragte sogar beim Verfassungsgericht an, ob der rüde Umgang der Administration mit den Abgeordneten überhaupt rechtens sei.[29] Er bezog sich auf ein Treffen von 15 Abgeordneten des «Einigen Russland» mit einem hochrangigen Beamten der Administration. Als die Parlamentarier bei der Gelegenheit die häufig fehlerhaften Gesetzesvorlagen der Administration kritisierten, lautete die Antwort: «Stimmt ab, so wie wir es Euch vorgeben», andere Dinge könne man später klären. Außerdem sei ihnen bedeutet worden, sie seien gar keine richtigen Volksvertreter, da sie nur dank ihrer Förderung durch die Administration ihr Mandat erhalten hätten. Deshalb seien sie dem Kreml verpflichtet. Jermolins Aufbegehren wirbelte in der Öffentlichkeit nur kurz Staub auf, da die Gängelung der Abgeordneten aus den Reihen der vorgeblich «regierenden Partei» durch die faktisch regierende Präsidialadministration als allgemein bekannte Tatsache hingenommen wurde.

Das Prinzip der Vertikale der Macht regelt nicht nur das Verhältnis von Exekutive und Legislative, sondern auch die Befehlsströme innerhalb der Organe der vollziehenden Gewalt. Dies wird vor allem im Verhältnis zwischen der Präsidialadministration und dem Ministerkabinett deutlich. Während unter Jelzin bald die

Administration, bald das Kabinett am längeren Machthebel saßen, gab es unter Putin dieses Wechselgefälle allenfalls im Sinne konkurrierender Ambitionen einzelner Kabinettsmitglieder mit Spitzenbeamten aus der Administration. Immerhin hatte schon Jelzin seinem Nachfolger Putin als goldene Regel auf den Weg gegeben, dass das Ministerkabinett und die Administration einen gemeinsamen Machtblock bilden müssten und sich im Zweifelsfall das Kabinett der Administration unterzuordnen habe.[30] Da beide Organe über riesige Verwaltungsstäbe mit überlappenden Aufgabenbereichen verfügen, erweisen sich Parallelismen als unvermeidlich. Putin behielt Jelzins Rat gut im Gedächtnis. Bei der Restrukturierung der Apparate im Zuge der Regierungsbildung vom März 2004 und im Zusammenhang mit einer großen Verwaltungsreform achtete er sorgfältig darauf, dass das hierarchische Prinzip im Verhältnis von Administration und Kabinett strikt zur Einhaltung kam. Die Folge war, dass sich das neu gebildete Kabinett nur als eine geklonte Administration präsentierte.[31]

Das «Russische System» krankt vor allem an dem Problem, wie man die Verantwortlichkeit der Präsidialkabinette gewährleisten kann. Dieses Ziel sollte im Frühjahr 2004 im Rahmen einer umfassenden «Verwaltungsreform» angegangen werden. Die Reform stellte auf eine drastische Kürzung der Mitarbeiterstäbe und auf die Einführung einer Art Gewaltenteilung innerhalb der Bürokratie ab, wobei die Entscheidungen der Minister von den ausführenden Agenturen kontrolliert und auch die Umsetzung der Entscheidungen der Gegenkontrolle unterstellt werden sollten. Es zeigte sich rasch, dass derartige technokratische Reformvorstellungen schwer umzusetzen waren.[32] Premierminister Fradkow stellte sogar eine Rotation in den Ministerämtern zur Diskussion, um einen noch größeren Arbeitseinsatz der einzelnen Minister zu gewährleisten. Außerdem wurde ventiliert, die Leistung der Kabinettsmitglieder mit Hilfe von Parametern besser in Anrechnung zu bringen. Doch auch dabei wurde schnell klar, dass man politische Verantwortlichkeit nicht über Planspiele mit Zahlen und Buchhalterkalkülen einlösen konnte. Die große Verwaltungsreform versickerte, und die Zahl der Beamten nahm nicht ab, sondern stieg im Gegenteil sogar drastisch an.[33] Vor allem blieb das

Problem der politischen Verantwortlichkeit der Bürokratie ungelöst. Nach wie vor konzentrierten sich Macht und Verantwortung in der Spitze der bürokratischen «Vertikale», die vom Präsidenten selbst eingenommen wird.

Ein terroristischer Überfall, der Anfang September 2004 auf eine Schule im nordossetischen Beslan verübt wurde, bot den Anlass, die «Vertikale» erneut zu straffen. Präsident Putin kündigte umgehend eine deutliche Stärkung der «einheitlichen Macht der Exekutive» an, vorgeblich, um terroristischen Anschlägen besser begegnen zu können. Im Kern ging es aber um die Abschaffung der Volkswahl der regionalen Oberhäupter. Diese sollten künftig vom Präsidenten der Föderation vorgeschlagen und sodann von den jeweiligen regionalen Parlamenten bestätigt werden. Die Ankündigung dieser Maßnahmen löste geharnischte Proteste aus. Liberale Geister sprachen von einem glatten Staatsstreich. Die Politveteranen Gorbatschow und Jelzin äußerten öffentlich ihre Sorge über den weiteren Abbau der demokratischen Einrichtungen.[34] Alexander Jakowlew, der geistige Vater der Perestroika, zeigte sich zutiefst erschrocken über die «Restauration des Sowjetsystems»,[35] während umgekehrt kommunistische Jugendgruppen mit der Losung «Kastriert Putins Vertikale!» auf der Straße demonstrierten.[36] Der Präsident reagierte auf den allgemeinen Aufschrei mit der Behauptung, dass die Reformen mit der Verfassung übereinstimmten. Dabei widersprach er sich selbst, hatte er sich doch Ende 2002 klar gegen eine Ernennung der regionalen Oberhäupter und für deren direkte Wahl durch das Volk ausgesprochen. Dies schreibe die Verfassung so vor und so solle es bleiben, hatte Putin damals erklärt. Jetzt zeigte sich einmal mehr, dass Putins Respekt vor der Verfassung gering war und ihre Auslegung den tagespolitischen Bedürfnissen angepasst wurde.

Als Ausgleich zur Eingliederung der Regionen in die «Vertikale» offerierte der Kreml eine Art Ersatzparlament für Vertreter der Gesellschaft aus Zentrum wie Regionen. Es erhielt den verheißungsvollen Namen einer «Gesellschaftskammer». Ihre 126 Mitglieder wurden in drei Stufen aus verschiedenen gesellschaftlichen Organisationen und Kreisen ernannt bzw. kooptiert. Zu ihnen gehören bekannte Polittechnologen, Wissenschaftler, Publizisten, aber auch Industriekapitäne, Vertreter der Religionen, Beamte, Sportler und Künstler wie die Schlagersängerin Alla Pugatschowa und die Schauspielerin Jelena Proklowa. Von seiner Bestimmung her sollte das neue, rein konsultative Organ sowohl als Forum des Bürgerdialogs, des Sachverstandes und als ein Instrument der «gesellschaftlichen Kontrolle» über die staatliche Verwaltung, die Justiz, die Sicherheitsorgane und die Medien fungieren.[37] Schon der breite Aufgabenkatalog macht deutlich, dass es sich um eine Art Allzweckorgan handelt, in dem neben den mittlerweile vom Parlament eingebüßten Funktionen auch zivilgesellschaftliche Anliegen zu Ehren kommen sollen.

Eine eigenständige politische Rolle wurde dem geklonten Parlament nicht zugedacht. Dies machte Präsident Putin besonders deutlich, als er bei der feierlichen Eröffnung der Kammer Anfang 2006 den Mitgliedern einbläute, sie sollten «sich der unpolitischen Qualität ihres Mandats bewusst» sein.[38] Angesichts dieses entmutigenden Auftakts konnten kritische Kommentare nicht ausbleiben. Menschenrechtsorganisationen mokierten sich über das neue «Ministerium für die bürgerliche Gesellschaft» und über ein neues politisch zahnloses Gremium, das als eine Art Agentur des Kremls zur Förderung und gleichzeitigen Lenkung der Zivilgesellschaft kreiert worden sei.[39] Nach einjähriger Arbeit der Kammer steht fest, dass sie tatsächlich nur sehr begrenzt ihren vielfältigen Aufgaben nachkommen kann. Sie wird mit einer Unzahl von Bürgeranfragen und Beschwerden überschwemmt und fungiert so vorrangig als ein neuer Kummerkasten der Nation. Damit reiht sie sich gleich den neuen russischen Menschenrechtsbeauftragten in die Traditionslinie der Bittstellerkultur, wie sie schon im Zarenreich und noch ausgeprägter in der Sowjetunion Usus war. Diese Form der Kommunikation mit der Obrigkeit ist freilich Welten entfernt von aktiver Bürgerpartizipation und zivilgesellschaftlicher Tätigkeit.[40]

Bei aller Ohnmacht der institutionellen Surrogate vom Typ des «Staatsrates» oder der «Gesellschaftskammer» ist nicht zu übersehen, dass diese bis zu einem gewissen Grad die auch für ein autoritäres Regierungssystem notwendigen Funktionen gesellschaftlicher Rückkoppelung erfüllen. Außerdem verbürgen sie die

Loyalität wichtiger Funktionsträger, seien es die Gouverneure im «Staatsrat» oder die Vertreter aus Kultur und Wirtschaft in der «Gesellschaftskammer». Im Gegenzug werden diese zumindest mit dem Gefühl der Nähe zur Macht belohnt.[41]

Im Ergebnis bleibt festzuhalten, dass die Vertikale der Macht den demokratischen und rechtsstaatlichen Verfassungsauftrag vollkommen auf den Kopf gestellt hat. Es kann nicht wundernehmen, dass sich angesichts der konsequenten Aushöhlung der Verfassungsorgane und der Abtötung öffentlicher Politik so manche kritische Geister in das «Leben unter Breschnjew» zurückversetzt fühlen.[42]

2. Manipulation der Medien und des Parteiensystems

Neben die bürokratische Machtvertikale ist während Putins Präsidentschaft auch eine gesellschaftliche Vertikale getreten. Sie kommt in der Einschränkung der Meinungsfreiheit, der Manipulation des Fernsehens und in der Schaffung künstlicher «Parteien der Macht» zum Ausdruck. Wie der Soziologe Lew Gudkow feststellt, durchdringt das Prinzip autokratischer Macht alle Formen der sozialen Organisation und der politischen Kommunikation, und dies um den Preis der «Archaisierung und Sklerotisierung des gesellschaftlichen Lebens, das von außen betrachtet an die letzten Jahre der Breschnew-Epoche erinnert».[43] Der Politikwissenschaftler Nikolai Petrow beobachtet zum Jahresende 2004, dass «der russische Staat sowjetisch wurde, in der Form wie im Inhalt.»[44]

Einschränkung der Meinungsfreiheit

Bereits kurze Zeit nach Putins Amtsantritt im Frühjahr 2000 erfolgten parallel zu dem weiter oben geschilderten «Blitzkrieg» gegen die Bastionen regionaler Macht heftige Angriffe auf die Massenmedien. Erstes Opfer wurde das Medienimperium Most, das sich unter Leitung des Oligarchen Wladimir Gussinski befand.[45] Gussinski selbst wurde der Steuerhinterziehung beschuldigt und festgenommen. Nach geharnischtem Protest seitens der inländischen wie der ausländischen Presse gab sich Präsident Putin, der zu diesem Zeitpunkt gerade auf seiner ersten offiziellen Auslandsreise in westeuropäischen Ländern weilte, vollkommen überrascht von dem Vorgang und schützte vor, er habe den Generalstaatsanwalt zwecks Aufklärung nicht erreichen können. Putins Ausflüchte wirkten wenig überzeugend. In Moskau weiteten sich die Proteste gegen die Anschläge auf «Most» aus. So verwahrten sich die ansonsten miteinander rivalisierenden Oligarchen in einem gemeinsamen Brief an den Präsidenten gegen den aus ihrer Sicht offenkundigen Willkürakt.[46] Sogar Medienmogul Boris Beresowski, der über die Aktienmehrheit bei dem Fernsehkanal ORT verfügte, solidarisierte sich mit seinem Konkurrenten Gussinski.[47] Bald wurde auch er zur Zielscheibe der politischen Führung, die sichtlich auf die sofortige Zerschlagung der bestehenden Medienimperien hinarbeitete. Letztlich wurden Gussinski wie Beresowski ins Ausland abgedrängt.

Das spektakuläre Vorgehen gegen die beiden Medienmoguln resultierte in erster Linie aus der Intoleranz der neuen Kremlführung gegenüber Meinungspluralismus und Meinungsfreiheit. Von Anfang an betrachtete Putin freie Medien als eine Art Staatsfeind. So äußerte er in seiner ersten Botschaft an das Parlament, dass die von privater Hand finanzierten Medien ein «Mittel der Massendesinformation» und «Instrumente zur Bekämpfung des Staates» seien.[48] Gussinskis Fernsehkanal NTW und die von der Mostgruppe betriebenen Printmedien hatten generell ein eher regierungskritisches Verhalten an den Tag gelegt. NTW hatte sich sogar erlaubt, Putin bei den Präsidentenwahlen nicht zu favorisieren. Auch Beresowski war bald nach Putins Wahl als dessen Kritiker hervorgetreten.

Dem Präsidenten lag daran, diese Quellen öffentlicher Kritik zum Verstummen zu bringen. Da die beiden Oligarchen in der Bevölkerung wenig beliebt waren, bot das Vorgehen gegen sie einen willkommenen Vorwand für die Wiedererrichtung des staatlichen Monopols über die Medien. Dabei war nicht zu übersehen, dass Putin aufgrund seiner mentalen Prägungen während einer siebzehnjährigen Tätigkeit im sowjetischen Geheimdienst KGB empfindlicher auf öffentliche Kritik reagierte als routinierte und öffentlicher Kritik gegenüber geeichte Karrierepolitiker.[49]

Bald wurde deutlich, dass die Angriffe auf die Medien im Jahr 2000 nur den Beginn des systematischen Abbaus aller privaten Fernsehanstalten markierten. Die Schließung weiterer Kanäle folgte praktisch dem Gesetz der Serie. Gussinskis Sender NTW wurde 2001 dem staatlich kontrollierten Konzern Gasprom übereignet. Da NTW gegenüber Gasprom stark verschuldet war, stellte man die Übergabe als rein geschäftliche Transaktion hin. Anfang 2002 kam das Aus für den von Beresowski betriebenen privaten Fernsehkanal TW6. Als auch der Kanal TWS im Juni 2003 unterging, war das Ende der privaten Fernsehstationen auf nationaler Ebene erreicht.

Bei der Schließung der Sender folgten die Behörden stets dem gleichen Muster. Es wurden jeweils finanzielle Schwierigkeiten vor Gericht geltend gemacht, und auf das Urteil folgte die sofortige Schließung. Die Gerichte zierten sich nicht, bei der Einschränkung des Grundrechts auf freie Meinungsäußerung tatkräftig mitzuwirken. Im Ergebnis kontrollierte der russische Staat fünf große nationale Sender, Kanal Eins, RTR, TV-Zentr, NTW und Ren-TW. So nutzen die vier erstgenannten Kanäle gegenwärtig 90 Prozent der politischen Sendungen zur Berichterstattung über die Tätigkeit der Regierungsorgane.[50] Diese Informationen und Kommentare zeichnen sich durch eine überaus loyale oder neutrale Darstellung gegenüber der politischen Führung aus. Lediglich vier Prozent der politischen Nachrichten werden der politischen Opposition gewidmet, und dies mit einem negativen politischen *bias*.[51] In manchen Sendungen wie der wöchentlichen *Realen Politik* des bekannten Polittechnologen Gleb Pawlowski wird die politische Opposition systematisch verunglimpft.

Während die nationalen Fernsehkanäle zu einem gefügigen Instrument staatlicher Informationspolitik verkamen, hielten sich in den Printmedien und im Internet durchaus Freiräume für eine kritische öffentliche Meinung und für die Behauptung von Meinungsvielfalt. Allerdings waren auch hier infolge der Zerschlagung der Mediengruppe Most nachhaltige Einbrüche unübersehbar. Im Übrigen kehrten Formen der Selbstzensur, wie sie für die

Sowjetpresse typisch waren, in fast alle Redaktionsstuben zurück.[52] Zu den Flaggschiffen kritischer Berichterstattung gehört die Tageszeitung *Wedomosti*, die ausländischen Eigentümern gehört. Neben dieser vor allem auf Wirtschaftsnachrichten ausgerichteten Zeitung stellen die Internet-Zeitung *gazeta.ru* sowie die Blätter *Gaseta*, *Wremja Nowostei*, *Nowaja Gaseta* und *Kommersant* letzte Leuchttürme des kritischen Journalismus dar. Allerdings sind ihre Auflagen vergleichsweise gering, und ihr Publikum beschränkt sich weitgehend auf Intellektuelle und Großstädter. Ihre Aufgabe ähnelt den kritischen Sprachrohren der Sowjetzeit wie der BBC, der Deutschen Welle und Radio Liberty.[53] Eine Insel der Meinungsfreiheit bildet auch der Radiosender Echo Moskwy, der zwar Gasprom gehört, aber als Ventil für eine kritische öffentliche Meinung offengehalten wird.

Im Vorfeld der Dumawahlen Ende 2003 erreichte die Einschränkung der Meinungsfreiheit eine neue Qualität. So wurde den Massenmedien für die Wahlkampfzeit gesetzlich vorgeschrieben, nur kommentarlose Informationen über Kandidaten zu liefern und keinesfalls irgendeine Partei zu favorisieren. Diesen Verstoß gegen die in Art. 29 der Verfassung garantierte Meinungsfreiheit nahmen 96 Dumaabgeordnete zum Anlass, um dagegen vor dem Verfassungsgericht zu klagen. Das Gericht verurteilte das Gesetz, kassierte jedoch nur einen Teil der neuen Bestimmungen. Weiterhin blieb es den Journalisten überlassen, zwischen erlaubten oder verbotenen Kommentaren zu unterscheiden. Zu den verpönten Kommentaren gehörten kraft Gesetzes «nicht verifizierbare» Aussagen. Was als solche zu gelten hatte, sollten letztlich Gerichte beurteilen.[54] All diese Auflagen zeigen, dass es den Medien schwer bis unmöglich gemacht wurde, die Bürger über alternative Parteien und Kandidaten zu orientieren und somit zur Entfaltung eines politischen Pluralismus beizutragen.

Zu den jüngeren Entwicklungen auf dem Markt der Printmedien gehört, dass auch die wenigen verbliebenen Flaggschiffe einer kritischen Berichterstattung von kremlfreundlichen Unternehmern aufgekauft und sodann auf Linientreue gebracht wurden. Nachdem die traditionsreiche Tageszeitung *Iswestija* bereits 2005 von Gasprom-Media übernommen wurde und seither nur regierungstreue Informationen verbreitet, wurde der kritische und intellektuell anspruchsvolle *Kommersant* im August 2006 an einen Stahlmagnaten mit engen Beziehungen zu Gasprom verkauft. Die populäre *Komsomolskaja Prawda* wechselte Anfang 2007 den Besitzer. Noch ist nicht ganz absehbar, ob *Kommersant* und *Komsomolskaja Prawda* als führende gesellschaftliche Meinungsmacher gleich der *Iswestija* zu einem reinen Sprachrohr des Kreml verkümmern. Immerhin sind mittlerweile etwa 90 Prozent der russischen Medien direkt oder indirekt in staatlicher Hand.[55]

Die in einigen Printmedien praktizierte Regierungskritik operiert im Übrigen in einem gesellschaftlichen Vakuum. Nach der Niederringung der politischen Opposition und dem Leerlaufen des Parlaments wie der zivilgesellschaftlichen Einrichtungen können sie keine nennenswerte Resonanz in der Gesellschaft erzeugen. Auch wenn sie heiße politische Themen wie die dubiose Versteigerung von Juganskneftegas, die stümperhafte Niederschlagung des terroristischen Angriffs auf eine Schule in Beslan oder die landesweiten Massenproteste gegen die Monetarisierung sozialer Vergünstigungen aufgreifen, verhallen ihre mahnenden Rufe ungehört.[56] Maria Lipman von der Carnegie Foundation Moskau schreibt dieses Phänomen den fatalen Auswirkungen der staatlichen Fernsehnachrichten zu, die als «Einbahnkommunikations-Pipeline» funktionierten. Da man Informationen nur von den staatlichen Sendern an die Gesellschaft und nicht umgekehrt von dieser an den Staat befördere, erfülle das Fernsehen in erster Linie eine bloße Propagandafunktion.

Tatsächlich entsteht aufgrund der Propagandafunktion des Fernsehens ein «paralleles Universum».[57] Diese künstliche Welt fußt darauf, dass Kritik an der politischen Führung unterbleibt und eine Reihe von Themen überhaupt tabuisiert werden. Hingegen kommt gemäß dem autokratischen Prinzip der Präsident ausschließlich als strahlende Führungsfigur zur Darstellung. Das mit Livesendungen verbundene Risiko spontaner Meinungsäußerung entfällt, da seit 2004 alle Talkshows vorab aufgezeichnet und unerwünschte Kommentare gelöscht werden. Zu den Tabuthemen gehören etwa Exzesse militärischer Gewalt in Tschetschenien, Korruption in Regierungskreisen, die Übernahme von wirtschaftlichen

50

Führungsposten durch hochrangige Staatsbeamte, die Hintergründe sozialer Massenproteste oder das vollkommene Versagen des Moskauer Krisenmanagements bei der Niederschlagung terroristischer Überfälle.

Grundsätzlich riskiert jeder Journalist, der ein Tabu verletzt, zumindest Sanktionen nach dem im Sommer 2006 verschärften Extremismusgesetz, da bereits die Kritik an einem Amtsträger oder ein Bericht über eine gewaltsam aufgelöste Demonstration als «Extremismus» bzw. als «Rechtfertigung von Extremismus» qualifiziert werden können.[58]

Mitunter fallen Nachrichten ganz aus, und zwar immer dann, wenn zu einem Problem an oberster Stelle noch keine Positionierung erfolgte und mithin jede Anleitung gegenüber den Fernsehregisseuren unterblieb. Dies zeigte sich in krasser Form, als Anfang September 2004 die Geiseltragödie in Beslan bereits voll im Gang war und das Krisenmanagement vor Ort wie in Moskau vollkommen versagte. Die buchstäbliche Sprachlosigkeit der zuständigen Akteure drückte sich darin aus, dass man im Fernsehen alle Nachrichten zurückhielt. Als die damals noch unabhängige *Iswestija* auf ihrer Titelseite ein ganzseitiges Foto von der Geiselnahme druckte, wurde der Chefredakteur Raf Schakirow von dem Eigentümer des Blattes fristlos entlassen. Zu groß war die Angst, dass die ehrliche Reportage über Beslan die vom Kreml bald aufgetischten Märchen über den Ablauf der Geiseltragödie Lügen straft. Als Anfang 2005 Hunderttausende im ganzen Land auf die Straße gingen, um gegen die Abschaffung herkömmlicher sozialer Vergünstigungen wie dem kostenlosen öffentlichen Transport von Kriegsveteranen und gegen die Einführung alternativer Geldleistungen zu protestieren, konterkarierten die staatlichen Fernsehkanäle den Ausbruch des Volkszorns, indem sie Interviews mit Betroffenen brachten, die die Neuerungen freudig begrüßten.[59]

Zu all den Einschränkungen und Pervertierungen der öffentlichen Meinung kommt hinzu, dass Journalisten, die sich außerhalb des medialen «Paralleluniversums» und seiner Tabuzonen bewegen, sich in persönliche Gefahr begeben. Anna Politkowskaja, eine bekannte Journalistin der regierungskritischen *Nowaja Gaseta* und eine besonders mutige Vorkämpferin gegen Menschenrechtsverletzungen in Tschetschenien wie gegen Korruption und Inkompetenz der russischen Behörden, musste am 7. Oktober 2006 ihr Heldentum mit dem Leben bezahlen. Sie zählt zu Recht zu den neuen russischen Heiligen vom Schlage Andrei Sacharows oder des ebenfalls unerschrockenen Menschenrechtlers Sergei Kowaljow. Diesen wäre auch der kritische Journalist und Dumaabgeordnete Juri Schtschekotschichin hinzuzurechnen, der bereits in der Sowjetzeit den Ruf eines kritischen Reporters erworben hatte.[60] Schtschekotschichin bemühte sich um Aufklärung der im Sommer 1999 verübten Sprengstoffattentate auf Wohnhäuser in Moskau und anderen Städten. Zu diesem Zweck reiste er im August 2003 nach Rjasan, wo er den Hintergründen der Lagerung eines verdächtigen Pulvers im Keller eines Wohnblocks nachgehen wollte. Vom FSB war nach Entdeckung des eigentümlichen Materials durch Bewohner seinerzeit mitgeteilt worden, es habe sich um harmlosen Zucker gehandelt, der für einen Übungseinsatz dort abgestellt worden sei. Kurz nach seiner Rückkehr aus Rjasan starb Schtschekotischichin eines ungeklärten plötzlichen Todes. Angesichts des eingetretenen Organversagens und Haarausfalls gingen Angehörige und Freunde des Journalisten von einer Vergiftung mit Thallium aus. Demgegenüber sprachen die Ärzte von einer ungeklärten Allergie. Offiziell blieb der Fall unaufgeklärt. Doch auch wenn man den Tod Schtschekotschichins der Bilanz der während der Amtszeit Präsident Putins ermordeten Journalisten nicht zurechnet, beläuft sich diese bereits auf dreizehn Opfer. In der Statistik der Journalistenmorde nimmt Russland heute nach Irak und Algerien den dritten Platz ein. Vor diesem Hintergrund wundert es nicht, dass es auf der Skala für Pressefreiheit, die regelmäßig von der Organisation «Reporter ohne Grenzen» erstellt wird, nur auf Platz 147 von 168 geprüften Ländern rangiert.[61]

Das Fernsehen als Propagandamaschine Putins

Das Fernsehen ist für 85 Prozent der russischen Bevölkerung die hauptsächliche und häufig einzige Informationsquelle. Die Zuschauer sind permanent dem Einfluss des «Paralleluniversums» und seiner direkt oder indirekt in den Dienst des Präsidenten gestellten Propaganda ausgesetzt. Im Unterschied zur Jelzin-Ära ist die Bedeutung von Politikberatern und PR-Kampagnen im Fernsehen erheblich gewachsen. Gerade für Putins Selbstverständnis als technokratischer «Managerpräsident» haben politische Technologien große Bedeutung. Die Inszenierung von Herrschaft und eine positive Imagebildung gehören zur Grundausstattung des Systems Putin.[62] Der liberale Politiker Wladimir Ryschkow ist davon überzeugt, dass man das Land in erster Linie mithilfe des staatlichen Fernsehens regiere und nicht kraft Gesetz oder mit Hilfe der Bürokratie. Das nationale Bewusstsein werde Tag für Tag und Stunde für Stunde vom Fernsehen geprägt und manipuliert, klagte Ryschkow.[63]

Die sowjetischen Propagandatechniken haben so in Russland nicht nur überlebt, sondern wurden noch erheblich verfeinert. Die Fernsehzuschauer nehmen indessen die sorgfältige Steuerung der Programme und ihrer inhaltlichen Ausrichtung nicht wahr, oder sie stoßen sich zumindest nicht daran, wie Umfragen immer zeigen. Vielmehr vertrauen sie den elektronischen staatlichen Medien und orientieren auch in Wahlkampfzeiten ihre Präferenzen in erster Linie an der im Fernsehen vorgegebenen Linie.

Vor allem Berichte über den zweiten Tschetschenienkrieg wurden einer strengen Zensur unterworfen. Dies war eine Reaktion auf die freie mediale Unterrichtung über den ersten Kaukasuskrieg, die zu dessen breiter Ablehnung geführt hatte. Die Medienregisseure des Systems Putin schlossen die Wiederholung einer solchen Entwicklung dank einer streng reglementierten Berichterstattung von vornherein aus. Wunschgemäß stellte sich eine verengte und einseitige Wahrnehmung der Realität ein. Und so kehrte das «Leben unter Breschnew» zurück.[64]

Das Fernsehen ist integraler Bestandteil der Vertikale der Macht wie der gesellschaftlichen Vertikale. Es leistet sowohl eine umfassende Werbung für das politische Regime wie für deren obersten Repräsentanten, den Präsidenten. Äußerungen des Generalsekretärs des Russischen Journalistenverbandes, Igor Jakowenko, zufolge umfasst das Ausmaß der Propaganda zugunsten von Putin 92 Prozent aller im Fernsehen gebotenen politischen Informationen.[65] Kritische Beobachter erklären die anhaltend hohe Zustimmung zu Putin nicht zuletzt mit der propagandistisch sorgfältig «gelenkten Liebe» zum Präsidenten.[66] Besonders problematisch erscheint, dass es den Polittechnologen gelingt, das öffentliche Bewusstsein so erfolgreich zu manipulieren, dass die Vorstellung überhand nimmt, es gebe zum System Putin gar keine Alternative.[67] Zusammen mit den professionellen *Imidschmekery* zeichneten sie schon bei den Präsidentschaftswahlen im Jahr 2000 ein so allseitig gewinnendes Bild von Wladimir Putin, dass jeder Wähler sich mit ihm identifizieren konnte. Das Putin übergestülpte Image entsprach sowohl dem eines liberalen Demokraten als auch dem eines sowjetischen Patrioten und vor allen Dingen dem eines Mannes, der nach den unruhigen neunziger Jahren *law and order* verhieß. Nach dem vorzeitigen Rücktritt Boris Jelzins ging Putin als bereits «geschäftsführender Präsident» in den Wahlkampf vom März 2000. Zu diesem Bonus kamen erfolgreiche PR-Strategien und ein Maximum an Fernsehauftritten hinzu. Putins drei wichtigste Konkurrenten mussten sich die gleiche Sendezeit untereinander teilen. Die klaren Startvorteile für den von der «Jelzin-Familie» protegierten Kandidaten trugen Früchte. Putin siegte im ersten Wahlgang mit knapp 53 Prozent der abgegebenen Stimmen.[68]

Als Putins Wiederwahl im März 2004 anstand, hatte sich das System der «gelenkten Demokratie» so weit perfektioniert, dass seriöse Kandidaten gegen den Amtsinhaber gar nicht erst antraten. Aus Empörung über ihre Diskriminierung bei den Dumawahlen im Dezember 2003 zogen es die demokratischen Parteien vor, keine eigenen namhaften Kandidaten ins Rennen zu schicken. Ähnlich verfuhren die Kommunisten. Politclown Schirinowski stellte seinen früheren Leibwächter und Boxmeister auf. Putin selbst sah keinen Anlass, für seine Wiederwahl zu werben. Als die Kremlregisseure zuletzt befürchteten, die Wahlen könnten wegen unzureichender Beteiligung ungültig sein, entließ man rasch die Regierung, um etwas Dynamik in die Politik zu bringen. Die Wahlen verkamen dennoch zu einer Farce und führten allen vor Augen, dass es keinen politischen Wettbewerb mehr gab.[69] Sie offenbarten der ganzen Welt die hässliche Fratze der «gelenkten Demokratie». Im Ergebnis liefen sie auf ein reines Plebiszit für Putin hinaus. Er wurde bei einer Wahlbeteiligung von 64 Prozent mit 71,31 Prozent der abgegebenen Stimmen wiedergewählt.

Eine wichtige Rolle im System Putin spielt der direkte Dialog zwischen dem Präsidenten und den Bürgern. Dieser vollzieht sich vor allem in den Bürgeraudienzen des Staatsoberhaupts, die über das Fernsehen, Telefonschaltungen und SMS organisiert werden.[70] In Putins ausführlichen Gesprächen ‚mit dem ganzen Volk', in denen die tagtäglichen Probleme des kleinen Mannes dominieren, mischt sich ein geradezu archaisches Verfahren zur Herstellung von Volksnähe mit hypermoderner Machttechnologie. Auch die alljährlichen Pressekonferenzen sind Ausdruck der über und mit den Medien organisierten Formen direkter politischer Kommunikation. Bei all diesen jeweils mehrere Stunden währenden Anlässen wird die technokratische Allzuständigkeit des «Managerpräsidenten» glaubhaft zur Geltung gebracht. Zugleich treten die extreme Personalisierung der Macht und der plebiszitäre Charakter des Regimes hervor.

Parteien und Jugendorganisationen aus der Retorte

Bereits in der Ära Jelzin zeigten sich die Kremlregisseure von dem amerikanischen Zweiparteiensystem fasziniert und träumten davon, auch in Russland bald ein so klar überschaubares Parteienfeld entstehen zu sehen. Tatsächlich war aus den ersten Parlamentswahlen vom Dezember 1993 eine ganz unübersichtliche Konstellation der Kräfteverhältnisse in der Duma hervorgegangen. Den starken Kontingenten der Kommunisten und Nationalisten stand ein schwaches Häuflein von Demokraten gegenüber. Ein ähnliches Kräftefeld zeichnete sich nach den Dumawahlen 1995 ab.[71] Erst in den Wahlen vom Dezember 1999 gelang es, eine kremltreue Kraft auf den zweiten Platz knapp hinter die Kommunisten zu katapultieren. Es handelte sich dabei um die parallel zur Beförderung Putins auf den Präsidentensessel in der Retorte der Präsidialadministration kreierte Partei «Einheit – Der Bär». Diese vorgeblich «zentristische» Kraft fusionierte Anfang 2002 mit der

55

ähnlich ausgerichteten Partei «Vaterland – Ganz Russland» zum «Einigen Russland», das sich bei den Wahlen im Dezember 2003 als die neue mächtige Staatspartei in der Duma etablierte. Das «Einige Russland» hat aufgrund der starken Unterstützung durch die Administration alle weiteren Parteien marginalisiert und das Land in eine Art Einparteienstaat verwandelt.[72]

Im Vorfeld der im Dezember 2007 anstehenden Dumawahlen distanzieren sich die Strategen der gelenkten Gesellschaft von dieser Konstellation und bemühen sich erneut um Schaffung eines Zweiparteiensystems. Tatsächlich war schon bei den Dumawahlen 1993 und 1995 erfolglos versucht worden, von oben her ein Zweiparteiensystem auf die Beine zu stellen. 1993 fungierten Jegor Gajdars «Demokratische Wahl Russlands» und die «Partei der Russischen Einheit und Eintracht» unter Führung des ebenfalls liberalen Politikers Sergei Schachrai als Versuchskaninchen. Beiden wurde das Etikett einer «Partei der Macht» umgehängt. Diese Bezeichnung rührte daher, dass die Parteien ungeachtet ihres amorphen Charakters und ihrer geringen bis gänzlich fehlenden gesellschaftlichen Verankerung den Status einer Art Regierungspartei anstrebten, auch wenn dieser Anspruch überhaupt nicht mit den parlamentarischen Kräfteverhältnissen zur Deckung kam. Für die Spezies der «Parteien der Macht», die praktisch auf bürokratischen Machtkartellen und den über diese bezogenen «administrativen Ressourcen» gründen, bürgerte sich auch die alternative Bezeichnung «administrative Parteien» ein, um sie von den sozial verwurzelten Parteien abzugrenzen. Praktisch waren nur die «Kommunistische Partei der Russischen Föderation» und die kleine demokratische Partei «Jabloko» überhaupt dem Typus gesellschaftlich verankerter Parteien zuzurechnen.[73]

Die ersten «Parteien der Macht» verschwanden von der politischen Bühne, sobald ihre Führer ihre staatlichen Spitzenämter verloren. Das Paradebeispiel war die Partei «Unser Haus Russland», die zur Unterfütterung der Regierungsmacht des langjährigen Ministerpräsidenten Wiktor Tschernomyrdin in der Retorte des Kreml kreiert wurde und sich als vorgebliche «Regierungspartei» auf ganze 10,1 Prozent des bei den Wahlen 1995 erlangten

Stimmenanteils stützen konnte. Da Tschernomyrdin seit März 1998 kein Regierungsamt mehr innehatte, scheiterte das führungslose administrative Vehikel in den Wahlen 1999 kläglich. Im Gegensatz dazu konsolidierten sich die «Parteien der Macht» unter Putin, auch wenn sie «bürokratische Formationen»[74] blieben und über keinerlei reale Regierungsmacht verfügten. Das ist darauf zurückzuführen, dass in der «gelenkten Demokratie» das Know-how bei der Nutzung der «administrativen Ressourcen» ebenso wie beim Einsatz von Polittechnologen und bei der Errichtung organisatorischer Strukturen erheblich verbessert wurde. Hinzu kam, dass Präsident Putin zuerst der Partei «Einheit – Der Bär» und dann deren Nachfolgerin, dem «Einigen Russland», öffentlich seine Unterstützung zusicherte, und dies ungeachtet aller gegenteiligen wahlrechtlichen Bestimmungen genau zu einem für den Wahlerfolg der Partei optimalen Zeitpunkt.

Im Herbst 2006 gibt das «Einige Russland» seinen Mitgliederstand stolz mit 1,15 Millionen an. Zwei Drittel der Gouverneure gehören ihr an, und in ihren Führungsgremien sind seit kurzem sogar einige Minister vertreten.[75] Die fehlende soziale Verankerung wird durch den Aufbau eines Bündnissystems mit gesellschaftlichen Organisationen ausgeglichen. Bündnispartner sind Frauen- und Jugendverbände, Wohlfahrts-, Freizeit- und Berufsvereinigungen, Verbände für den Natur- und Denkmalschutz, Sportorganisationen, Gewerkschaften und Unternehmerverbände. Zur Vernetzung mit den Provinzen schließen die regionalen Parteigliederungen unter Patronage der jeweiligen Gouverneure feierliche «Vereinbarungen über Zusammenarbeit» mit interessierten Organisationen ab. Schließlich werden zur Steigerung der Attraktivität der Partei bekannte Persönlichkeiten aus Kunst und Kultur für die Öffentlichkeitsarbeit engagiert. All dies weckt Erinnerungen an die Methode der KPdSU, «Transmissionsriemen» zu gesellschaftlichen Organisationen aufzubauen und «mit den Massen zu arbeiten». In gewisser Weise lebt auf neue Art die kommunistische Losung von der «Einheit von Volk und Partei» wieder auf.[76]

Gleich der KPdSU wird die Partei gerne als Steigleiter für karrierebewusste Personen genutzt. Dies kommt schon im Engagement in der neuen Jugendorganisation der Partei zum Ausdruck, die unter dem traditionsreichen Namen einer «Jungen Garde» eingerichtet wurde. Den besten Vertretern der «Garde» wird bei Wahlen ein fester Anteil auf den Parteilisten reserviert. Dies soll ihnen die Möglichkeit geben, ein eigenes Profil zu gewinnen und sich in Wahlkämpfen zu üben. Außerdem soll so für die Selbsterneuerung der Partei gesorgt werden. Das «Politfabrik» genannte System soll auch dabei behilflich sein, «Putins Feinde» in der Partei und korrupte Funktionäre ausfindig zu machen.[77] Bei so weitreichenden Aufträgen an junge Parteiaktivisten besteht gewiss die Gefahr, eher ein billiges Denunziantentum als die Regenerierung der Partei zu fördern. Noch ist wenig erkennbar, ob sich das «Einige Russland» überhaupt zu einem sinnvollen Instrument der Elitenrekrutierung wie Elitenkontrolle zu entwickeln vermag und den Charakter einer bloßen «Wahlmaschine» überwinden kann.[78]

Bei allen Parallelen zwischen dem «Einigen Russland» und der KPdSU sind wichtige Unterschiede unübersehbar. Ins Auge springt, dass die heutige Staatspartei weder das Macht- noch das deutungspolitische Zentrum verkörpert, wie es für die sowjetische Staatspartei charakteristisch war. Das «Einige Russland» fungiert nur als einer der vielen Mechanismen der «gelenkten Demokratie». Bei aller mächtigen äußeren Statur zerfällt sie in verschiedene bürokratische Flügel und ringt hilflos um ein ideologisches Profil.[79] Vor allem bildet sie – wie an anderer Stelle erwähnt – entgegen ihrer Bezeichnung als «regierende Partei» nicht die Regierung. Schon dies macht deutlich, dass es dem «Einigen Russland» an allen wichtigen Attributen einer realen politischen Kraft fehlt. Hinzu kommt, dass die Partei vollkommen von der Administration gegängelt wird. Insofern verkörpert das «Einige Russland» das Prinzip der gelenkten Gesellschaft par excellence.[80]

Unterdessen ist in der Administration ein Meinungswechsel zugunsten einer neuen Gestaltung der Parteienlandschaft erfolgt. Nicht mehr eine überdimensionierte «Partei der Macht» im Verein mit den Satellitenparteien «Rodina» und «LDPR» soll in die Dumawahlen 2007 gehen, sondern zwei mit einander konkurrierende «Parteien der Macht». Im Sommer 2006 holten die Wahlregisseure des Kreml erneut das Zweiparteienkonzept aus der

Schublade, um zum dritten Mal den Versuch zu riskieren, die bestehenden Verhältnisse *in vitro* umzugestalten. Die entsprechenden Pläne beruhen auf Absprachen zwischen dem Präsidenten und dessen Vertrautem Sergei Mironow, der sowohl den Vorsitz des Föderationsrates wie der kleinen «Partei des Lebens» innehat.[81] Dem großen Kremlstrategen Wladislaw Surkow wurde es überlassen, das Projekt konkret zu initiieren. Als dieser den Plan im Sommer 2006 publik machte, stand er nicht an, die notwendige Existenz von zwei Kremlparteien mit Verweis auf die gravierenden Mängel des aktuellen Regimes zu begründen. Er sagte: «Meiner Meinung nach ist es die größte Schwäche des gegenwärtigen politischen Systems, dass dieses auf der Ressource einer einzigen Person und auf nur einer Partei» fußt.[82] Surkow folgerte weiter: «Das Problem ist, dass es keine alternative größere Partei gibt. Die Gesellschaft hat kein zweites Bein für den Fall, dass das erste lahmt. Dies macht das System instabil.» Ohne jeden Zweifel erweist sich Surkow mit diesen Ausführungen als ein luzider Diagnostiker der Gebrechen des Systems Putin bzw. der gelenkten Demokratie.

Man durfte gespannt sein, wie die Vorschläge zur Schaffung eines «zweiten Beins» der Gesellschaft aussehen würden. Zunächst gab Surkow zu bedenken, dass es «in Russland faktisch bereits ein Zweiparteiensystem gibt, das freilich noch nicht förmlich arrangiert ist».[83] Sodann stellte er ein Rechenexempel an, indem er die von dem «Einigen Russland» bei den Dumawahlen 2003 erreichten 37 Prozent Zustimmung mit der «annähernd gleichen Stimmenzahl von 33,8 %» verglich, die von den drei in der Duma vertretenen Parteien mit einer linken und nationalistischen Ausrichtung, der LDPR Schirinowskis (11,45 %), der KPRF (12,61 %) und Rodina (9,02 %), bei den Wahlen erwirtschaftet worden waren. Es käme Surkow zufolge jetzt nur noch darauf an, das vorhandene linke und nationalpatriotische Parteienspektrum zu transformieren.

Schon am 28. Oktober 2006 erreichten die umsichtigen Sozialingenieure des Kreml die erste Etappe dieser Ziellinie. An dem Tag wurde eine neue erklärtermaßen «linkszentristische» Partei unter der Bezeichnung «Gerechtes Russland» aus der Taufe gehoben.

Sie kam als Fusion von Rodina mit der «Partei der Pensionisten» und der kleinen «Partei des Lebens» unter Führung Mironows zustande.[84] Die neue Allianz war also noch weit von der großen Linken entfernt, die in Surkows Rechenexempel zusammengezählt worden war. Allerdings wird die Tendenz zur Konsolidierung des linken Wählerpotentials und darüber hinaus die Erwartung in eine starke linke Magnetfunktion der neuen Partei deutlich. Denn so wie Rodina 2003 als nationalistische Klonpartei zum erfolgreichen Abfischen der kommunistischen Wähler eingesetzt worden war, soll das «Gerechte Russland» jetzt sowohl das Wählerreservoir der KPRF wie der LDPR in die eigenen Reihen ziehen.[85] Dass mit solchen Experimenten erhebliche Risiken verbunden sind, zeigte sich gerade am Beispiel von Rodina, die sich von ihren Schöpfern emanzipierte und als eigenständige nationalistische Kraft eine beträchtliche Anhängerschaft fand.[86] Erst nachdem sich Rodina «wie eine losgerissene Kanone auf einem Schiffsdeck» verhielt,[87] schritt der Kreml ein und zwang den charismatischen Parteiführer Dmitri Rogosin zum Rücktritt.

Es bleibt abzuwarten, ob die großen und kleinen Kalküle der Administration bei dem jüngsten Versuch zur Schaffung eines Zweiparteiensystems aus der Retorte aufgehen werden. Immerhin bestand das «Gerechte Russland» bei ersten Probeläufen anlässlich der Wahlen zu einer Reihe von Regionalparlamenten im Oktober 2006 und im März 2007 die Feuerprobe.[88] Schon für sich genommen erscheint die Idee, zwei loyale «Parteien der Macht» sollten die Politik des Präsidenten unterstützen, jedoch gleichzeitig zueinander in Opposition stehen, wenig überzeugend.[89] Angesichts des politischen Abgangs von Putin zum März 2008 verstärken sich die Zweifel an der Tragfähigkeit zweier künstlicher Parteien, die kein soziales Fundament besitzen und dann auch noch ihre oberste Stütze verlieren. So gesehen geben die vorgeblichen «zwei Beine» der Gesellschaft bestenfalls klägliche Krücken ab. Näherliegend erscheint die Annahme, dass sich die Schimäre vom Zweiparteiensystem einfach verflüchtigt.

In den Denkfabriken der gelenkten Demokratie werden nicht nur politische Parteien, sondern auch Jugendorganisationen konzipiert.[90] Initiativen zur Formierung einer systemtreuen russi-

Aufmarsch der vom Kreml in Reaktion auf die orangene
Revolution in der Ukraine gegründeten Jugendorganisation «Naschi»
(die Unseren). Die Jugendorganisation unterstützt den Präsidenten
und dient als Bollwerk gegen etwaige soziale Unruhen in Russland.
(Foto: Denis Sinyakow/AFP/Getty-images)

schen «Staatsjugend» erhielten vor dem Hintergrund der «Farb-
revolutionen» in Georgien, der Ukraine und Kirgisistan mächtigen
Auftrieb. Die Manager der gelenkten Demokratie setzten alles
daran, ähnlichen Volksbewegungen in Russland von vornherein
entgegenzusteuern. Dies führte dazu, dass zum einen die staatliche Kontrolle über die bestehenden Nichtregierungsorganisationen auf gesetzlichem Weg erheblich verschärft und ausgebaut
wurde. Zum andern ging man daran, eigene gesellschaftliche Boll-
werke zu errichten, um potenzielle spontane Unruhen zu unterbinden. Zu dem Zweck entstanden die von der Administration
und von einer Reihe von Polittechnologen sorgfältig betreute
Jugendorganisation «Naschi» (Die Unseren) und die schon er-
wähnte «Junge Garde» als Nachwuchsorganisation des «Einigen
Russland».

Die Jugendorganisation «Naschi» trat gewissermaßen die Nachfolge der schon 2001 aufgestellten Gruppe «Iduschtschie Wmeste»

(Gemeinsamer Weg) an. Während diese mittlerweile nicht mehr besteht, tritt die «Naschi»-Bewegung heute als selbstbewusster und äußerst aktiver Arm der «Staatsjugend» hervor. Sowohl der «Gemeinsame Weg» wie «Naschi» zeichnen sich durch bedingungslose Loyalität gegenüber Präsident Putin und seinem politischen Kurs aus.[91] Wladimir Jakemenko, der früher in der Administration beschäftigt war, leitete zunächst den «Gemeinsamen Weg» und übernahm dann auch die Führung der «Unseren». Er steht damit einer streng hierarchisch organisierten und nach außen abgeschotteten Bewegung vor.

Beide Gruppen verfügen über beträchtliche Geldmittel und suchen mit ihren Aktionen die Aufmerksamkeit der Medien. So gingen sie mit einer spektakulären Aktion gegen den postmodernen Schriftsteller Wladimir Sorokin vor, dessen Bücher sie als pornographische Literatur bezeichneten und im Moskauer Stadtzentrum symbolisch in einer riesigen Papptoilette vernichteten. Im Mai 2005 veranstalteten die «Unseren» im Kontext der Siegesfeiern in Moskau eine Massendemonstration von 50 000 Teilnehmern, die allesamt T-Shirts mit dem Aufdruck «zu Ehren der Veteranen des Großen Vaterländischen Krieges» trugen.[92] Ein großes Medienecho erhalten die jährlichen Sommerlager der «Unseren», die für die «Kommissare» genannten Funktionäre abgehalten werden. Polittechnologen und ranghohe Vertreter der Administration wie Wladislaw Surkow referieren hier. Präsident Putin empfing im Sommer 2005 zwanzig «Kommissare» auf seiner Datscha bei Moskau. Im Mai 2006 lud er Vertreter der «Unseren» zu einem Treffen in Sotschi ein, bei dem er ihnen ans Herz legte, sich für eine «vom Patriotismus durchtränkte Zivilgesellschaft» stark zu machen.[93] Die Kontakte zu Putin und hochrangigen Kremlfunktionären vermitteln den Aktivisten unter den «Unseren» das sichere Gefühl, selbst zur staatlichen Führungselite zu gehören. Jakemenko versichert gerne in aller Öffentlichkeit, dass die «Unseren» fraglos die künftigen Führer Russlands seien.[94]

Bei aller zur Schau getragenen Selbstsicherheit des obersten «Kommissars» erscheint es gegenwärtig aber keineswegs absehbar, ob die «Unseren» eine Dauererscheinung bleiben oder ähnlich dem früher lancierten «Gemeinsamen Weg» vom politischen

Experimentierfeld wieder verschwinden. Die einen wie die anderen erinnern an die sowjetische Jugendorganisation «Komsomol» und zeugen von dem Bemühen der Regisseure der gelenkten Demokratie, Staatstreue und politische Loyalität auch seitens der Jugend systematisch zur Durchsetzung zu bringen. Die Überlebenschancen all dieser Formationen einer gelenkten Gesellschaft scheinen indessen gering. Denn weder die eilig zurechtgezimmerte neue «Staatsjugend» noch die immer wieder neu adjustierten «Parteien der Macht» verschaffen dem politischen System die erforderliche politische Legitimität und Stabilität und damit eine Bestandsgarantie auch in eigener Sache.

3. Machtkämpfe hinter den Kulissen

Parallel zur autokratischen Machtvertikale haben sich im System Putin oligarchische Herrschaftsformen etabliert. In diesen nach außen verdeckten Strukturen ringen die Mandarine des Präsidenten um Einfluss und Eigentum. Die neuen Oligarchen stehen an der Spitze verschiedener informeller «Einflussgruppen», die man wegen ihrer unmittelbaren Nähe zum räumlichen Zentrum der Macht üblicherweise «Kremlgruppen» nennt. Putins Mitregenten und Vertraute bilden den «inneren Kreis» oder das geheime Kabinett des Kreml. Es besteht aus etwa 12 bis 15 Personen und wird bald als das neue «Politbüro», bald als das «Putin-Kollektiv» bezeichnet.[95] Während alle Mitglieder des Kollektivs dem Präsidenten durch ihre persönliche Loyalität eng verbunden sind, stehen sie und ihre jeweiligen Seilschaften untereinander in einem mehr oder weniger verdeckten Wettbewerb. Da das Mit- und Gegeneinander der informellen Gruppen dynamisch verläuft und ganz entfernt an einen Parteienpluralismus erinnert, nennt man das Phänomen ironisch einen «Apparatepluralismus» oder auch «bürokratischen Pluralismus».[96] Angesichts fehlender Spielregeln und einer Zuspitzung der Konflikte im Vorfeld von Putins politischem Abgang wird der zunehmend rüde gegenseitige Umgang der Kremlherren auch als eine moderne Form des «feudalen Pluralismus» gedeutet.[97]

Obwohl Putins informelles Kabinett weitgehend im Geheimen operiert, sind die neuen Oligarchen wie beispielsweise Dmitri Medwedjew, Sergei Iwanow, Aleksei Miller oder Sergei Bogdantschikow der Öffentlichkeit durchaus bekannt, da sie zumeist hohe Ämter in den Organen der Exekutive oder in den staatlichen Großunternehmen bekleiden. Um den Ursprüngen des «Apparatepluralismus» auf die Spur zu kommen, muss man bei der Personalpolitik Putins und das heißt beim Zuzug seiner Mitstreiter aus St. Petersburg ansetzen.[98] Einstellungen, Umbesetzungen oder Entlassungen hoher Amtsträger zeigen wechselnde Machtkonstellationen und damit die jeweils dominierenden richtungspolitischen Tendenzen im «Putin-Kollektiv» an. Der eintretende Wechsel vom «oligarchischen Kapitalismus» der Jelzin-Zeit zum heutigen Staatskapitalismus ist ebenfalls nur aus dem Blickwinkel der Macht- und Richtungskämpfe zwischen den einzelnen «Kremlgruppen» nachvollziehbar. Weitere Fragen drängen sich auf, so die nach der Rolle des Präsidenten gegenüber den Querelen seiner engsten Mitstreiter, oder die nach der Funktionsfähigkeit einer Regierungsordnung, in der ein informeller Pluralismus mit einer hierarchischen Ordnung koexistiert, schließlich die nach Stabilität und Reproduktionsfähigkeit eines Systems, dessen Spitzenmann die politische Bühne verlässt.

«Petersburger» versus «Familie»

Als Wladimir Putin das Präsidentenamt antrat, war er mit zwei Hinterlassenschaften aus der Jelzin-Zeit konfrontiert, nämlich mit den bereits bestehenden Machtstrukturen in Gestalt informeller Einflussgruppen und mit dem hier vertretenen Regierungspersonal. Das strukturelle Erbe war ein älteres Phänomen. Informelle Seilschaften hatten schon die sowjetische Bürokratie durchzogen. Im Zusammenhang mit der Privatisierung des sowjetischen Staatseigentums Anfang der neunziger Jahre formten sich neue Muster aus. Der Aufbruch «vom Plan zum Klan» erfolgte in Form enger Verbindungen zwischen den neuen kapitalistischen Wirtschaftsführern und bürokratischen Seilschaften. Dieser «Inzest» zwischen Staatsgewalt und räuberischem Frühkapitalismus wurzelte zum einen in dem Gewinnstreben der «Oligarchen» genannten Wirtschaftskapitäne, zum andern in der prekären Machtbasis der staatlichen Führung.[99] Da sich diese nicht auf Parteien stützte und es auch keine geregelte Lobbytätigkeit von Verbänden gab, schossen informelle Einflussgruppen aus Wirtschaft und Politik nur so ins Kraut.

Die Seilschaften aus Unternehmern und Vertretern der staatlichen Bürokratie konkurrierten um den Erwerb und die Nutzung lukrativer sowjetischer Staatsbetriebe. Von Soziologen wurde das neue System eine «kompetitive Oligarchie» genannt.[100] In einem weiteren Sinne bürgerte sich der Begriff des «oligarchischen Kapitalismus» ein, um die eigentümliche Symbiose von staatlicher und wirtschaftlicher Ordnung zu erfassen. Manche sprachen von einer «Privatisierung des Staates» oder gar von einem «Staatsraub» (*state capture*) durch die neuen Wirtschaftsmagnaten.[101] Das Paradebeispiel für die enge Verquickung von Wirtschaftsmacht und Staatsgewalt bot die als «Familie» – «Kremlfamilie» oder «Jelzinfamilie» – bekannte Gruppierung während der zweiten Amtszeit Jelzins. Diesem geheimen Machtkartell schuldet Putin seinen Aufstieg ins höchste Staatsamt. Die «Familie» gab allerdings ihre Pfründe nicht auf. Der manipulierte Machttransfer hatte vielmehr eine Mitregentschaft des Jelzin-Klans zur Auflage.[102]

Putin beließ bezeichnenderweise nach seinem Amtsantritt die Kräftekonstellation in den Regierungsapparaten im Wesentlichen so, wie sie ihm von der alten Garde hinterlassen worden war. Ins Auge stach vor allem, dass das Amt des Premierministers dem Protégé der «Familie» Michail Kasjanow übertragen und dass der allmächtige Kremlregisseur und Repräsentant der «Familie» Alexander Woloschin als der Leiter der Administration bestätigt wurde. Damit verblieben zwei Vorkämpfer des «oligarchischen Kapitalismus» auf höchsten Posten. Dessen ungeachtet bemühte sich Putin, den Statthaltern der «Familie» nach und nach eine eigene Mannschaft gegenüberzustellen. Bereits während seiner Interimspräsidentschaft gelang es ihm, Personen nach Moskau zu holen, die bis heute Führungspositionen bekleiden. Zu Putins erstem Aufgebot zählten Dmitri Medwedjew, Igor Setschin, German Gref, Wiktor Iwanow und Sergei Iwanow.[103] Bei aller Gefolgschaftstreue gegenüber Putin haben sich gerade diese Mitstreiter der ersten Stunde mittlerweile in scharfe Konkurrenten um die Macht und den strategischen Kurs für die Zeit nach Putin verwandelt.

Die gegenwärtigen Macht- und Richtungskämpfe zwischen Putins Mandarinen fußen letztlich in ihrer ursprünglichen Rekrutierung aus ganz unterschiedlichen Subkulturen. Denn Putins Führungspersonal setzt sich aus früheren Studienkollegen der juristischen Fakultät, aus Berufskollegen aus dem KGB und der Stadtverwaltung von St. Petersburg zusammen. Hinzu kamen Freunde aus Freizeitunternehmungen und schließlich selbst Freunde der Freunde. Auch so manchem Geschäftsmann unter Putins Bekannten winkten gute Karrierechancen. Je nach Rekrutierung ließen sich unter den Petersburger Seilschaften grob zwei Richtungen erkennen: einerseits die Gruppe der liberalen «Juristen» vom Schlag des heutigen Ersten Vizepremiers Dmitri Medwedjew und des Kaukasusbeauftragten Dmitri Kozak sowie die wirtschaftsliberalen Technokraten vom Schlag des Finanzministers Aleksei Kudrin und des Wirtschaftsentwicklungsministers German Gref, zum andern die Gruppe der Silowiki.[104] Der von *sila* (Macht, Kraft) abgeleitete und in der Publizistik gängig gewordene Begriff der «Silowiki» unterstreicht, dass es sich bei ihnen entweder um Abkömmlinge der Sicherheitsdienste oder um andere unmittelbare Treuhänder des staatlichen Gewaltmonopols handelt. Zu den Silowiki zählen insbesondere Putins erster Kanzleileiter und heutiger Stellvertretender Leiter der Administration Igor Setschin, weiter der zunächst für Personalpolitik zuständige und heute als Assistent des Präsidenten in der Administration tätige Wiktor Iwanow, ferner der langjährige Verteidigungsminister und heute Erste Vizepremier Sergei Iwanow, schließlich Nikolai Patruschew, der Leiter des FSB, der Nachfolgeorganisation des KGB. Ebenfalls zu den Silowiki zählte der aus der «Familie» zu den «Petersburgern» übergewechselte Generalstaatsanwalt Wladimir Ustinow. Er verlor allerdings im Juni 2006 sein hohes Amt und damit den Platz eines Spitzenreiters der Silowiki.[105]

Im Vergleich zu den engen Beziehungen der «Familie» zur großen Geschäftswelt nahmen sich die Verbindungen der Petersburger zu den Großunternehmern zunächst mager aus. Während

Igor Setschin *(links)*, der stellvertretende Leiter
der Präsidialadministration, und Wiktor Iwanow *(rechts)*,
Assistent des Präsidenten und Mitglied der Präsidialadministration,
sind Führungsfiguren unter den Silowiki.

die «Familie» zu ihrem Einzugsbereich die von Jakow Pappe so
benannte «Bolschaja MADAM» («Große Madame» Machmudow,
Abramowitsch, Deripaska, Abramow und Melnitschenko) zählte,
war ein engeres Verhältnis der Petersburger zur Industrie auf
«BMP» beschränkt. Hinter diesem Kürzel verbergen sich die drei
großen Namen Bogdantschikow (Rosneft), Miller (Gasprom) und
Pugatschow (Meschprombank).¹⁰⁶ Das prekäre Kräfteverhältnis
zwischen den beiden Klans wurde Ende 2002 offenbar, als bei der
Versteigerung des Unternehmens Slawneft die Meschprombank
und Rosneft von den Anbietern der «Familie» klar ausmanövriert
wurden.

Bis zum Sommer 2003 hatte die Kohabitation der unterschiedlichen Einflussgruppen von «Petersburgern» und Vertretern der
«Familie» Bestand. Doch warf die Jukos-Affäre schon ihre Schatten voraus. Spannungen und Querelen zwischen Moskauern und
Petersburgern häuften sich. Als Ende Oktober 2003 der Vorstands-
vorsitzende von Jukos, der *«Oligarch»* Michail Chodorkowski,
verhaftet wurde, trat der mächtigste Repräsentant der «Familie»,
Präsidialamtsleiter Woloschin, zurück. Regierungschef Kasjanow
stellte sich öffentlich gegen das brutale Vorgehen der Staatsanwaltschaft. Gleichwohl war die Niederlage der «Familie» besie-

gelt. Hingegen verbuchten die Silowiki mit der erfolgreichen Jagd auf Chodorkowski und der Vertreibung Woloschins einen großen Sieg. Präsident Putin bezog klar Position zu deren Gunsten. Zugleich wurde der auch unter den Petersburger Gruppen schwelende Richtungsstreit um das Ausmaß staatlicher Kontrolle über die Wirtschaft zugunsten der Silowiki entschieden.[107] Dessen ungeachtet warnten die Petersburger wirtschaftsliberalen Minister wiederholt vor dem Vordringen des Staates in die Wirtschaft.

Dies konnte den weiteren Übergang zum «Staatskapitalismus», wahlweise auch «Apparatekapitalismus», «bürokratischer Kapitalismus» oder «Netzwerkkapitalismus» genannt, nicht aufhalten. Hatte man seinerzeit vom *state capture* durch die neuen Wirtschaftsmagnaten gesprochen, so kehrte sich nun der Trend um, nämlich zum *business capture* durch staatliche Akteure und zur Wiedergewinnung der Vorherrschaft des Staates über die Wirtschaft. Insofern war es nur konsequent, dass auch Regierungschef Kasjanow, einer der letzten Vertreter der «Familie» und Anhänger des «oligarchischen Kapitalismus», im Februar 2004 sein Amt verlor. Mit seiner Entlassung ging die Kohabitation zwischen der «Familie» und den Petersburgern definitiv zu Ende.[108]

«Bürokratischer Kapitalismus» und «Apparatepluralismus»

Nach dem Abgang der «Familie» und ihres geschickten Agenten Aleksander Woloschin fiel die Rolle des Schiedsrichters zwischen den verschiedenen Kremlgruppen dem Präsidenten selbst zu. Er muss Interessengegensätze und Spannungen ausbalancieren und auf ein Gleichgewicht zwischen den von ihm selbst rekrutierten Kräften achten, andernfalls droht er zur Geisel einer der Gruppen zu werden. An die Stelle Woloschins wurde zunächst der Petersburger Jurist und moderate «Liberale» Dmitri Medwedjew gesetzt. In der regierungskritischen Presse hielt man Putin zugute, dass er nicht den «Falken» Patruschew vom FSB, sondern die «Taube» Medwedjew mit der Leitung der Administration betraute. Die Spitzenfiguren der Silowiki, Igor Setschin und Wiktor Iwanow, behielten ihre Posten in der Administration, und diese blieb weiterhin das Zentrum der politischen Entscheidungsgewalt ebenso wie der oberste Hort der Silowiki. Während Igor Setschin als Putins engster «Vertrauter» betrachtet wird, gilt Wladislaw Surkow, ein weiterer Stellvertretender Leiter, der ursprünglich der «Familie» nahe war, als das unersetzbare «Genie politischer Manipulation».[109]

Nach dem Ausscheiden der letzten Vertreter der «Familie» gliederten sich die Petersburger klar in «Wirtschaftsliberale», «Juristen» und Silowiki auf. Der Apparatepluralismus florierte in allen Regierungsorganen. Konflikte wie Selbstblockaden des Systems waren so vorprogrammiert. Im Kabinett kam es zu ständigen Querelen zwischen dem konservativen Premierminister Michail Fradkow und den wirtschaftsliberalen Ministern Kudrin und Gref. Fradkow gab sich immer deutlicher als Verbündeter der Silowiki zu erkennen. Als der völlig Unbekannte zum Regierungschef nominiert wurde, war von ihm gar als Setschins «Kreatur» die Rede.[110] Die Soziologin Olga Kryschtanowskaja, Expertin für politische Rekrutierung und Elitenwandel im System Putin, beschrieb Fradkow als einen «Sicherheitsminister in Zivil». Für Fradkows Nähe zu den Silowiki spricht auch seine Biographie, die deutliche Verbindungen zur Rüstungsindustrie und zu den Sicherheitsstrukturen aufweist. Fradkows Position im Kabinett wurde gestärkt, als Putin den liberalen und reformfreudigen Petersburger «Juristen» Dmitri Kozak, dem die Leitung des Regierungsapparates oblag, nach dem terroristischen Überfall auf eine Schule in Beslan zum Bevollmächtigten Vertreter des Präsidenten für den Südlichen Föderalen Bezirk berief.[111] Kozaks Abgang als Putins Feuerwehrmann in den unruhigen Kaukasus stellte einen Aderlass für die liberale Seilschaft im Kreml dar. Zugleich kam dies den neuen Aufmarschplänen der Silowiki im Wirtschaftsbereich entgegen.

Die Silowiki drängten seit Beginn der zweiten Amtszeit Putins immer energischer auf eine verstärkte staatliche Einflussnahme in der Wirtschaft. Der Aufbruch zum *business capture* stand endgültig auf der Tagesordnung. Symptomatisch dafür war die Berufung Igor Setschins an die Spitze des Aufsichtsrates des staatlichen Unternehmens Rosneft im Sommer 2004. Gemäß den informellen Auflagen der Zensur durfte darüber nicht berichtet werden. Dem

Kreml erschien es sichtlich nicht opportun, die sich erneut anbahnende Fusion von Macht und Kapital publik werden zu lassen. Allerdings sickerten hinreichend Nachrichten darüber durch, dass bald auch weitere hochrangige Beamte aus der Präsidialadministration an die Spitzen der Aufsichtsräte mehrerer Energieproduzenten und selbst des Monopolisten für den Öltransport Transnefteprodukt delegiert wurden.[112] Es wurde immer deutlicher, dass es um den Ausbau wirksamer Kontrollen über die größten Finanzströme der Wirtschaft durch Emissäre des Kreml selbst ging.

Die weiteren Entwicklungen bestätigten diese Tendenz. Zugleich wurde sichtbar, dass auch die Oligarchen neuen Typs, gelegentlich auch «Putingarchen» oder wegen ihrer Herkunft aus dem früheren KGB «Tschekisten-Oligarchen» genannt, keine Einheit bilden, sondern um die attraktivsten Pfründe konkurrieren.[113] Als es im Dezember 2004 zur dubiosen Versteigerung von Juganskneftegas, der Hauptproduktionseinheit von Jukos, an die Briefkastenfirma Bajkalfinansgrup und zum sofortigen Weiterverkauf an das staatliche Unternehmen Rosneft kam, war der gerade zum Vorsitzenden des Aufsichtsrats avancierte Silowik Setschin der große Sieger. Während Putin den Deal als einen «ganz normalen» Vorgang nach den Regeln der Marktwirtschaft abtat, stand der stets kritische Wirtschaftsberater des Präsidenten Andrei Illarionow nicht an, die Zerschlagung des Jukos-Konzerns als den «Schwindel des Jahres», den «mönströs unqualifizierte und unprofessionelle Personen» zu verantworten hätten, zu bezeichnen.[114]

Die informellen Einflussgruppen splitterten sich weiter auf. Ende Februar 2005 kamen die Verteilungskonflikte unter den Silowiki und deren Untergruppierungen mit einigem Getöse an die Öffentlichkeit. Es ging im Kern um die Frage, ob die Energieriesen Gasprom, Rosneft und das von Jukos gekaperte Juganskneftegas verschmolzen werden oder eigenständige Unternehmen bleiben sollten. In den Konflikt spielte auch der Umstand hinein, dass Putins damaliger Stabschef Dmitri Medwedjew dem Aufsichtsrat von Gasprom vorstand und damit zur Lobby Aleksei Millers gehörte, während sein Stellvertreter Setschin die Interessen Bogdantschikows, des Leiters von Rosneft, verteidigte. Offensichtlich gelang es dem Präsidenten nicht, zwischen den Streithähnen zu vermitteln und zu verhindern, dass die Auseinandersetzungen publik wurden. Dies ließ deutliche Zweifel an seiner Führungskraft aufkommen. In der *Neuen Zürcher Zeitung* glossierte man den öffentlichen Disput als Moskauer «Schmierentheater» und wunderte sich darüber, dass sich der oberste Kremlherr einen solchen «antiautoritären Kindergarten» leiste. Letztlich wurde in den Querelen der grundlegende Dissens der Kremlgruppen über das Ausmaß der angestrebten Renationalisierung und über den Umgang des Staates mit der Privatindustrie offenkundig.[115] Stabschef Medwedjew führte dabei die «liberale» Fraktion an, sein Stellvertreter Setschin arbeitete in die entgegengesetzte Richtung. Da jeder Flügel über eigene Seilschaften in der Administration, im Kabinett, Parlament und den Parteien verfügte, waren beide Kombattanten gut gerüstet.[116]

Während Spannungen und Konflikte zwischen den informellen Kremlgruppen eine Konstante im System des «bürokratischen Kapitalismus» blieben, wurden die Repräsentanten des «oligarchischen Kapitalismus» generell zur Kapitulation gezwungen oder, wie im Fall der Jukos-Führer Chodorkowski und Lebedew, per Gerichtsentscheid in Straflager verbannt. Der Prozess gegen die beiden schien dem «oligarchischen Kapitalismus» der Jelzin-Zeit – wie in einem späteren Kapitel genauer darzulegen sein wird – den letzten Garaus zu machen. Der Russische Verband der Industriellen und Unternehmer büßte seine bisherige Stellung als gewichtiger wirtschaftspolitischer Akteur und Unterhändler im Dialog mit dem Kreml ein und verkam zu einem weiteren Glied in Putins Vertikale der Macht.

Der Siegeszug gegen Jukos trug nicht wenig zur Stärkung der unter Führung von Igor Setschin agierenden Einflussgruppe bei. Die Machtstellung Setschins wuchs mit der Aufwertung des neuen Erdölriesen Rosneft, der – dank des Jukos-Juwels Juganskneftegas deutlich gestärkt – im Sommer 2006 einen ersten erfolgreichen Gang an die internationalen Börsen wagte.[117] Andrei Illarionow, der als ehemaliger Wirtschaftsberater des Präsidenten mit dem Auf und Ab der Kremlgruppen vertraut ist, kommentiert die Ambitionen der «Putingarchen» mit unverhohlener Häme, wenn er erklärt, dass die Mitglieder der «Kremlkorporation» alles daran setzen, an die Spitze eines staatlich kontrollierten Unternehmens zu gelangen. Der Umfang der Finanzflüsse dieses Unternehmens bestimme dann den Platz, den diese Person in der «korporativen Hierarchie», d. h. in den Machtstrukturen des Kreml, einnehme.[118] So gesehen sind Igor Setschin und Dmitri Medwedjew, der als Aufsichtsratsvorsitzender von Gasprom fungiert, etwa gleich gut positioniert. Allerdings schätzen Kommentatoren den Setschin-Klan insgesamt als schlagkräftiger ein als die eher defensive Seilschaft der Wirtschaftsliberalen.

Seit langem war bekannt, dass zu Setschins Seilschaft der im Frühjahr 2000 berufene und 2005 für eine weitere Amtszeit von fünf Jahren vom Föderationsrat bestätigte Generalstaatsanwalt Ustinow gehört. Dabei ist es nicht unerheblich, dass der Sohn Ustinows und die Tochter Setschins miteinander verheiratet sind. Am 2. Juni 2006 reichte Generalprokuror Ustinow ganz unerwartet seine Entlassung ein. Der gefügige Föderationsrat nickte den Abgang Ustinows einfach ab, um wenige Tage später einstimmig den vom Präsidenten vorgeschlagenen neuen Kandidaten zu bestätigen. Es handelte sich um den bisherigen Justizminister, Juri Tschaika. Kurz darauf ernannte Präsident Putin den gerade entlassenen Ustinow zum neuen Justizminister. Die auf den ersten Blick ganz unverständliche Personalrochade löste bei den regierungstreuen Medien wenig Echo aus.[119] Dies war jedoch der diskreten Steuerung der informellen Zensur geschuldet, die ein so bedeutungsvolles Kaderkarussell eher zu verdunkeln als zu erhellen hat.

Ustinow verkörperte durchaus eine Figur von eigenem politischen Gewicht und trat als erfolgreicher Oligarchen-Jäger hervor. So hatte er im Verfahren gegen Chodorkowski im Auftrag des Kreml die Federführung. In der Publizistik handelte man Ustinow schon geraume Zeit als einen der potenziellen Nachfolger im Präsidentenamt. Es sickerte durch, dass er im Frühjahr 2006 dem Präsidenten als geeigneter Kandidat im Sinne eines starken nationalen Führers vom Setschin-Klan angedient wurde.[120] Aus Ustinows plötzlicher Absetzung war zu folgern, dass Putin den Vor-

Generalstaats-
anwalt Ustinow bei
einer Rede in der Duma
im Oktober 2004.
(Foto: Yuri Kochet-
kow/dpa – Report)

schlag nicht goutierte. Vielmehr nutzte er die missglückte Avance, um die Kremlgruppen einmal mehr untereinander ins Lot zu bringen. Moskaus Auguren aller Couleurs vertraten übereinstimmend die Meinung, dass mit dem Abgang Ustinows in erster Linie der Setschin-Klan geschwächt und damit das bestehende Ungleichgewicht zwischen den informellen Einflussgruppen korrigiert worden sei.

Als zusätzliches Motiv für das Revirement tauchte die Überlegung auf, Ustinow sei in seinen öffentlichen Angriffen auf grundlegende Missstände im Lande zu weit gegangen und habe deswegen Missfallen an höchster Stelle erregt. In der Tat hatte Ustinow nur wenige Tage vor seinem Rücktritt in einer aufsehenerregenden Rede beklagt, dass auf allen Ebenen der Macht Gruppen des organisierten Verbrechens agierten und eine allumfassende Korruption herrsche. Dies stelle eine nationale Bedrohung dar.[121] Bei so viel harscher Kritik, die an den Fundamenten des Regimes ansetzte und schon an eine radikale Systemkritik grenzte, war nicht ausgeschlossen, dass sich Präsident Putin selbst an den Pranger gestellt fühlte.

Von außen betrachtet, kam die Einsetzung des gestürzten Generalstaatsanwalts als Justizminister einer Art moralischen Rehabilitierung Ustinows gleich. Dennoch handelte es sich um eine klare politische Degradierung, gilt das Amt eines Ministers im Vergleich zu dem Posten des Generalstaatsanwaltes doch wenig. Zweifelsohne ist das Revirement auch im Zusammenhang mit den Diadochenkämpfen um die Nachfolge Putins zu sehen. Dabei fällt der Umstand ins Gewicht, dass gerade die Generalstaatsanwaltschaft über wertvolle Dossiers mit möglichen kompromittierenden Materialen, dem so genannten «Kompromat», über potenzielle Anwärter auf das Präsidentenamt verfügt. Mit der Entfernung Ustinows aus dem Amt bleibt der Setschin-Seilschaft der Zugriff auf diese Art von politischem Kapital und folglich die Munition für Angriffe auf Konkurrenten aus anderen Klans versagt.

Die Personalrochade ist ohne Angabe sachlicher Gründe erfolgt. Dies zeigt, wie sehr der Kreml bei allen tektonischen Erschütterungen des engeren Machtkartells Wert darauf legt, die glatte Fassade einer homogenen Führung und einer stabilen Machtvertikale aufrechtzuerhalten. In Wirklichkeit stößt die extreme Personalisierung der Macht deutlich an ihre Grenzen. Denn das Ausbalancieren der Einflussgruppen wird sichtlich immer prekärer und die Führungskraft des Präsidenten dabei immer fragwürdiger. Generell ist aus der Affäre Ustinow zu folgern, dass der «bürokratische Kapitalismus» die Berechenbarkeit und Stabilität des politischen Gemeinwesens keineswegs besser gewährleistet als der niedergerungene «oligarchische Kapitalismus». Stephen Kotkin von der Princeton University gab zu überlegen, dass sich Russland von einem Staat, der zur Beute von zweifelhaften Geschäftsinteressen geworden war, in eine Wirtschaftswelt verwandelte, die Beute eines zweifelhaften Staates wurde.[122]

Die neue Klasse von Oligarchen, die sich im Laufe des Jahres 2006 etablierte, besteht aus den vom Staat ernannten neuen Industriekapitänen und hochrangigen Beamten, die als staatliche Kommissare die Aufsichtsräte von Großunternehmen leiten und kontrollieren.[123] Dieser Typus dominiert nicht nur in der Erdgas- und Ölindustrie, sondern auch im Flugzeug- und Schiffsbau und in anderen monopolistischen Wirtschaftssektoren. Hinzu kommen die alten und neuen Eigentümer von Großunternehmen, die sich mit dem Staat arrangiert haben. Während die Oligarchen der neunziger Jahre allgemein bekannt und als Räuber und Diebe verschrieen waren, kennt die neuen Oligarchen an der Spitze von Rosneft, Gasprom, den beiden Rüstungsgiganten Rosobornexport und Almas Antej, von Aeroflot und den Russischen Eisenbahnen, weiter die Chefs der großen Banken Wneschekonombank, Meschprombank und Rossija Bank außerhalb der politischen Klasse kaum jemand. Erst recht besteht keine Vorstellung davon, wie eng die Verquickung der neuen Oligarchen mit den Machtstrukturen ist und inwieweit die Kapitäne von Schlüsselindustrien und Banken aufs engste gerade mit der Seilschaft der Silowiki liiert sind.[124] Hinzu kommt, dass die Silowiki Vertreter aus ihren Reihen auch in die Ministerien der beiden wirtschaftsliberalen Vorkämpfer Kudrin und Gref eingeschleust haben.

Umgekehrt haben aber auch die Wirtschaftsliberalen und die «Juristen» im Konzert der Kremlgruppen ihre mächtigen Verbündeten, so beispielsweise Dmitri Medwedjew in Gasprom und dem Russischen Verband der Industriellen und Unternehmer. Auch wenn das politische Gewicht des Verbandes im Zuge der Jukos-Affäre zurückging, so ist andererseits seine verbliebene Wirtschaftsmacht unbeschnitten. Über den Verband sind mächtige Industrieimperien miteinander vernetzt. Sie könnten als Lobbyisten fungieren, wenn es in der Frage der Nachfolge Putins zur direkten Konfrontation zwischen Silowiki und Liberalen käme.

Putins Nachfolge – Kompromiss oder Krieg?

Die Frage, ob Präsident Putin tatsächlich der Verfassung gemäß am Ende seiner zweiten Amtszeit den Kreml verlässt oder kraft einer Verfassungsänderung an der Staatsspitze verbleibt, beschäftigt die Moskauer Auguren schon geraume Zeit. Da Putin jedoch mehrfach in aller Öffentlichkeit seine feste Absicht zur Einhaltung der Verfassung und zu seinem Ausscheiden bekundete, verlagern sich die leidenschaftlich geführten Debatten aller Kremlastrologen auf die Frage, wer unter Putins Mandarinen über die größten Chancen in der Nachfolge verfügt. In dem Zusammenhang kommt auch den Entwicklungen im «Apparatepluralismus» große Bedeutung zu. Logischerweise kann das System Putin, das auf der friedlichen Koexistenz der Kremlgruppen basiert, nur überleben, wenn ein Konsens zwischen den Seilschaften über einen gemeinsamen Kandidaten erreicht wird. Widrigenfalls wäre der Übergang vom Apparatepluralismus zu einem Apparatekrieg und damit ein Höchstmaß an Instabilität zu befürchten.

Im November 2005 kam es zu einem auffälligen Revirement in den politischen Spitzenpositionen. Präsident Putin verfügte per Erlass, dass Ministerpräsident Fradkow künftig über seinen bisherigen einzigen Stellvertreter Schukow hinaus zwei weitere Stellvertreter haben sollte, nämlich den bisherigen Leiter der Administration Dmitri Medwedjew als Ersten Stellvertreter und den Verteidigungsminister Sergei Iwanow als weiteren Stellvertreter.[125] Dies bedeutete, dass sich zwei führende Vertreter der Liberalen und der Silowiki fortan direkt im Gefechtsstand gegenüberstehen sollten. Medwedjew war schon zuvor die Betreuung der von Putin aufgelegten vier großen «nationalen Projekte» übertragen worden. Dabei handelt es sich um vorwiegend sozialpolitische Maßnahmen, die aus den hohen staatlichen Einnahmen beim Export von Erdgas und Erdöl gespeist werden. Konkret sind die «nationalen Projekte» auf Verbesserungen in den Bereichen des Wohnungsbaus, der Bildungs-, Gesundheits- und Agrarpolitik ausgerichtet. Die verantwortliche Leitung für die Planung und Umsetzung dieser Programme diente Medwedjew dazu, sich in den Augen der Bevölkerung zu profilieren. Insofern schien er gegenüber Iwanow bevorteilt, denn dieser hatte als Verteidigungsminister für die vielen Missstände in der Armee, etwa die notorischen Misshandlungen von Rekruten, geradezustehen.[126]

In die frei gewordene Leitung der Administration holte Putin Sergei Sobjanin, den bisherigen Gouverneur des Gebiets Tjumen. Er wird als erfahrener Verwaltungsfachmann mit ausgezeichneten Kontakten zur Öl- und Gasindustrie eingeschätzt. Da Sobjanin nicht aus St. Petersburg stammt und keiner der etablierten informellen Seilschaften zuzuordnen ist, gilt seine Ernennung als ein kluger Schachzug zur Stärkung des Gleichgewichts unter den Kremlgruppen. Insofern gleichzeitig mit diesem Revirement Umbesetzungen bei den Bevollmächtigten Vertretern des Präsidenten in den Regionen erfolgten, entstand der Eindruck, dass auch die zweite Etage des Olymps der Macht mit neuem Personal ausgestattet wurde und sich somit das Rekrutierungsfeld der möglichen Kandidaten für die Nachfolge Putins ausweitete.[127]

In den Poker um die Nachfolge Putins kam erneut Bewegung, als Putin am 15. Februar 2007 Sergei Iwanow vollkommen ranggleich mit Dmitri Medwedjew zu einem Ersten Vizepremier beförderte und ihn gleichzeitig im Amt des Verteidigungsministers ablöste. Das Verteidigungsministerium hatte Iwanow wenig Glück gebracht. Die neuen Aufgaben im Amt des Ersten Vizepremiers wie die Diversifizierung der Industriepolitik und die Koordination der zivilen Wirtschaft und der Rüstungsindustrie boten große Chancen der öffentlichen Profilierung.[128] Zugleich wurde deutlich, dass Medwedjew und Iwanow nun unter gleichen Startbedingungen zum Kampf um das Präsidentenamt antreten durften. Die jüngsten Vorkehrungen vermittelten jedenfalls den Eindruck, dass Putin definitiv zwei Kandidaten das Plazet für die Bewerbung um die Präsidentschaft erteilte und damit alternative Wahlen befürwortet – wenn auch eingeschränkt auf zwei handverlesene Kandidaten aus seinem unmittelbaren Umfeld. Sollte der kontrollierte Doppellauf tatsächlich bis zum Wahltag Bestand haben, so wäre der Typus der gelenkten Demokratie um eine neue Form des arrangierten Machttransfers reicher.

Die öffentlichen Debatten zum so genannten «Problem 2008» verstummen indessen nicht. Dabei interessiert vor allem, welchen der beiden gegenwärtig quasi «offiziellen» Kandidaten Putin selbst favorisiert und welche weiteren Kandidaten in Reserve gehalten werden. Seitdem Putin auf einem Treffen der Schanghai Kooperationsorganisation Mitte Juni 2006 zu verstehen gab, der Kandidat könne auch eine weniger bekannte Person sein, werden eifrig einschlägige Freunde Putins gehandelt, vor allem Personen vom Typ der neuen Oligarchen wie Wladimir Jakunin, Chef der Russischen Eisenbahnen, oder Sergei Chemesow, Leiter des erfolgreichen Rüstungsexportunternehmens Rosoboronexport, oder auch die Gouverneurin von St. Petersburg, die Putinvertraute Walentina Matwienko.[129]

Nicht minder erhitzt wird über die Frage diskutiert, welche Position Putin selbst im Falle des Ausscheidens aus dem Amt in Russlands Politik einnehmen werde. Dass all diese Fragen so unermüdlich diskutiert werden, hat gewiss damit zu tun, dass das System Putin von seiner Funktionslogik her gar nicht reproduzierbar ist, da es ganz auf die in Putin personalisierte Macht ausgelegt ist. Die Fixierung auf Putin führt so weit, dass sich in Umfragen eine Mehrheit dafür ausspricht, auf jeden Fall den von Putin selbst favorisierten Kandidaten zu wählen.[130]

Sicher ist, dass die PR-Agenturen des Fernsehens ihre Werbung rechtzeitig auf die auserwählten Kandidaten umstellen müssen. Immerhin erhielten Medwedjew wie Iwanow bereits seit ihrer Beförderung im November 2005 erheblich mehr Präsenz in den staatlichen Fernsehkanälen als zuvor. So wuchs ihre Popularität bereits um etliche Prozentpunkte. Im Februar 2007 bekundeten in Umfragen 19 Prozent Vertrauen zu Medwedjew und 14 Prozent zu Iwanow. Im Falle von Wahlen wollten 20 Prozent für Medwedjew, jedoch nur 6 Prozent für Iwanow stimmen.[131] Die damals noch höhere Zustimmung zu Medwedjew erklärt sich auch damit, dass über ihn keine negativen Berichte kursieren. Ihm wurde von mehreren Verbänden wie der Russischen Juristenvereinigung Unterstützung signalisiert. Die früheren Verteidiger des «oligarchischen Kapitalismus» wie Woloschin und Tschubais stehen ebenfalls hinter dem «Liberalen» Medwedjew. Woloschin ließ gegenüber amerikanischen Gesprächspartnern verlauten, Putin strebe eine Art Kombination von Medwedjew und Iwanow an. Im Zweifelsfall könne er den einen für den Posten des Präsidenten, den anderen für denjenigen des Premierministers nominieren.[132] Die Vorstellung von einem möglichen Tandem Präsident/Premier wurde auch von anderen hochrangigen politischen Figuren wie Sergei Mironow ins Gespräch gebracht.

Derartige Gedankenspiele entstammen sichtlich der ungebremsten Phantasie einer beliebig steuerbaren Politik. Betrachtet man die von Medwedjew und Sergei Iwanow bis zu dessen Aufrücken in den Rang eines Ersten Vizepremiers vertretenen Positionen und Weltbilder, so schien die so genannte Tandem-Lösung kaum realisierbar. Denn seitdem im Sommer 2006 die öffentlichen Diskussionen über Surkows Konzept der «souveränen Demokratie» hohe Wellen schlugen, positionierten sich die beiden mutmaßlichen Anwärter auf die Präsidentschaft mit ganz unvereinbaren Auffassungen. Sergei Iwanow nannte als die wichtigsten Ziele Russlands die von dem Manipulationsgenie Surkow propagierte «souveräne Demokratie» und darüber hinaus auch noch eine «souveräne Ökonomie» sowie eine «starke Militärmacht». Er sprach sich damit klar für den Anspruch Russlands auf einen Sonderweg und auf den Status einer Großmacht aus. Dmitri Medwedjew distanzierte sich hingegen entschieden von der Idee einer «souveränen Ökonomie» und sprach sich auch gegen jedes Adjektiv in Verbindung mit dem Begriff der Demokratie aus. Damit empfahl sich Medwedjew als klassischer Liberaler und «Westler».[133] Auch auf dem Weltwirtschaftsforum im Januar 2007 in Davos zeigte sich Medwedjew zur Freude des westlichen Publikums als Verfechter einer «adjektivlosen Demokratie» und eines möglichst geringen staatlichen Einflusses auf die Wirtschaft.

Seit der Gleichstellung Sergei Iwanows als Erster Vizepremier mit Dmitri Medwedjew vollzieht sich allerdings eine auffällige Angleichung ihrer grundlegenden Positionen. Iwanow bemüht sich sichtlich darum, das Image eines typischen «Silowik» loszuwerden. Dabei kommt ihm zugute, dass er niemals ein festes Glied der von Setschin angeführten Seilschaft der Silowiki war, sondern als Einzelgänger galt. Außerdem gibt sich Iwanow neuerdings als ein konsequenter Wirtschaftsliberaler. Schließlich befleißigt er sich in seinen Auftritten eines «präsidentiellen Stils», wie vielfach beobachtet wurde. Zweifellos nähert sich Iwanow so immer stärker dem Modell Putin selbst an. Iwanow also der geklonte Putin und der schon auf den Weg ins Präsidentenamt gelenkte Favorit? Schlussfolgerungen dieser Art erscheinen allerdings insofern verfrüht, als dem Kreml noch kein weißer Rauch entsteigt, der eine endgültige Festlegung der Kremlgruppen auf einen der beiden oder auf einen dritten Kandidaten klar erkennen lässt. Was jedoch die Beliebtheit Iwanows wie Medwedjews in der Bevölkerung angeht, so signalisieren Umfragen mittlerweile bereits ein Kopf-an-Kopf-Rennen.[134]

In den Diskussionen über die Frage, welche Rolle Putin in der russischen Politik nach seiner Präsidentschaft übernehmen könnte, wird ein breites Spektrum von Ämtern gehandelt. Die einen schlagen vor, Putin solle die neue Gesellschaftskammer leiten; andere sähen ihn gerne als Vorsitzenden des Verfassungsgerichts oder als Sprecher des Föderationsrates; eine weitere Meinung geht dahin, Putin könne einen Energiekonzern leiten. Wiederholt wurde der Wunsch geäußert, Putin solle die Partei «Einiges Russland» führen. Nach der Schaffung der kremltreuen Oppositionspartei «Gerechtes Russland» tauchte sogar der Vorschlag auf, Putin solle doch an die Spitze der beiden Parteien treten.[135] Dass eine derart skurrile Idee allen Ernstes propagiert wurde, zeigt das Unverständnis für die grundsätzliche und praktische Unvereinbarkeit einer solchen Doppelrolle und für die Funktion von Parteien überhaupt.

Zu den seriöseren älteren Vorstellungen gehörte, dass sich Putin über die Führung der mutmaßlichen Mehrheitspartei «Einiges Russland» zum Premierminister küren lassen sollte. Gewiss wäre dies ein mit der Verfassung vereinbarer Weg, Putin an der Macht zu halten. Er böte auch die Chance, der semi-präsidentiellen Verfassungsordnung zum Durchbruch zu verhelfen. Allerdings müsste der ehemalige Präsident sich dann mit der Führungsrolle im zweiten Glied begnügen. Es spricht wenig dafür, dass Putin dies mit seinem autokratischen Selbstverständnis für vereinbar hält. Hinzu kommt sein letztlich geringer Respekt gegenüber politischen Parteien und parlamentarischen Regierungsverhältnissen.

Die Idee, der scheidende Präsident könne das Amt eines Nationalen Sicherheitsberaters übernehmen, scheint insofern nicht abwegig, als die Außen- und Sicherheitspolitik erwiesenermaßen Putins besonderes Interesse und Engagement findet. Auch wenn ein derartiges Amt im russischen Regierungssystem noch nicht existiert, könnte es leicht geschaffen werden. Immerhin hat Putin seine politische Karriere im engeren Sinne als Sekretär des Nationalen Sicherheitsrates begonnen. Bei entsprechender Anhebung des Status dieses Rates und seiner Sekretärsstelle wäre die institutionelle Zukunft Putins gelöst. Wie Putin in seiner Bürgeraudienz von Ende Oktober 2006 deutlich gemacht hat, werde er über das Jahr 2008 hinaus Einfluss auf die russische Politik zu nehmen versuchen. Prompt wurde diese Aussage von regierungskritischen Blättern in dem Sinne aufgegriffen und ironisiert, Putin beabsichtige, dem Vorbild des chinesischen Führers Deng Xiao Ping zu folgen, und sei folglich der neue russische Deng Xiao Putin.[136]

Unterdessen lassen sich die tatsächlichen Modalitäten des Machttransfers genau so wenig vorausberechnen wie das politische Leben Putins nach seiner Präsidentschaft. Während das System Putin wegen seines stark plebiszitären Charakters nicht reproduzierbar ist, können sich viele eingespielte Mechanismen der gelenkten Demokratie durchaus auch länger behaupten. Ob sich das Nachfolgeregime durch ein Mehr oder Weniger an bürokratischem Kapitalismus und Wirtschaftsdirigismus auszeichnen wird, hängt maßgeblich vom Ausgang der Konflikte zwischen den Kremlgruppen ab. Diese gewinnen gegenwärtig an Schärfe. Spiegelbildlich zu dem in der Administration geführten Krieg aller gegen alle amtiert ein Ministerkabinett, in dem sich Technokraten unterschiedlicher Ausrichtung unversöhnlich gegenüberstehen.[137] Lilia Schewzowa sieht eine weitere Fragmentierung des oligarchischen «Konglomerats» in den Wochen vor den Präsidentschaftswahlen und einen selbstmörderischen Kampf der Silowiki zur Rettung von Eigentum voraus.[138] Letztlich ist aber noch nicht einmal mit Sicherheit vorhersagbar, ob Putin tatsächlich die Macht aus den Händen geben wird, zumal gerade erst eine Arbeitsgruppe für Verfassungsänderungen gegründet wurde[139] und einmal mehr eine heftige Diskussion über die zu kurze Amtszeit des Präsidenten aufkam.

In jedem Fall wird die Struktur des «Apparatepluralismus» weiterhin Bestand haben, so wie sie sich schon aus der Jelzin-Ära in das System Putin tradierte. Der verdeckte Kampf informeller Gruppen, der vom Streben nach wirtschaftlichen wie staatlichen Machtpositionen motiviert ist und über Intrigen, Nutzung «kompromittierender Materialien» und das Buhlen um die Gunst des autoritären Herrschers ausgetragen wird, ist jeder gelenkten Demokratie immanent. Einen Ausweg bietet nur der Übergang zu wirklich alternativen demokratischen Wahlen und zur Bildung einer dem Parlament wie den Wählern politisch verantwortlichen Regierung.

III. Gelenkte Justiz

1. Das schwere Erbe der russischen Justiz

Die gelenkte Demokratie bedarf subalterner Richter. Die Vertikale der Macht kann nur bestehen, wenn sie auf die Durchsetzung ihrer Anweisungen vertrauen kann. Richter, die dem System die Stirn bieten, sind fehl am Platz. In der russischen Tradition ist der Boden bereitet, um zu gewährleisten, dass sich die Vertikale der Macht über die Staatsanwaltschaft und die Richter bis zu den Vollstreckungsbeamten durchsetzen kann. Auch wenn die Justiz ständig reformiert wird, vermögen die Reformen doch nicht, sie aus ihrer machthörigen Lethargie herauszureißen. Im Gegenteil.

Reformen im Namen des Zaren

Die russische Literatur ist reich an Porträts von Richtern und Staatsanwälten. Der Richter Matwei Nikititsch entscheidet in dem Prozess gegen die angebliche Giftmörderin Maslowa in Tolstois Roman *Auferstehung* nach der Zufälligkeit eines Zahlenspiels – er addiert die Ziffern, aus denen sich die Nummer eines vor ihm liegenden Aktenstückes zusammensetzt, und macht seine Zustimmung zum Schuldspruch davon abhängig, ob sich das Resultat durch drei teilen lässt. Die Richterin in Axjonows Roman *Gebrannt* richtet ihre Aufmerksamkeit während des gesamten Gerichtsverfahrens ausschließlich darauf, einen Pickel auszudrücken. Keine Mühe scheut der Staatsanwalt Krylenko, den Solschenizyn in *Archipel Gulag* porträtiert, um «ein unnachsichtig hartes Urteil ohne Ansehen der individuellen Nuancen der Schuld» zu erreichen. – Eines ist all diesen Richtern und Staatsanwälten gemeinsam, so unterschiedlich sie auch sein mögen: Sie haben kein Verständnis für die Angeklagten, sind korrupt, gefühllos, hart und in ihrer eigenen Weltsicht befangen. Recht ist für sie ein Hebel, den sie wie die Mechanik eines technischen Geräts nach Anweisung bedienen. Sie sprechen ihre Urteile nicht im Namen des Volkes, sondern im Namen derer, die herrschen.

Diesem Bild entsprechen auch die Ergebnisse von Meinungsumfragen. Kaum jemand in Russland erwartet, durch Gerichte «Recht» zu bekommen. Eine im Jahr 2004 durchgeführte breit angelegte Meinungsumfrage zeigt, dass 69 Prozent der russischen Bürger überzeugt sind, dass Richter Bestechungsgelder nehmen. Fast die Hälfte hat eine negative Einstellung zur Justiz, zwei Drittel glauben, dass sich die Richter bei der Entscheidungsfindung nicht nur auf das Gesetz stützen, sondern «andere Umstände» eine Rolle spielen. Nur jeder Sechzehnte nimmt an, dass Richter ehrliche und ordentliche Menschen sind.[1] Selbst der Präsident des Russischen Verfassungsgerichts Waleri Sorkin räumt in einem Interview ein, dass die Mehrheit der Bevölkerung die russischen Gerichte nach wie vor für «ungerecht, ineffektiv und korrumpiert» halte,[2] und dies, obwohl die Ziele der 1991 begonnenen Justizreform eigentlich erreicht worden seien.

Die Vorstellung, dass nicht nur die gefürchtete Prokuratur, sondern auch die Richter Büttel der Macht sind, dass Recht und Willkür nur zwei Seiten einer Medaille darstellen, mag mit den Besonderheiten der Entwicklung der Justiz in Russland zu erklären sein.

Traditionell liegt die Rechtspraxis in Russland nicht in den Händen eines gebildeten, gesellschaftlich angesehenen Standes. Rechtspraktiker im vorpetrinischen Russland waren vielmehr die so genannten *Djaki*. Dass sich das Wort «Djaki» vom griechischen Wort für «Diener» ableitet, spricht für sich. Da sie dem Befehl der Fürsten unterworfen waren, wurden sie zudem auch als «Befehlsleute» bezeichnet.[3] Neben der Vermögensverwaltung oblag es ihnen, richterliche Urteile zu fällen. Dazu waren zwar grundsätzlich die aus dem Adel stammenden Richter berufen; diese waren aber oftmals des Schreibens und Lesens nicht mächtig und so auf die Geschäftsführung durch die *Djaki* angewiesen. Damit bildete sich eine Schicht von «Rechtskundigen» heraus, die nicht über eine spezifisch juristische Ausbildung verfügten und sich lediglich dadurch auszeichneten, dass sie keine Analphabeten waren. Die

Gesetzeskunde, die jeglicher wissenschaftlichen Aufbereitung entbehrte, geriet derart in Verruf, dass sie als die «Kunst der Niederträchtigen» angesehen wurde.[4] Eindringlich zeigt dies eine im Rückblick verfasste Schilderung und Wertung eines russischen Juristen aus dem 19. Jahrhundert: «Um einen djak herum sammeln sich die Bojarenkinder, klösterlichen Sklaven und jede Menge von Schrift- und Schreibkundigen, Beschäftigung oder Dienst suchend. Das sei also der Ursprung der russischen Jurisprudenz – ein ziemlich glanzloser Ursprung: Sklaven verteidigen vor Gericht die Rechte ihrer Herren! ... Der Adel schämte sich, die Gesetze des eigenen Vaterlandes zu kennen, damit man ihm nicht nachsagt, er sei ‹Unterworfener›. Er schämte sich vor den Kenntnissen der Gesetze, nach denen der Staat regiert und beschützt wird – Gesetze, welche die Persönlichkeit und das Eigentum des Bürgers schützen.»[5] Als Peter der Große 1718 den Befehl zur Gründung einer Akademie und zur Übersetzung juristischer Texte gab, verhallte sein Aufruf, Rechtskenntnisse zu erwerben, im Leeren.

Auch die Rechtslehrer fehlten. Die ausländischen Dozenten, die im 18. Jahrhundert nach Russland kamen, waren weder der russischen Sprache mächtig, noch kannten sie das russische Recht. Das an der Lomonossow-Universität und später auch an den Universitäten von St. Petersburg, Wilna, Dorpat, Kasan und Charkow gelehrte Wissen war abstrakt und in der russischen Rechtswirklichkeit kaum verwertbar. Zudem war der Stil der Vorlesungen – ein monotones Vorlesen von Normtexten – nicht gerade inspirierend.[6]

Für die Justiz war insbesondere die Vermischung der Gewalten fatal. Zwar enthält die von Katharina erlassene Gouvernementsordnung von 1775 die Feststellung, dass der Gouverneur nicht Richter sei, doch stellte dies nur eine rein formale Trennung dar. In Wirklichkeit war der Einfluss des Gouverneurs so groß, dass keine richterliche Entscheidung gegen seinen Willen ergehen konnte. Hebel für den Gouverneur, um die Personalpolitik zu beeinflussen, war sein Recht zur Bestätigung der ständisch gewählten Richter. Auch die formale Trennung der Gewalten war nicht sakrosankt; Strafrechtsfälle konnten der Gouvernementsregierung auch direkt unterstellt werden. Aufsicht über die Gerichte führte die Prokuratur, eine von Peter I. gegründete und straff hierarchisch organisierte zentrale Kontrollbehörde. Sie konnte gegen einzelne Urteile, die sie für rechtswidrig hielt, Protest einlegen. Diese Einmischungskompetenz der Prokuratur hat bisher alle Reformen des russischen Gerichtssystems überstanden und wird nach wie vor als – zu bewahrende – Eigenart des russischen Prozessrechts angesehen, auch wenn sie, wie der Europäische Gerichtshof für Menschenrechte betont, mit dem Prinzip eines fairen Verfahrens nicht in Einklang zu bringen ist.

Ein besonderes Charakteristikum des russischen Gerichtsverfahrens im 19. Jahrhundert war, dass Richter nicht befugt waren, unklare Gesetze zu interpretieren oder Lücken sinngemäß zu füllen. Vielmehr hatten sie sich an den Justizminister zu wenden, der ein Gutachten verfasste und dieses über den Reichsrat an den Zaren weiterleitete. Richter blieben so reine Befehlsempfänger; es war ihnen versagt, rechtsschöpferisch tätig zu werden.[7] Allerdings mussten sie auch nicht über eine juristische Ausbildung verfügen – in den sieben Abteilungen des Senats, der obersten gerichtlichen Instanz, gab es 1841 nur sechs Richter mit Universitätsbildung.

Erschwert wurde eine effektive Rechtsprechung zudem durch den unübersichtlichen, mehrere Instanzen umfassenden Aufbau der Gerichte, deren Zuständigkeit sich nach dem Stand oder auch nach den besonderen Eigenarten der in den Rechtsfall verwickelten Personen bestimmte. Unterschiedliche Gerichte gab es nicht nur für Bauern und Einhöfler, Stadtbewohner, Adlige und die Rasnotschinzy (nicht adlige Intellektuelle) der Hauptstädte, sondern auch für Militärangehörige, Kaufleute und Beamte. Gewissensgerichte verhandelten Streitigkeiten zwischen Eltern und Kindern, mündliche Gerichte sollten einen Ausgleich bei Streitigkeiten in der städtischen Bevölkerung herbeiführen. Im Rahmen der gutsherrlichen Gerichtsbarkeit konnte der Eigentümer nahezu uneingeschränkt sowohl in Zivil- als auch in Strafsachen über die Leibeigenen entscheiden; er konnte den Leibeigenen zu 40 Ruten- oder 15 Stockschlägen verurteilen, ihn für zwei Monate in Haft legen lassen, für drei Monate in ein Arbeitshaus oder für sechs Monate in eine Arrestantengruppe schicken, beim Militär als Rekrut einschreiben oder von seinem Gut verweisen. Beschwerden waren ausgeschlossen.

Die Misere in der Rechtsprechung wurde zudem dadurch bedingt, dass es zu viel und zu wenig Recht zugleich gab. Bei der Vielzahl von lose aneinandergefügten Verordnungen und Dekreten konnte oftmals niemand genau sagen, woher sie kamen und ob sie noch in Kraft waren. Als man den Rechtsstoff Mitte des 19. Jahrhunderts – nach einer Vielzahl vergeblicher Bemühungen – in der *Vollständigen Sammlung der Gesetze* zusammengefasst hatte, füllte dieser 56 umfangreiche Bände. So war es offensichtlich, dass man damit bei der Lösung der drängenden gesellschaftlichen Konflikte der Zeit um kein Jota weiterkommen konnte. Die Leibeigenschaft führte zu unerträglichen Zuständen, und das Recht sanktionierte sie. In der Praxis wurde das Recht von der Justiz entweder nicht oder buchstabengenau, aber ohne Würdigung von Sinn und Zweck, befolgt, vom Volk wurde es vollkommen ignoriert. Das Gesetz war in keiner Weise Ausdruck des im Volk lebendigen Bewusstseins von Gut und Böse. So schrieb Alexander Herzen in den fünfziger Jahren des 19. Jahrhunderts: «Die seit alters her über dem Volk schwebende Rechtsunsicherheit war für dieses eine Schule besonderer Art. Die himmelschreiende Ungerechtigkeit der einen Hälfte der Gesetze hat das Volk dazu gebracht, auch die andere zu hassen. Es fügt sich dem Gesetz als Zwang. Die völlige Ungleichheit vor Gericht hat in ihm jeden Respekt vor dem Gesetz abgetötet. Der Russe gleich welcher sozialen Stellung, umgeht oder verletzt das Gesetz, wo immer er es ungestraft tun kann. Und die Regierung macht es nicht anders.»[8] Doch gerade in der Missachtung des Rechts sah Herzen, wie viele seiner Zeitgenossen, eine Stärke Russlands: «Was heute so bedrückend und traurig ist, wird in der Zukunft ein gewaltiger Vorteil sein. Denn es zeigt, dass in Russland hinter dem sichtbaren Staat keine Idee des Staates, kein unsichtbarer Staat, keine Apotheose der bestehenden Ordnung der Dinge steht.»[9] Diese Aussage mag auch auf die Entwicklungen in der Gegenwart zutreffen: Russland, ein starker Staat «ohne Idee des Staates»?

Anwälte gab es nicht. Beim Strafprozess waren Verteidiger nicht zugelassen, und die Öffentlichkeit wurde aufgrund des Kanzleigeheimnisses ausgeschlossen. Die Richter konnten zugleich auch die Rolle des Verteidigers und des Anklägers übernehmen. Auch die Anklagebehörde konnte den Angeklagten verteidigen. Im Zivilprozess konnten gerichtliche Bevollmächtigte auftreten, die keine besondere Ausbildung aufweisen mussten. «Es sind Beamte, die wegen verschiedener Gaunerstreiche aus dem Dienst gejagt wurden. Es versteht sich von selbst, dass sie bei der Annahme eines Auftrages niemals das Ziel haben, die Sache zu gewinnen und das Recht ihres Auftraggebers zu verteidigen; vom ersten bis zum letzten Tag sehen sie ihre Aufgabe darin, den Rechtsstreit zu komplizieren, welcher Art er auch immer sei; sie übernehmen lieber eine unrechte Sache, um sie noch mehr zu verwirren, und ziehen sie dann so lange hin, wie sie in ihr die Möglichkeit sehen, ihre Eigeninteressen wahrzunehmen. Hier nehmen sie außer dem Honorar von ihren Auftraggebern den zehnfachen Betrag für die Stempelsteuer, die verschiedenen Gebühren, für die Bestechungsgelder für die Beamten, von denen – nach ihren Angaben – der Erfolg der Rechtssache abhängen soll ...»[10]

Die Unzulänglichkeiten der Justiz waren allgemein bekannt. Um Abhilfe zu schaffen, wurde die Tätigkeit der Gerichte einer umfassenden staatlichen Kontrolle unterworfen. Das Erfordernis detaillierter Niederschriften über das Prozessgeschehen führte aber lediglich zu Formalismus und Bürokratie. Da die Kontrolleure ebenso ungebildet waren wie die Richter, konnte keine Verbesserung der Qualität der Rechtsprechung erreicht werden. Die Idee, die richterliche Tätigkeit so lückenlos wie möglich zu überwachen, hält sich aber bis heute und behindert die Durchsetzung eines modernen Verständnisses unabhängiger Justiz.

Im 19. Jahrhundert bedingte das Versagen der Justiz zwar einerseits eine Festigung der Stellung des Zaren, der keiner gesellschaftlichen Gegenkraft ausgesetzt war. Doch geriet ein vom ihm zu verantwortendes System zum Synonym für Ungerechtigkeit, Gesetzlosigkeit und Willkür, so war dies auch ein Zeichen seiner Ohnmacht. Der russische Jurist Gessen bemerkt rückblickend: «Ungeachtet ihrer sichtbaren Allmacht, war die oberste Herrschaftsgewalt niemals und nirgendwo in einem solchen Grade machtlos wie in Russland.»[11]

Vor diesem Hintergrund sind die Rechtsreformen im Jahr 1864 unter Zar Alexander II. zu sehen, die angesichts der «Bedingungen sozio-ökonomischer Rückständigkeit, ethnischer Heterogenität, der Vielfalt unterschiedlicher Rechtsräume und Rechtstraditionen, einer nur rudimentär und ungleichgewichtig rationalisierten Verwaltung einerseits und einer spätabsolutistischen politischen Ordnung andererseits»[12] ein rechtsstaatliches Experiment mit ungewissem Ausgang darstellten. Dementsprechend unterschiedlich waren auch die Reaktionen, die von einer Glorifizierung russischer Rechtsstaatlichkeit bis zur Verdammung als große Niederlage reichen.

Dieses Experiment wiederholte sich etwas mehr als hundert Jahre später, als erneut der Versuch gemacht wurde, die Gerichtsbarkeit als unabhängige Instanz und Stütze der Zivilgesellschaft zu etablieren. Bei den beiden großen russischen Justizreformen – in den sechziger Jahren des 19. Jahrhunderts und in den neunziger Jahren des 20. Jahrhunderts – finden sich beachtliche institutionelle Neuansätze mit der Errichtung von Geschworenengerichten und der Einführung von Friedensrichtern sowie der Neuordnung gerichtlicher Zuständigkeiten und der Sicherung der Stellung der Richter. Parallelitäten sind nicht zufällig; vielmehr ist nach dem Ende der Sowjetzeit eine Rückbesinnung auf die Errungenschaften des 19. Jahrhunderts bewusst gewollt. Beide Reformen werden von ausländischen Vorbildern inspiriert und von oben durchgesetzt; im 19. Jahrhundert wird dies zutreffend als «autokratische Modernisierung» bezeichnet.[13] Bei den postsowjetischen Änderungen ließe sich von einer «oktroyierten Reform» sprechen; die Politikwissenschaft erfasst das Phänomen nunmehr als «autoritäre Modernisierung».

Vieles wurde erkennbar besser nach den Reformen von 1864 unter Zar Alexander II. Die Unabhängigkeit und Unabsetzbarkeit der Richter wurde in einem weiteren Umfang als in irgend einem anderen europäischen Land garantiert, eine juristische Ausbildung als Voraussetzung für das Richteramt festgelegt, eine hohes gesellschaftliches Ansehen vermittelnde Bezahlung eingeführt. Auch die Prozessordnungen wurden rechtsstaatlichen Vorgaben angepasst. Der Erfolg war zunächst verblüffend. Die Reformen bewirkten nicht nur ein allgemeines gesellschaftliches Interesse an der Justiz, nicht nur ein bisher nicht gekanntes Wohlwollen, sondern geradezu eine euphorische Stimmung. Es gab Liederabende, auf denen Paragraphen aus den Gerichtsstatuten vorgelesen wurden und Bankette zu Ehren der Justizreform. Die Petersburger Stadtduma erklärte in einer Entschließung, die Eröffnung der neuen Gerichte sei «die schönste Minute in der historischen Existenz Russlands» und erfülle «die Herzen aller Untertanen mit Freude».[14] Allerdings hielt die Begeisterung nicht lange an. Der große Wurf der Reform, der auf ein mehr oder weniger abstraktes Ideal einer rechtsstaatlichen Gerichtsbarkeit ausgerichtet war, zeigte Unzulänglichkeiten bei der Umsetzung in die Praxis. Stein des Anstoßes waren etwa die hohen Quoten von Freisprüchen, die eher die soziale und ethnische Zusammensetzung der Geschworenengerichte und die Sympathie oder Antipathie der Geschworenen mit den Angeklagten widerspiegelten als die Vorgaben des geltenden Rechts. Korrekturen an der Reform wurden aber von den konservativen und unversöhnlichen Gegnern jeder Form von Modernisierung dazu genutzt, das Rad zurückzudrehen. Die Reform der Reform brachte Kompromisse mit der Realität mit sich, die eine Abkehr von den ursprünglichen Zielen bedeuteten. Mit der Zuerkennung von Privilegien für höhere Beamte – sie mussten nicht mehr als Zeugen vor Gericht erscheinen, sondern konnten in ihren Amtsräumen vernommen werden – wurde das Ideal der Gleichheit aller vor Gericht verraten. Die Einräumung weitreichender polizeilicher Kompetenzen zur Prävention von Verbrechen minderte den Schutz, den die Gerichte dem Bürger gewähren konnten – die Ausweisung von Ausländern, das Verbot der Wohnsitznahme und die Unterstellung unter Polizeigewahrsam waren ohne gerichtliches Verfahren möglich. Die Prokuratur wurde wieder in die hierarchischen Befehlsstrukturen des Justizministeriums eingeordnet und angewiesen, die Sicherheitsbedürfnisse des Staates in den Vordergrund zu stellen. 1870 wurde ein «Untersuchungsrichter für besonders wichtige Fälle» eingeführt, der der Staatsanwaltschaft unterstand.

Die Auseinandersetzung um die Gerichtsreform geriet zunehmend in den Strudel der revolutionären Ereignisse. Milde Urteile gegen Systemgegner sah der Zar als «Ermunterung zur Herstellung neuer Verschwörungen»[15] an. Die Einführung einer «Besonderen Behörde beim Regierenden Senat» mit vom Zaren ausgewählten Richtern, die zuständig waren für die politischen Delikte «Aufruf zur Missachtung der Staatsgewalt», «Aufruf zum Aufruhr» und «Beleidigung des Zaren im Zustand der Trunkenheit» setzte ein deutliches Signal. Als diese Behörde die *Narodniki*, die studentischen Volksaufklärer, zu fünf bis zehn Jahren Zwangsarbeit verurteilte, zeigte die Justiz erneut ihr aus alten Zeiten gewohntes hartes, unbarmherziges und unmenschliches Gesicht – seit der Justizreform waren erst zwölf Jahre vergangen. In den politischen Prozessen des ausgehenden 19. Jahrhunderts war die Justiz gezwungen, Schritt für Schritt ihre rechtsstaatlichen Errungenschaften preiszugeben. Überraschende Freisprüche politisch motivierter Täter wie in dem berühmten Prozess gegen Wera Sassulitsch waren Pyrrhussiege, da sich nicht das geltende Recht, sondern eine vom Recht abweichende Wertung von Gut und Böse durchsetzte. Ist der Umgang mit den Feinden des Systems der Lackmustest, an dem die Rechtsstaatlichkeit der Justiz zu messen ist, so ist der russischen Justiz kein nachhaltiger Erfolg zu bescheinigen. Sie wurde zwischen den an westlichen Modellen orientierten Überzeugungen der liberalen Reformatoren und der Agitation der Verfechter eines starken Staates, dem die Gerichte zu Diensten sein müssen, zerrieben.

Reformen im Namen der Revolution

Es war ein leichtes Spiel für die roten Revolutionäre, einen Schlussstrich unter die Bemühungen des späten Zarenreichs um eine rechtsstaatliche Justiz zu ziehen. Sie legten fest, dass Urteile nach dem revolutionären Rechtsbewusstsein zu fällen sind, und verboten mit dem Dekret *Über das Volksgericht der RSFSR* die weitere Anwendung des alten Rechts. Die neuen Volksgerichte brauchten keine juristisch gebildeten Richter. Sie mussten nur ideologisch sattelfest sein und die Ideale der Revolution vertreten.

Die von Matwei Liebermann herausgegebene Sammlung einzelner Fälle aus Moskauer Gerichtsakten *Im Namen der Sowjets* vermag ein Licht auf die neuen Ideale zu werfen. Hier wird aus Mordprozessen referiert, in denen die Schuld des Täters mit «Gefühlen von Gestern» – so ein Titel der Sammlung – erklärt wird. Wie bei Dostojewski sind die Verbrecher Glücksspieler und Dirnen, Erniedrigte und Beleidigte. Die Trennlinie zwischen Gut und Böse verläuft nunmehr aber nach Herkunft und revolutionärer Gesinnung. So wurde etwa ein Mörder, der seinen Gegner im Duell erschossen hatte, zunächst zu drei Jahren Freiheitsentzug und drei Jahren Ehrverlust verurteilt. Aber: «In Anbetracht seiner Verdienste im Kriege, seiner mehrjährigen Teilnahme am Kampf für die Macht der Arbeiter- und Bauernregierung, seiner vier schweren und sieben leichten Verwundungen und seiner Auszeichnung mit dem Orden der Roten Fahne, beschloss das Gericht jedoch, seine Strafe auf ein Jahr und sechs Monate, ohne Ehrverlust, herabzusetzen.»[16]

Die Vorstellung, mit der Überwindung der «dem Sozialismus schädlichen Sitten der Vergangenheit» würden das Recht und damit auch die Gerichte überflüssig, bewahrheitete sich nicht. Vielmehr entwickelte sich, nunmehr ohne alle Rücksichtnahmen auf rechtsstaatliche Gebote, die Justiz zu einem grausamen Instrument in den Händen der Machthaber. Der Journalist Leonid Nikitinski schildert die neuen «schnellsten Gerichte der Welt» folgendermaßen: «Das Gerichtsspektakel gehorcht immer bestimmten Regeln, das Ritual spielt dabei eine ganz selbständige Rolle. Nach europäischem Verständnis müssen die Beteiligten am Prozess eine Robe tragen, besser noch Perücken, aber mit Perücke und Robe kann man sich nicht gut abhetzen und laufen. Die Bolschewisten, die die Jurisprudenz als Vorurteil ansahen, haben die Robe durch eine Militärjacke ersetzt. Auf diese Weise verkleidet müssen die am Prozess Beteiligten die Katze nicht am Schwanz ziehen. Vielmehr wird eine Stimmung geschaffen, in der man den Verurteilten gleich an die Wand stellt.»[17]

Gewaltenteilung wurde nicht einmal mehr in der Theorie propagiert. Der sowjetische Jurist Krylenko, der es 1936 bis zum Volkskommissar für Justiz der UdSSR brachte, dann aber selbst Opfer der stalinistischen Säuberungen wurde, führte im Jahr 1927 aus: «Das Gericht ist ein Organ der staatlichen Verwaltung und unterscheidet sich als solches nicht dem Wesen nach von den anderen Organen der staatlichen Verwaltung, die auch wie das Gericht berufen sind, die gleiche staatliche Politik durchzusetzen und zu betreiben. ... Darüber hinaus ergibt sich eine prinzipielle Unvereinbarkeit der Ideen der sowjetischen Justiz mit der Gewaltenteilungstheorie und mit der Theorie der Unabhängigkeit der Justiz, welche für die Philosophie und Ideologie des bourgeoisen Liberalismus charakteristisch sind. Beide letztgenannten Theorien werden komplett von der sowjetischen Justiz abgelehnt. Das Organ der herrschenden Klasse – das proletarische Gericht – trennt sich weder von der Klasse noch von ihrer Politik.»[18]

Die Staatsanwaltschaft, der die Bolschewisten anfangs aufgrund eines gewissen Misstrauens das Recht zur allgemeinen Gesetzlichkeitsaufsicht entzogen, wurde später wieder in ihre Rolle als «Apparat in den Händen des Staates, mit dessen Hilfe er eine systematische und ständige Aufsicht über die Gerichtstätigkeit durch eine in jedem Moment mögliche Korrektur durchsetzen kann», eingesetzt.[19]

Mit den Moskauer Schauprozessen in den Jahren von 1934 bis 1938, bei denen der einstigen Avantgarde der Revolution zur Last gelegt wurde, «als Mitglieder einer illegalen konterrevolutionären terroristischen trotzkistisch-sinowjewistischen Organisation aktive Teilnehmer an der Vorbereitung der Ermordung der Führer der Partei und der Regierung» zu sein,[20] wurde die Justiz als Apparat der Befehlsvollstreckung bloßgestellt. Auch juristische Chefideologen wie Jewgeni Paschukanis wurden verurteilt und hingerichtet; bei der ersten Prozesswelle aktive Richter wurden von der zweiten Prozesswelle selbst erfasst. Auch wenn nunmehr die Parole von der «exakten und strikten Einhaltung der sowjetischen Gesetze» und nicht mehr das «revolutionäre Rechtsbewusstsein» galt, spotteten die Verfahren jeder Form von materieller oder verfahrensrechtlicher Gerechtigkeit. Ironischerweise wurden gerade in der Stalin-Verfassung von 1936 erstmals Garantien einer unabhängigen Justiz in der Verfassung festgelegt;[21] in dem Gesetz über die Gerichtsverfassung von 1938 wurde zudem der äußere Rahmen für die Tätigkeit der Gerichte genau geregelt.

Auch in poststalinistischer Zeit wurden die Gerichte politisch missbraucht. Nach den Jahren des Tauwetters in den fünfziger Jahren zeigte der Prozess gegen den Dichter Josif Brodski im Jahr 1964 die Grenzen der neuen Freiheit auf. Poet zu sein war strafbar. Das Urteil lautete: «Brodksi vernachlässigte systematisch die Pflichten des sowjetischen Menschen zur Produktion materieller Werte und zur Sicherung seines Lebensunterhalts ... Er wird auf die Dauer von fünf Jahren an eine entlegene Örtlichkeit zum Arbeitseinsatz verschickt.» Der von Heinrich Böll als «Stimme Ost-Europas» bezeichnete Schriftsteller Andrei Sinjawski wurde 1966 wegen seiner literarischen Werke zu sieben Jahren Arbeitslager verurteilt. Die Anklage wurde auf den Straftatbestand der «Verleumdung der Sowjetunion» (§ 70 des Strafgesetzbuches) gestützt – Sinjawski hatte in der Erzählung *Das Verfahren läuft* einen Stalinschen Gerichtsprozess persifliert und in dem Essay *Sozialistischer Realismus – was ist das?* die sowjetische Kulturpolitik verspottet. Mit ihm zusammen wurde auch sein Kollege Danilenko verurteilt, der gleichermaßen im Ausland unter Pseudonym kritische Schriften veröffentlicht hatte. Die mit dem Siegel «Streng geheim» versehenen Dokumente des ZK der KPdSU, in denen die Durchführung des Prozesses und auch die Berichte darüber in der Presse im Einzelnen vorgeplant wurden, sind mittlerweile im Internet zugänglich. Die Methoden zur Gängelung der Justiz sind für alle sichtbar.

Nach außen hin aber wurde die Justiz in den fünfziger Jahren unter Chruschtschow und in den achtziger Jahren unter Breschnew grundlegend reformiert. Interessant ist, dass den Gerichten eine gewisse Verantwortung für die eigene Verwaltung übertragen wurde, wobei, nachdem kurzzeitig das Justizministerium abgeschafft wurde, das Präsidium des Obersten Gerichts eine besondere Rolle übernahm. Hieran knüpften auch die späteren Reformen unter dem Schlagwort der «Selbstverwaltung der Gerichte» wieder an. Die Berufsrichter wurden nicht mehr durch das Volk, sondern durch die regionalen Sowjets gewählt; damit wurde der Anschein der Legitimation der Richter durch das Volk aufgegeben; die Einflussnahme der Partei auf die Auswahl der Richter war nunmehr auch institutionell verankert.

Die im Gesetz pathetisch formulierte Verpflichtung der Richter, die Forderungen der Gesetze strikt zu erfüllen, den Schutz der Rechte und Freiheiten der Bürger zu gewährleisten, ihre Ehre und Würde zu garantieren, die Interessen der Gesellschaft, eine hohe Kultur und die erzieherische Einwirkung der gerichtlichen Tätigkeit zu sichern, gerecht und human zu sein, wurde in der Praxis nicht eingelöst. Die Missstände waren allgemein bekannt. Die Einflussnahme der Exekutive – sprich der Partei – auf die Richter war mit dem Begriff «Telefonjustiz» sprichwörtlich geworden. Korruption war weit verbreitet und aufgrund der niedrigen Bezahlung systembedingt. Nach dem Prinzip, dass ein Schuldiger gefunden werden muss, wurden Entlastungsbeweise nicht zugelassen oder ignoriert. Die Unschuldsvermutung war eine leere Formel. Freisprüche wurden im Zweifel in der höheren Instanz aufgehoben. Bestraft wurde hart. In dem bis zum Jahr 1996 geltenden Strafgesetzbuch war für politische und Kapitaldelikte die Todesstrafe vorgesehen.

Als Erbe bekommt das neue Russland so eine Justiz, die sich selbst als Werkzeug versteht, sich einsetzen lässt für fremde Ziele, die der Autokratie ebenso wie den kommunistischen Machthabern zu dienen bereit ist. Dennoch ist sie nicht berechenbar, entgleitet denjenigen, die sie kontrollieren wollen, stellt – korrupt wie sie ist – die Machthaber in ihrer Machtlosigkeit bloß. Ihre Aufgabe sieht sie darin zu strafen, nicht auszugleichen. Hehre Ideale – sei es Rechtsstaatlichkeit, sei es Revolution – kleben an ihr wie Preisschilder, die man abzuzupfen vergessen hat. Sie ist gefügig und dient doch sich selbst. Letztlich sind die Richterinnen und Richter nicht nur in der russischen Literatur, sondern auch in der Wirklichkeit tragische Figuren. Wohlstand und Ansehen werden ihnen versagt. Statt zu nützen werden sie benutzt und stehen als Außenseiter neben einer Gesellschaft, die mit ihnen nicht in Berührung kommen will. Opfer sind nicht nur die kleinen Leute, sondern gerade auch die russische Intelligenzija, wenn ihre avantgardistischen Ideen – oder auch nur ihr Eigensinn – in Gerichtsakten begraben werden.

Reformen im Namen des Rechtsstaats

Der Anfang der neunziger Jahre markiert in der russischen Geschichte eine Zäsur. Russland ist nicht mehr Teil der Sowjetunion, sondern tritt als eigenständiger Akteur in den Vordergrund. Die Justizreform passt ins Bild der politischen Neuorientierung, der Aufwertung von Abgewertetem und der Abwertung von großen, gegen alle Welt und bessere Einsicht zäh verteidigten Idealen, sie passt zu dem neuen, laut und deutlich verkündeten Bekenntnis zu Demokratie und Rechtsstaatlichkeit. Mit der Justizreform wird die Rückkehr zu dem, was einst verworfen worden war, zum Programm erhoben: Friedensrichter und Geschworenengerichte werden wieder entdeckt; die Gewaltenteilung ist wieder sakrosankt. Die Bestimmungen in der russischen Verfassung von 1993 zur Gerichtsbarkeit lesen sich wie ein Auszug aus einem Lehrbuch über Rechtsstaatlichkeit. Alle grundlegenden Postulate, als «Errungenschaften der Zivilisation» apostrophiert, sind enthalten: Richtermonopol, Unabhängigkeit, Immunität, Prinzip des gesetzlichen Richters, Verbot von Ausnahmegerichten, Recht auf Zugang zum Gericht, Recht auf rechtliches Gehör. In mancher Hinsicht gehen die Garantien über die im Grundgesetz enthaltenen Zusagen hinaus. Auch ein Recht, sich an internationale Gerichte zu wenden, wird verbürgt, ebenso ein Recht auf Überprüfung einer Gerichtsentscheidung durch ein übergeordnetes Gericht, ein Recht, um Begnadigung oder Strafmilderung nachzusuchen.

Der ukrainische Autor Juri Andruchowytsch beobachtet den Wandel mit Argwohn und Skepsis: «Das Imperium häutete sich wie eine Schlange, überdachte die gewohnten, totalitären Vorstellungen, diskutierte, mimte Gesetzesänderungen und eine neue Lebensweise, improvisierte über das Thema Wertehierarchie. In der Annahme, auf diese Weise sein erneuertes Ich bewahren zu können, flirtete das Imperium mit der Freiheit. Aber es war ein Fehler, die Haut wechseln zu wollen. Die weggeworfene war, wie sich zeigte, die einzige gewesen.»[22]

Offiziell ist der Beginn der Justizreform auf den 24. Oktober 1991 zu datieren, den Tag, an dem der Oberste Sowjet die «Konzeption der Gerichtsreform in der RSFSR» billigt. Es ist eine Zeit des ideellen Aufbruchs und der materiellen Not, kurz nach dem Putsch gegen Gorbatschow und kurz vor dem Untergang der Sowjetunion. Man geniert sich nicht, juristische Dokumente mit Pathos einzuleiten: «Die Rückkehr des Vaterlandes in den Schoß der zivilisierten Welt erfordert, dass die politische und wirtschaftliche Umgestaltung von einer Rechtsreform begleitet wird. Der Staat, der aufgehört hat, ein Instrument der Unterdrückung in den Händen eines totalitären Regimes zu sein, wird demokratisch, um letzten Endes den heroischen Akt der Selbstverleugnung zu vollbringen und sich von einem politischen in einen Rechtsstaat zu verwandeln.»[23]

Allen Unkenrufen zum Trotz beginnt zunächst eine erstaunliche Erfolgsgeschichte rechtsstaatlicher Reformen. Die Todesstrafe wird eingeschränkt und kann nach einer Änderung der Verfassung bei Delikten, die nicht mit Gewaltanwendung verbunden sind, nicht mehr verhängt werden.[24] Russische Bürger erhalten das Recht, sich gegen rechtswidrige Entscheidungen der Obrigkeit an ein Gericht zu wenden.[25] Gleichfalls noch 1991 wird erstmalig in der russischen Geschichte ein Verfassungsgericht gegründet. Sein Auftrag ist es, die Verfassungsmäßigkeit der Gesetzgebung zu kontrollieren. 1992 werden wirtschaftliche Streitigkeiten dem Zugriff der Verwaltung entzogen und auf die neu geschaffenen Wirtschaftsgerichte übertragen. Das Gesetz über den Status der Richter wird verabschiedet, wonach Richter vom Präsidenten vorgeschlagen, vom Föderationsrat gewählt und auf Lebenszeit ernannt werden. Inhaftierte erhalten das Recht, bei einem Richter Beschwerde einzulegen. Zu dieser Zeit werden im Jahr über eine Million Personen verhaftet, 250 000 Verdächtige und Angeklagte warten auf den Prozess. Die Richter überprüfen 70 000 Haftbeschwerden; etwa jeder Fünfte wird aus der Haft entlassen.[26] Ebenfalls im Jahr 1993 wird – gegen das wütende und doch machtlose Veto des Generalstaatsanwalts – das Gesetz über die Wiedereinführung der Geschworenengerichte verabschiedet. Auch die Friedensrichter, zuständig für kleinere Zivil- und Strafverfahren, erstehen als Institution aus dem 19. Jahrhundert wieder auf. Eine aus dem Westen importierte Neuerung ist das Oberste Qualifizierungskollegium, ein zu Beginn fast ausschließlich aus Richtern bestehendes Gremium, das über die Einstellung und Entlassung von Richtern und über die Einleitung von Disziplinarverfahren entscheiden kann. Die Judikative ist so dem unmittelbaren Zugriff der Exekutive entzogen. Im Übrigen werden finanzielle, administrative und personelle Leitungsfunktionen an das beim Obersten Gericht eingerichtete Gerichtsdepartement übertragen. Und auch äußerlich ändert sich die Justiz. Die Robe ersetzt die Zivilkleidung, Richter sind nunmehr mit «Euer Ehren» statt «Bürger» anzusprechen.

Allerdings gibt, wie der Richter Sergei Paschin, den Jelzin als Zugpferd der Reformen zum Leiter der Abteilung für Gerichtsreform bestellt hat, betont, «die Schaffung der normativen Voraussetzungen für die Reform keinerlei Garantie für ihre Umsetzung.»[27] Ein Jahrzehnt nach den grundlegenden Reformen zieht Paschin, der inzwischen den Dienst im Ministerium quittiert hat und zweimal aus dem Richteramt entlassen worden ist, bitter Bilanz: «Die romantische Phase der Gerichtsreform kam 1996 zum Abschluss, als die Bürokratie die demokratischen Errungenschaften bei der Organisation der Gerichte und der Durchführung von Gerichtsverfahren ihren Bedürfnissen anpasste. Die Organe der richterlichen Selbstverwaltung wurden zu Vollstreckern des Willens der gerichtlichen Obrigkeit, und die Vorsitzenden der Gerichte erreichten, dass ihre lebenslange Machtstellung gesetzlich verankert wurde. Die demokratischen Reformen berührten die Prokuratur und die Organe für innere Angelegenheiten und Staatssicherheit fast nicht, als ob sie nicht einmal ihren Namen geändert hätten … Die zweite Welle der Veränderungen kam zu Beginn dieses Jahrhunderts. Ergebnis war schlussendlich, dass das Gerichtssystem wieder die Rolle eines Anhängsels der staatlichen Macht übernommen hat. Die Rechtsprechung verwandelt sich immer mehr in die gelenkte Tätigkeit der ‚Abrechnung‘, wie gehabt.»[28]

Allerdings ist bei einer derartig negativen Bilanz in Rechnung zu stellen, dass die Ausgangsbedingungen für die Durchführung der hohen Ziele der Justizreform in den neunziger Jahren schlecht waren. Es war die Zeit des schwachen Staates. Mit der Privatisierung stand vieles auf dem Spiel, vor allem Reichtum und gesellschaftliche Macht. Die unterentwickelten staatlichen Strukturen konnten die Interessen der Masse der Bevölkerung gegenüber einigen wenigen schnell und skrupellos Entschlossenen nicht sichern. Der Justiz entglitt die Kontrolle über die Einhaltung von Recht und Ordnung. Es war in der Regel das kriminelle Milieu selbst, das die Erfüllung von Verträgen sicherte.[29] Der Staat vermochte weder die Steuern einzutreiben noch sinnvoll zu verteilen.

So mangelte es der Justiz zuvörderst an Geld. Die Mittel reichten nicht, um die den Richtern versprochenen Gehälter auszuzahlen, auch Rechnungen für Papier, Telefon, Heizung, Briefmarken und Strom konnten nicht beglichen werden.[30] Die Missstände waren krass. Ein Gericht in Murmansk war so baufällig, dass es geschlossen werden musste, das Oberste Gericht von Adygei konnte das eigene Gebäude nicht mehr unterhalten und musste in einem öffentlichen Bad Räume anmieten.[31] Trotz vielfacher Proteste wurde keine Verbesserung der Lage erreicht. Die Entscheidung der Regierung im April 1998, die den Gerichten zugedachten Mittel um weitere 26 Prozent zu reduzieren, brachte das Fass zum Überlaufen. Die Obersten Gerichte reichten einen Antrag beim Verfassungsgericht ein, das das Budgetgesetz von 1998 für verfassungswidrig erklärte.[32] Aber erst weitere Proteste der Prokuratur und der Duma führten tatsächlich zur Auszahlung der zurückgehaltenen Gelder. Im Februar 1999 wurde ein Gesetz zur Finanzierung der Gerichte erlassen, die nunmehr vollständig zentralisiert wurde, um die bisher bestehende Abhängigkeit der Gerichte von der lokalen Verwaltung zu beseitigen; zudem wurde den Gerichten die Möglichkeit eingeräumt, die Gelder unmittelbar von den entsprechenden Konten zu beziehen.[33]

Nachdem Russland aufgrund der hohen Ölpreise reich geworden ist, ist eine existenzbedrohende Unterfinanzierung der Gerichte nicht mehr zu beklagen. Noch 2003 fehlten allerdings nach statistischen Angaben in 30 Prozent der Gerichtssäle Möbel.[34] Mittlerweile werden die Gerichtsgebäude aber aufwändig renoviert, vielfach sind auch bereits Metalldetektoren, Videokameras und andere Sicherheitsvorrichtungen eingebaut. Nach Angaben des für Finanzen zuständigen Generaldirektors des Gerichtsdepartments beim Obersten Gericht Alexander Gusew sind im ganzen Land, Tschetschenien eingeschlossen, Videokonferenz-schaltungen zwischen Gerichten und Strafverfolgungsorganen möglich.[35] Die Gehälter der Richter betragen zu Beginn des Jahres 2007 knapp 100 000 Rubel (etwa 2 900 Euro), während sie sich noch 2005 im Schnitt nur auf 59 200 Rubel beliefen.[36] Bereits im Jahr 2000 gegebene Versprechen des Präsidenten, mehrfache Er-höhungen durchzusetzen, sind eingehalten worden. Dennoch scheint der Richterberuf die Elite der jungen Juristen nicht zu interessieren; fast ein Drittel der Stellen ist vakant.[37]

Schwierig war die Justizreform aber nicht nur wegen der an-fänglichen finanziellen Engpässe, aufgrund derer ein katastropha-ler Eindruck vom Zustand der Justiz in den Medien verbreitet wurde. Vielmehr waren es vor allem die Richter selbst, die der Re-form im Weg standen. Wer Freisprüche immer als Niederlage im «Kampf gegen das Verbrechen» verstanden hat, wird das Urteil «nicht schuldig» nur wegen einer neuen, von oben verkündeten Konzeption der Justiz noch nicht als einen Sieg des Rechtsstaats feiern. Auch die russischen Sprichwörter vermögen so manches zu erklären: «Wenn du nicht weißt, wie du einen Fall entscheiden sollst, entscheide nach dem Gesetz. Wenn du es weißt, entscheide nach deinem Wissen». Nicht nur die Rechtskultur, auch die Un-rechtskultur ist langlebig. Kritisches Denken war in sowjetischer Zeit kein Teil der Ausbildung und scheint auch gegenwärtig nicht zu den besonders geschätzten Eigenschaften junger Richter zu ge-hören.

Die weitgehende Autonomie, die man der Justiz in den Reform-gesetzen zuerkannt hat, erwies sich als problematisch. In den Jahren der Rechtlosigkeit im wirtschaftlichen Bereich waren es oftmals die Richter, die aufgrund ihrer Immunität Beweisstücke für Wirtschaftskriminalität vor dem Zugriff des Staates schützen konnten.[38] So war es zunächst ein verständlicher Schritt, dass in das zentrale Gremium der richterlichen Selbstverwaltung, das Oberste Qualifizierungskollegium, «Vertreter der Gesellschaft» aufgenommen wurden. Bei Entscheidungen über Einstellungen und Entlassungen wegen disziplinarischer Vergehen haben die Richter hier aber noch die Mehrheit: 18 Richter stehen zehn vom Föderationsrat berufenen «Vertretern der Gesellschaft» und einem

Vertreter des Präsidenten gegenüber. Dies war ein Dorn im Auge der Silowiki. Ihre Macht reichte jedoch nicht aus, um über die Duma ein Gesetzesprojekt durchzubringen, nach dem die Mehrheit der Mitglieder des Obersten Qualifizierungskollegiums vom Präsidenten ernannt werden sollte.[39]

Nichtsdestotrotz wurden mit der Reform der Reform – wie im 19. Jahrhundert – Hebel so gedreht, dass kleine Neuerungen zu grundsätzlichen Änderungen führten. Als verhängnisvoll für die Unabhängigkeit der Richter erwies sich vor allem die äußerst vage Vorschrift im Disziplinargerichtsgesetz, dass Richter wegen «einer Handlung, die die Ehre und Würde des Richters verletzt», entlassen werden können. Hier ist dem Missbrauch Tür und Tor geöffnet. Dies gilt auch für die hierarchische Ordnung der Richter. Die Vorsitzenden der Gerichte haben nicht nur Privilegien wie Dienstwagen und Datscha, sondern greifen auch bestimmend in laufende Verfahren ein.

Spricht man von Richtern in Russland, spricht man von Korruption. Die Aussage des Vorsitzenden des Verfassungsgerichts, Waleri Sorkin, die Korruption sei an russischen Gerichten nach wie vor weit verbreitet, löste eine öffentliche – vom Obersten Gericht mit Empörung geführte – Diskussion in der Zeitung *Iswestija* aus. Die Maßnahmen gegen Korruption muten wie purer Aktivismus an. Ein vom Obersten Wirtschaftsgericht vorgelegter Gesetzesentwurf sieht vor, dass Richter Einkommen und Vermögen im Detail offenzulegen haben.[40] Informationen über die Quadratmeterzahl der Datscha ebenso wie über den Ferrari in der Garage sollen von den Massenmedien bei «berechtigtem Interesse» veröffentlicht werden dürfen. Gläsern soll er sein, der neue russische Richter. Damit gilt aber der Grundsatz der Unschuldsvermutung selbst für Richter nicht mehr: Man hält sie für korrupt, sie können das Gegenteil allenfalls dann beweisen, wenn sie für jeden Siegelring in ihrem Besitz eine Erklärung haben. Den Gerissenen unter ihnen wird sicherlich etwas einfallen. Das Schnüffeln – das Verfahren zur Überprüfung der Angaben der Richter – soll, so der Vorschlag des Obersten Wirtschaftsgerichts, den Gerichten selbst überlassen bleiben; dabei haben sie ein weites Ermessen. Ein falscher Eintrag in einer Spalte des viele Seiten umfassenden Formulars mag ein geeigneter Vorwand für Angriffe gegen nicht-konforme Richter sein; schon jetzt sind kleinste Regelverstöße oftmals ein willkommener Anlass, ein Disziplinarverfahren einzuleiten. Gläserne Richter entsprechen nicht nur dem Wunschdenken der Bevölkerung, sondern auch dem der Machthaber. Denn gläserne Richter sind auch zerbrechliche Richter, wenn die Regeln nicht klar sind und für alle in gleicher Weise gelten. Dies könnte der Stabilität der Justiz abträglich sein. Auch Lügendetektoren, die als Psychotests bei der Auswahl der Richter eingesetzt werden sollen, dürften eine wenig Erfolg versprechende Maßnahme sein.

Wie bei den Richtern denkt man auch bei der Advokatur über eine Offenlegung der Vermögensverhältnisse nach, auch wenn dies schwer begründbar ist und eher voyeuristischen Absichten entspringen dürfte. Nach einem Gesetzesprojekt der Generalprokuratur und des Justizministeriums soll auch das Anwaltsgeheimnis eingeschränkt werden. Bisher ist es verboten, Anwälte als Zeugen über das, was sie im Zusammenhang mit einem Verfahren erfahren haben, zu befragen. Dies soll geändert werden. Auch die Unabhängigkeit und Selbstverwaltung der Anwälte ist nicht mehr sakrosankt.[41]

Außerdem macht den Anwälten die so genannte «schwarze Advokatur» zu schaffen. In und neben Gerichtsgebäuden finden sich kleine Klebezettel, die ominöse «rechtsanwaltliche Dienstleistungen» oder einen «informellen Zugang zur Lösung Ihrer Probleme» anbieten. Es dürfte nicht schwer zu erraten sein, was darunter zu verstehen ist.[42]

Wie im 19. Jahrhundert erscheinen die Geschworenengerichte als Allheilmittel.[43] Damit sollen, wie im Entwurf zur Justizreform ausgeführt wird, «kluge wissenschaftliche Ideen mit den Bedürfnissen einer humanistischen Politik und dem gesunden Menschenverstand verbunden werden.»[44] Noch immer misstraut man dem gesetzten, von Juristen angewandten Recht, zumindest dann, «wenn es aufgrund möglicher schwerwiegender Folgen gefährlicher ist, sich gegen die Gerechtigkeit zu versündigen als gegen die Befehle einer abstrakten Rechtsnorm.»[45] Nach einer ersten experimentellen Phase in neun Regionen wurden die Geschworenengerichte in den Jahren 2003 und 2004 in ganz Russland eingeführt. Nicht so in Tschetschenien; die dort für 2007 geplante Reform wurde kurzfristig auf das Jahr 2010 verschoben. Vordergründig werden organisatorische Probleme als Begründung genannt; die Selbstverwaltung sei noch nicht in der Lage, die Geschworenenlisten aufzustellen. In Wirklichkeit traut man den tschetschenischen Geschworenen nicht, fürchtet, sie würden nach Klanzugehörigkeit entscheiden. Die Statistiken weisen aus, dass in den Nachbarrepubliken Dagestan und Inguschetien etwa die Hälfte der Verfahren mit Freisprüchen endet, und dies auch dann, wenn die Anklage auf Terrorismus lautet.[46]

Über Erfolg und Misserfolg der Geschworenengerichte sind die Meinungen geteilt; die einen halten sie für die «demokratischsten und gerechtesten Gerichte»,[47] die anderen für «hässliche Möchtegern-Gerichte», ein Zeichen von Willkür und Gesetzlosigkeit.[48] Sie werden geschmäht als Gerichte von Analphabeten, die auf Bestechungsgelder erpicht und großem Druck ausgesetzt sind und zumeist nur aus Rentnern, Hausfrauen und Arbeitslosen bestehen. Menschenrechtler und Reformer treten dagegen für die Geschworenengerichte ein, da die Freispruchquoten etwa zehnmal so hoch sind wie in gewöhnlichen Verfahren – hier wird nur einer von 200 Angeklagten als unschuldig entlassen. Die Zahlen entsprechen denen in der Stalinzeit, wie ein Kritiker bitter anmerkt. Milde Urteile der Geschworenengerichte werden allerdings in der höheren Instanz oftmals wegen angeblicher oder tatsächlicher Verfahrensfehler wieder aufgehoben.

Die Stimme des Volkes über das Recht entscheiden zu lassen ist insbesondere dann prekär, wenn es sich um Strafverfahren handelt, bei denen Täter oder Opfer zu mit Vorurteilen belasteten Gruppen der Bevölkerung gehören, sei es, dass sie besondere Funktionen, etwa bei der Miliz oder beim Militär, erfüllen, sei es, dass sie zu Minderheiten gehören.

Bei der Reform des Prozessrechts blieben viele der guten Ideen zunächst im Ansatz stecken. Über ein neues Strafgesetzbuch wurde noch zu Zeiten Jelzins im Jahr 1996 ein Kompromiss erzielt; die Verabschiedung der Strafprozessordnung wurde aber erst 2002 möglich, nachdem die Duma gefügig geworden war.

Dies bedeutete aber einen rechtsstaatlichen Fortschritt: Haftbefehle sind nunmehr vom Richter zu unterzeichnen, der Richter kann nicht mehr die Rolle des Anklägers im Prozess übernehmen, zwischen Anklage und Verteidigung soll ein Gleichgewicht bestehen. Allerdings bleiben die Rechte der Verteidigung begrenzt; nur mit Zustimmung des Staatsanwalts kann sie Zeugen befragen sowie Beweise erheben und den Akten beifügen.[49]

Einig ist man sich über die Bedeutung der Justizreform. So betonte Präsident Putin, nach Lenin und Gorbatschow der dritte Jurist, der die Geschicke Russlands in der Hand hält, auf der VI. Allrussischen Tagung der Richter: «Ein stabiles, modernes, demokratisches Gerichtssystem ist eine der wichtigsten Komponenten der Entwicklung des Landes, einer der wichtigsten Hebel der demokratischen Entwicklung unseres Staates in der mittelfristigen und langfristigen Perspektive. Das ist die historische Perspektive Russlands.»[50] Angesichts der Vielzahl von Einzelreformen, die das System in 15 Jahren vom Kopf auf die Beine und wieder auf den Kopf gestellt haben, streitet man, ob man nun am Ende oder am Anfang eines langen Weges angelangt sei. Die Vertreter des Staatsapparats werden nicht müde, die Erfolge der Reform herauszustellen. Die ehemalige Vizepräsidentin des Verfassungsgerichts Tatjana Morschtschakowa hält dagegen, man müsse Angst haben, dass die Errungenschaften der Vergangenheit angehörten, in der Zukunft aber all das, was eigentlich die richterliche Macht verkörpern solle, entstellt werde.[51]

Wie in sowjetischer Zeit gibt es wieder Fünf-Jahres-Pläne, auch zur Entwicklung der Justiz. Der Plan von 2001 bis 2006 ist abgeschlossen. In dem Plan von 2007 bis 2011 sind weitere Anti-Korruptionsmaßnahmen vorgesehen, so etwa die Pflicht jedes Richters, vor den Gerichtsverhandlungen über alle Telefonanrufe und persönlichen Besuche, die mit dem Prozess in Zusammenhang stehen, zu berichten, daneben auch die Computerisierung der Arbeitsplätze und die Versorgung der Richter mit gut ausgestatteten Büros.

Allerdings reicht es, wie der britische Richter Lord Hewart schon 1924 anmerkt, nicht aus, Gerechtigkeit zu verwirklichen, vielmehr muss auch für alle sichtbar gemacht werden, dass Gerechtigkeit verwirklicht wird.[52] Deshalb gilt es, das Image der Gerichte zu pflegen. Und dies betrifft nicht nur die Richter, sondern auch die kleinen Angestellten. So erließ der Russische Richterrat im Juni 2006 eine Instruktion, bei der eine gewisse Freude am Detail nicht zu verkennen ist. Es heißt darin unter anderem: «Ein Gerichtsbediensteter muss einen freundlichen Gesichtsausdruck behalten, der Ton seiner Stimme muss gleichmäßig und ruhig sein, er muss übermäßiges Gestikulieren vermeiden. Ein Gerichtsbediensteter ist verpflichtet, sich vorzustellen, wenn nach seinem Namen gefragt wird. Ein Gerichtsbediensteter darf Beschuldigungen, Beleidigungen oder Kritik von Seiten der Bürger nicht mit Beschuldigungen, Beleidigungen, Kritik und anderen Formen von Aggression begegnen, die die Ehre und Würde eines Menschen herabsetzen.» Auch um das Äußerliche ist der Richterrat besorgt: «Das äußere Erscheinungsbild eines Gerichtsbediensteten muss ordentlich sein und einen professionellen Eindruck hervorrufen.»[53]

Ein Schritt in die richtige Richtung, um das jahrhundertealte Misstrauen gegen eine gerichtlich verwaltete Gerechtigkeit zu überwinden, ist sicherlich vor allem der Aufruf zu mehr Transparenz; geplant ist, alle Entscheidungsbegründungen der Öffentlichkeit allgemein zugänglich zu machen. Dem Negativbild lässt sich auch entgegenwirken, indem man versucht, besondere Errungenschaften Russlands auf dem Gebiet der Rechtspflege wachzuhalten oder wieder ins Gedächtnis zu rufen. Wenn nunmehr für hervorragende Leistungen ein Orden namens Koni vergeben und damit an einen verdienten Justizreformer des 19. Jahrhunderts erinnert wird, so ist das sicherlich ein Zeichen. Möglich wäre auch, auf die russische Tradition der Milde zu verweisen. Als im westlichen Europa noch bedenkenlos gehängt, erschossen und guillotiniert wurde, erklärte Zarin Elisabeth bei ihrer Thronbesteigung, niemanden mehr hinrichten zu lassen. 1775 bestätigte Katharina II. die Aufhebung der Todesstrafe. Dies wurde Ende des 19. Jahrhunderts als russischer Sonderweg gefeiert: «Wir Russen können mit nationalem Stolz darauf verweisen, dass wir in der Frage einer Zurückdrängung der Todesstrafe während der letzten 150 Jahre nicht nur nicht hinter den zivilisierten Völkern Westeuropas zurückblieben, sondern in dieser Richtung sogar vorausgingen» – so der Professor für Rechtswissenschaft Sagoskin in einem Festvortrag von 1891.[54] Dies ist in Vergessenheit geraten, ist Russland doch von den 46 Staaten des Europarats der einzige, der die Todesstrafe im Jahr 2007 noch nicht endgültig abgeschafft hat und, wie drei ablehnende Abstimmungen in der Duma gezeigt haben, auch nicht abzuschaffen bereit ist.[55]

Werden mit den neuen Reformplänen für die russische Justiz im 21. Jahrhundert die 1991 pathetisch verkündeten Ziele des neuen Rechtsstaats eingelöst? Damals hatte man sich große Hoffnungen gemacht: «Der Rechtsstaat befreit den Menschen aus seiner Knechtschaft, entbindet ihn von der Rolle, ein Schräubchen in einer ihm fremden Maschine zu sein, verwandelt den Funktionär in einen engagiert Handelnden, in eine Persönlichkeit.» Was ist aus diesen Hoffnungen geworden?

2. Die Justiz als Handlangerin von Kreml und Staatsanwaltschaft

Neue Formen der Telefonjustiz

«Es geht nicht darum, dass jede Entscheidung, die die Gerichte fällen, von irgendjemandem diktiert wurde, sondern darum, dass jede beliebige Entscheidung zu jedem beliebigen Thema diktiert werden kann.» Auf diese Formel bringt die ehemalige Vizepräsidentin des Russischen Verfassungsgerichts Tamara Morschtschakowa das Verhältnis zwischen Exekutive und Justiz in einem Gespräch mit Präsident Putin Anfang 2007.[56] Dieser antwortet vage, gibt zu, dass eine weitere «Vervollkommnung» des Systems nötig sei, mehr nicht.[57] Diplomatisch drückt es auch die Parlamentarische Versammlung des Europarats aus. Da die Gerichte noch, wie sie sagt, «sehr empfänglich für nicht erlaubte Einflussnahmen» seien, halte sie es für notwendig, Russland im Zusammenhang mit dem Jukos-Fall an das kleine Einmaleins der Rechtsstaatlichkeit zu erinnern.[58]

Auch wenn die Unabhängigkeit der Richter unstreitig zum juristischen Weltkulturerbe gehört, so ist doch kontrovers, ob auch die «Staatsgewalt Justiz» unabhängig sein muss oder ob dies nicht vielmehr «die Verwirklichung des Justizstaates im Staate und damit der Unabhängigkeit der Justiz vom Staate»[59] bedeuten würde. Während das Grundgesetz dies, nicht zuletzt aufgrund der in der Weimarer Zeit gemachten Erfahrungen, ablehnt, geht die russische Rechtsentwicklung in die Richtung einer Verselbständigung der Justiz. Kritiker sehen darin die Gefahr von Selbstherrlichkeit und Klüngelwirtschaft.

Dies bedeutet aber nicht, dass die russische Justiz unbeeinflussbar von der Außenwelt wäre. Vielmehr gibt es eine breite Palette von Einwirkungsmöglichkeiten, die, einer chromatischen Tonleiter vergleichbar, von mit Drohungen verbundenen Weisungen für konkrete Fälle bis zu dezenten Hinweisen, etwa auf mögliche und unmögliche Beförderungschancen, reichen.

Zwar wurden unter Gorbatschow, verstärkt unter Jelzin und mit Nachdruck unter Putin die institutionellen Sicherungen der Justiz äußerlich gestärkt. Die materielle Versorgung der Gerichte obliegt nunmehr nicht mehr der örtlichen Verwaltung, die somit ein wesentliches Druckmittel verliert. Die Exekutive kann nur bei der Ernennung, nicht aber bei der Abberufung der Richter mitwirken. Aber auch die gelungenste Renovierung einer Fassade ist keine Garantie dafür, dass die Menschen hinter den Mauern ihr Verhalten ändern. Den rechtlichen Normierungen und institutionellen Sicherungen stehen informelle Traditionen entgegen, die sich trotz der Reformgesetze dauerhaft zu halten scheinen. Absprachen zwischen Prokuroren und Richtern, zwischen Richtern der unteren und der oberen Instanz sowie Entscheidungen nach Diktat bleiben trotz aller – vorgeblichen oder tatsächlichen – Bemühungen Konstanten des Systems.

Wie wenig eine rechtliche Normierung an sich bewirkt, zeigt die Vergangenheit. Es war Stalin, der 1936 die Unabhängigkeit der Justiz erstmals als Verfassungspostulat in der Verfassung normieren ließ. Das Recht der Parteisekretäre, Richter anzurufen und Entscheidungen vorzubestimmen, stand nirgendwo im Gesetz. Dennoch wurde diese Praxis nicht nur akzeptiert, sondern internalisiert. Die «Telefonjustiz» war Gemeingut einer Epoche, auch wenn die Richter demokratisch gewählt wurden und nach den Fakten objektiv zu entscheiden hatten. In dem kurzen Geschichtsfenster, in dem in Russland ein kritischer Rückblick auf die Vergangenheit erlaubt war, wurde dies schonungslos offengelegt. «Die Gerichte, wie auch das gesamte System der Justiz, waren ein wichtiger Baustein in dem auf Befehle aufgebauten Verwaltungssystem, mit dem das Land regiert wurde; sie waren Exekutoren. Sie sind als Unterdrückungsorgan aufgetreten, wobei sie aber manchmal der im Voraus bestimmten Bestrafung durch das Ritual einer Beweisführung von Kläger und Angeklagtem einen Heiligenschein aufgesetzt haben.» – Dies schreibt kein ausländischer, übelwollender Kritiker. Vielmehr ist es der Oberste Sowjet selbst, der diese Selbstanklage formuliert und im Entwurf der Justizreform von 1991 als Teil eines offiziellen Rechtsdokuments verabschiedet.[60]

Aufgrund der geänderten institutionellen Rahmenbedingungen fungieren jetzt allerdings die Vorsitzenden der Gerichte als Transmissionsriemen bei der Übertragung konkreter Wünsche der Exekutive auf die Gerichte. Sie werden vom Präsidenten persönlich für sechs Jahre ernannt und nicht – wie es die Gerichtsreformer wollten – von den am jeweiligen Gericht beschäftigten Richtern gewählt.[61] Den Vorsitzenden obliegt es, die einzelnen Fälle den jeweiligen Spruchkammern zuzuweisen, ohne an einen zuvor festgelegten Geschäftsverteilungsplan gebunden zu sein; möglich ist sogar, einen Fall während eines laufenden Verfahrens einer Kammer wieder zu entziehen und an eine andere – folgsamere – Kammer zu übertragen. Das «Telefonrecht» besteht weiter, nur führt die Leitung nicht mehr wie früher direkt von der Parteizentrale zum Richter. Vielmehr gibt es jetzt einen Umweg von der Exekutive oder Staatsanwaltschaft über die Vorsitzenden der Gerichte, die dem Entscheidenden die konkreten Anweisungen übermitteln.[62] Ursprünglich wurden die Vorsitzenden der Gerichte auf Lebenszeit berufen; dies führte zur Unkontrollierbarkeit. Seit 2001 ist ihre Amtszeit auf sechs Jahre begrenzt und eine einmalige Wiederwahl möglich. Die Wiederwahl oder Nicht-Wiederwahl ist damit der entscheidende Hebel, um die Vorsitzenden der Gerichte gefügig zu machen.[63] Über sie werden auch die einfachen Richter gelenkt, soweit sie der Lenkung bedürfen; die meisten vermeiden allerdings mit Blick auf ihre Karriere in vorauseilendem Gehorsam Entscheidungen, die in höherer Instanz wieder aufgehoben werden und damit in der Bilanz negativ zu Buche schlagen könnten.

Personalpolitik an Moskauer Gerichten

Die Auseinandersetzung zwischen zwei Frauen, der von Putin im Jahr 2000 berufenen Vorsitzenden des Moskauer Stadtgerichts Elena Jegorowa und der Justizreformerin und langjährigen Moskauer Richterin Olga Kudeschkina, legte die Mechanismen der Entscheidungsfindung am Gericht offen. Die Richterin Kudeschkina trat vor die Presse und erklärte, in einem Strafverfahren wegen Korruption sei ihr von der Vorsitzenden des Moskauer Stadtgerichts Elena Jegorowa vorgegeben worden, den Angeklagten zu verurteilen. Sie weigere sich aber, als Richterin hierarchischen Weisungen zu gehorchen. Aufgrund dieser öffentlichen Stellungnahme wurde gegen die Richterin Kudeschkina – auf Antrag der Richterin Jegorowa – ein Disziplinarverfahren eingeleitet, das zur Entlassung der Rebellin führte. Sie habe mit ihrer Äußerung dem Ansehen des Gerichts Schaden zugefügt. Für die Beschwerde gegen die disziplinarische Entscheidung war wiederum die Richterin Jegorowa zuständig; eine entsprechende Neuregelung, die eine Beschwerde bei der übergeordneten Instanz, dem höchsten Qualifizierungskollegium vorsah, wurde just 2002 abgeschafft. In einem offenen Brief an den Präsidenten entrüstete sich die entlassene Richterin: «Die Vorsitzende des Gerichts, die aufgrund einer groben Verletzung der gesetzlichen Anforderungen ernannt worden ist, missachtet die Normen der Gesetzgebung und der richterlichen Ethik und mischt sich in die Tätigkeit der Richter bei der rechtsprechenden Tätigkeit ein, ‹empfiehlt› ihnen, die in ihren Augen ‹richtigen› Entscheidungen unabhängig vom Grad ihrer Übereinstimmung mit dem Gesetz zu treffen. Es gibt alle Gründe anzunehmen, dass ein derartiges Verhalten von Jegorowa dank der Protektion Ihrer Administration möglich geworden ist. ... Herr Präsident! Ihre öffentlichen Stellungnahmen zur Diktatur und Vorherrschaft des Gesetzes entsprechen nur wenig dem, was im realen Leben geschieht. Sie sagen, dass nur die gerichtliche Macht, unbeeinflusst von allen anderen Zweigen der Macht, eine unvoreingenommene und objektive Rechtsprechung garantieren kann, dass dort, wo Recht gesprochen wird, Gesetzesverletzungen einfach nicht möglich sind. Trotzdem wird, vor allem in den letzten Jahren, praktisch nichts getan, um die Unabhängigkeit der Richter und der gerichtlichen Macht zu stärken.»[64]

Disziplinarverfahren, die mit einer Entlassung der Richter enden, gehören zum Alltag der russischen Justiz. Von 1997 bis 2002 wurden 346 Richter entlassen, darunter Vorsitzende von Regionalgerichten und Mitglieder von Qualifikationskollegien. Dies lässt sich gleichermaßen als hartes Durchgreifen gegen eine korrupte Justiz oder als besondere Form einer zielgerichtet selektiven Personalpolitik interpretieren; in jedem Fall zeugt es von Instabilität und Unruhe. Da Richter zu Beginn ihrer Laufbahn nur befristet auf drei Jahre eingestellt werden, ist die gesetzlich vorgesehene institutionelle Absicherung der richterlichen Unabhängigkeit Fiktion; etwa die Hälfte der Richter ist gezwungen, sich zu «bewähren», um im Amt bleiben zu können.[65] Zudem wird ein Drittel der Richter aus der Miliz, der Prokuratur und dem FSB rekrutiert.[66] Mitentscheidungsrecht bei der Besetzung der Richterstellen haben auch die Vorsitzenden der jeweiligen Gerichte sowie, ohne dass dies gesetzlich vorgesehen wäre, die Administration des Präsidenten. Die gesetzlichen Regelungen zur Ernennung der Vorsitzenden der Gerichte sind äußerst ausführlich; im Gesetzesblatt umfassen sie mehrere Seiten. Dennoch steht an keiner Stelle, dass der zum Gerichtspräsidenten oder Vorsitzenden Richter Berufene überhaupt von Beruf Richter sein muss. Die Berufung von Anton Iwanow, der zuvor stellvertretender Generaldirektor von Gasprom-Media war, an die Spitze des Obersten Wirtschaftsgerichts, das über die finanziell besonders lukrativen Fälle zu entscheiden hat, war so, abgesehen vom Fehlen einer offenen Ausschreibung und eines transparenten Verfahrens, legal, auch wenn die couragierte Richterin Kudeschkina von einer «Ohrfeige der Richterschaft» sprach und die rhetorische Frage stellte: «Ist es zufällig, dass eine derartige Ernennung zu einem Zeitpunkt stattgefunden hat, zu dem die Wirtschaftsgerichte eine große Zahl von Fällen zu entscheiden haben, die mit Gasprom oder den jeweiligen strukturellen Unterabteilungen zu tun haben?»[67] In der Presse wurde spekuliert, mit der Ernennung Anton Iwanows, eines Petersburgers und engen Vertrauten von Dmitri Medwedjew, würde, nachdem die Exekutive und Legislative bereits privatisiert seien, nun auch in das Rechtssystem die berühmte «Vertikale» eingebaut.[68] Andere halten es dagegen für gut, dass jemand «von außen kommt».[69] – Der russische «Iwanow» ist der deutsche «Müller», der Name des unbedeutenden Jedermann. Die *Komsomolskaja Prawda* witzelt nach der Berufung des vierten Petersburger Iwanow auf eine Schlüsselstelle im Staat – neben dem Verteidigungsminister Sergei Iwanow, dem stellvertretenden Chef der Administration des Präsidenten Wiktor Iwanow und dem Chef des Sicherheitsrats Igor Iwanow –, dass man neugierig sei, wie viele Iwanows in Petersburg noch übrig seien.[70]

Besetzung der Geschworenenbänke

Die Einflussnahme auf die Geschworenengerichte ist schwieriger als auf die Berufsgerichte, werden die Geschworenen doch – zumindest theoretisch – nach dem Zufallsprinzip aus dem Verzeichnis der aktiv Wahlberechtigten rekrutiert. Allerdings lässt sich in mehreren Fällen, wie auch der russische Menschenrechtsbeauftragte Lukin anmerkt, ein Austausch der Jury nachweisen, ohne dass es dafür eine Rechtsgrundlage gäbe.[71] Die Vorsitzende Jegorowa erklärt hierzu, man habe keine andere Wahl gehabt, da sich alle Geschworenen auf einmal geweigert hätten, weiter am Gerichtsverfahren teilzunehmen. Warum dies so war, darauf hat sie allerdings keine Antwort: «Das will etwas heißen, wenn die Leute plötzlich unter verschiedenen Vorwänden die Teilnahme am Prozess ablehnen. Vielleicht ist mit ihnen jenseits der Mauern des Gerichts etwas passiert?»[72] Allgemein wird die Intransparenz und Fehlerhaftigkeit bei der Zusammenstellung der Geschworenen beklagt. Wie bei Gogols toten Seelen finden sich Verstorbene oder Bürger, die längst fortgezogen sind, in den Listen. Militärangehörige, Staatsdiener und Prokuroren sind von der Mitwirkung nach dem Gesetz nicht ausgeschlossen – ein Aspekt, den gerade der Menschenrechtsbeauftragte Lukin bei der Diskussion über die Geschworenengerichte als besonders kritikwürdig hervorhebt.[73]

Die Macht der Prokuratur

Die innere Aushöhlung der Justizreform wird oftmals mit dem Versäumnis erklärt, auch die Prokuratur zu reformieren. Denn die beiden Enden des Halsbands, das die Gerichte fest umschlingt, hält die Prokuratur im Griff. Sie ist das Vermächtnis Peters des Großen. 1722 ernannte er den ersten Generalprokuror als «sein Auge, mit dem er alles sehen werde». Welcher der 52 Generalprokuroren,[74] die es seit damals in Russland gegeben hat, auch immer die goldenen Epauletten anlegte, war Amtsträger, nicht mehr Mensch. Es sind berühmte, mehr noch, berüchtigte Namen darunter, so der Dichter Gawriil Derschawin, den Zar Alexander I. im Jahre 1802 zum Generalprokuror und zugleich zum ersten russischen Justizminister ernannte, dann aber wegen «übermäßigen Diensteifers» entließ, Andrei Wyschinski, der für den roten Terror in der dreißiger Jahren verantwortlich war und später die Sowjetunion bei den Vereinten Nationen vertrat, und Roman Rudenko, der sowjetische Chefankläger bei den Nürnberger Prozessen, der als Generalstaatsanwalt einerseits die Rehabilitierung von Opfern des Stalinismus förderte, andererseits Hauptverantwortlicher für die Verfolgung der Dissidenten in den sechziger und siebziger Jahren war. Seine Amtszeit dauerte fast dreißig Jahre, von 1953 bis zu seinem Tod 1981.

Unter Jelzin dagegen lösten sich die Generalprokuroren nicht zufällig in rascher Folge ab. Die Prokuratur wurde, wie alle politischen Institutionen in den neunziger Jahren, auf rechtlich unsicherer Grundlage in die Machtkämpfe nach dem Untergang der Sowjetunion einbezogen. Der erste Generalprokuror der Russischen Föderation, Walentin Stepankow, bezog in der Auseinandersetzung zwischen Parlament und Präsidenten zu deutlich Stellung für das Parlament und leitete eine Reihe von Strafverfahren gegen enge Vertraute Jelzins ein. Er hatte auch das Verfahren gegen die August-Putschisten zu führen, die als Notstandskomitee Gorbatschow auf der Krim gefangen gesetzt und die Macht in Moskau an sich gerissen hatten, publizierte aber bereits vor dem Abschluss des Gerichtsverfahrens ein Buch mit dem Titel *Das Kreml-Komplott*.[75] Dies sah die Militärabteilung des Obersten Gerichts der Russischen Föderation als «flagrante Rechtsverletzung während der Untersuchung einer Strafsache» an und stellte das Verfahren bis zur Berufung eines neuen Staatsanwalts vorläufig ein.[76] Jelzin entließ Stepankow, als er sich 1993 weigerte, das Dekret zur Auflösung des Parlaments zu unterstützen.

Sein Nachfolger Alexei Kasannik, ein auf Umwelt- und Verwaltungsrecht spezialisierter Rechtsprofessor von der Universität Omsk, schien seine Ernennung weniger seiner fachlichen Eignung und seinen Vorkenntnissen als vielmehr seiner Loyalität Jelzin gegenüber zu verdanken.[77] Auch er wurde in hochpolitische Auseinandersetzungen verwickelt. Die Duma hatte eine Verordnung zur Amnestie für die Anführer der blutigen Auseinandersetzungen im Oktober 1993 erlassen.[78] Jelzin sah dies als rechtswidrig an, da nur ihm als Präsidenten ein Begnadigungsrecht zustehe. Kasannik musste gehen, als er sich weigerte, der Weisung Jelzins entsprechend die weitere Inhaftierung der Betroffenen zu verfügen.[79] Auch sein Nachfolger Alexei Iljuschenko war nur kurz im Amt; er wurde wegen Korruption entlassen und saß zwei Jahre in Untersuchungshaft. Juri Skuratow, der letzte von Jelzins Generalprokuroren, hielt sich fünf Jahre auf dem Posten. Als er im Zusammenhang mit dem Fall der Schweizer Firma Mabetex auch gegen die Töchter Jelzins wegen Korruption recherchierte, versuchte Jelzin seine Absetzung durch den Föderationsrat zu erreichen, scheiterte aber dreimal am *Njet* der Senatoren. Erst ein dubioses Video, das angeblich den Generalprokuror mit Prostituierten im Hotel zeigte, brachte ihn zu Fall.

Während Jelzin sich so immer gegen mächtige Prokuroren zur Wehr setzen musste, verstand es Putin von Anfang an, die Prokuroren als verlängerten Arm seiner eigenen Verwaltung auf Mission zu schicken. Sein erster Generalprokuror, Wladimir Ustinow, zog die Ermittlungen im Fall des gesunkenen atomaren U-Boots Kursk an sich und lieferte so eine «offizielle Version» zu dem Vorfall.[80] Ferner trat er gegen die «Oligarchen» Wladimir Gussinski, Boris Beresowski und Michail Chodorkowski auf und vertrat die Anklage in dem Verfahren gegen Nurpaschi Kulajew im Prozess um das Geiseldrama von Beslan.

Der aufgrund einer Machtrochade des Kreml[81] ins Amt gekommene neue Generalstaatsanwalt Juri Tschaika fand sich von Anfang an mit äußerst brisanten Fällen wie dem Mord an der regimekritischen Journalistin Anna Politkowskaja und dem ehemaligen Agenten Alexander Litwinenko konfrontiert. Zugleich kündigte er aber auch weitere Ermittlungen im Fall Jukos an, diesmal wegen Geldwäsche.

Auch wenn die Prokuratur in all diesen Verfahren im Zentrum des Medieninteresses steht, wirkt sie doch vor allem hinter den Kulissen systemerhaltend. Anders als die Staatsanwaltschaft in den westeuropäischen – und seit den Reformen auch in den mitteleuropäischen – Ländern sind die weit über 50 000 Staatsanwälte in Russland[82] nicht nur für Ermittlungen in Strafsachen zuständig. Noch immer sind sie die «Augen des Zaren», die uniformierten Kontrolleure, die im Namen des Staates über die Durchsetzung des Rechts in allen Sach- und Lebenslagen wachen. Entsprechend umfassend ist der gesetzliche Auftrag: «Die Prokuratur der Russischen Föderation ist ein einheitliches, föderales, zentralisiertes System von Organen, die im Namen der Russischen Föderation die Aufsicht über die Einhaltung der Verfassung der Russischen Föderation und die Ausführung der Gesetze, die auf dem Territorium der Russischen Föderation gelten, ausüben. Die Prokuratur der Russischen Föderation erfüllt auch andere Aufgaben, die ihr durch föderale Gesetze auferlegt werden.» So kann die Prokuratur auch in privaten Rechtsstreitigkeiten Partei ergreifen, wenn sie der Meinung ist, ein Urteil würde nicht dem Recht entsprechen, und dies sogar dann, wenn Kläger und Beklagter mit der Lösung des Konflikts zufrieden sind.[83] Auch rechtskräftig abgeschlossene Verfahren können grundsätzlich wieder aufgerollt werden. Dies gilt auch für Strafverfahren. Dabei werden Verurteilungen als Erfolge, Freisprüche als Niederlagen der Prokuratur verbucht.

Entscheidend ist nun aber, wen das «Auge des Zaren» sieht und von wessen Untaten es sich abwendet. Russland ist ein weites

Land, wie es in einem alten russischen Spruch heißt; es ist schwierig, in Tschetschenien und in St. Petersburg Gesetzesverstöße mit gleicher Konsequenz zu verfolgen. Immer wieder wird – in verschiedenen Bereichen, bei verschiedenen Delikten – ein hartes, gnadenloses Durchgreifen der Prokuratur ohne Ansehen der Person angekündigt; die Zeitung *Iswestija* spricht sogar von einem «totalen Krieg», etwa, wenn es um die Kontrolle der korrupten Straßenpolizei geht.[84] «Per definitionem muss die Prokuratur dem Gesetz dienen, und nur dem Gesetz. Und wenn die Macht das Gesetz verletzt, muss sie gegen die Macht vorgehen.» So lautet der erste Teil der Antwort, den der Dumaabgeordnete Boris Resnikow auf die Frage, wem die Prokuratur diene, gibt. «Aber leider gewinnt die politische oder irgendeine andere Zweckmäßigkeit allzu oft das Übergewicht gegenüber dem Gesetz. Und die Prokuratur übt bei weitem nicht immer in effektiver Weise die Kontrolle aus. Auf allen Ebenen», so der Abgeordnete weiter. Und er erzählt von Fällen, in denen Strukturen der organisierten Kriminalität, etwa die berüchtigte Fischfangmafia von Magadan, aufgespürt und die Mitläufer bestraft wurden, der Hauptverantwortliche aber die politische Karriereleiter hinaufsteigen konnte.[85]

Die Prokuratur ist eben, wie es der Wille ihres Schöpfers, Peters des Großen, war, das «Auge des Zaren»: Der Zar öffnet es, der Zar schließt es.

Im russischen Rechtssystem sind es so von alters her nicht die Richter, sondern die von oben gelenkten Prokuroren, die die erste Geige spielen. Sie werden bestimmt und bestimmen, welches Stück gespielt wird, sie legen die Noten auf und geben Geschwindigkeit und Rhythmus, Wiederholungen und neue Einsätze vor. Für die Richter heißt die Alternative «mitmachen» oder «aussteigen». Die meisten machen mit.

3. Das alltägliche Versagen der Justiz

Blickt man auf die Statistik, so scheint es, dass die russische Justiz besser ist als ihr Ruf. In einem Großteil der Prozesse, in denen die Bürger gegen den Staat streiten, gewinnen die Bürger, sei es, dass sie eine Rente zugesprochen bekommen, sei es, dass sie einen Anspruch auf Steuerrückzahlung durchsetzen können oder eine Entschädigungszahlung erhalten.[86] Nur, nicht jedes abschließende Urteil ist wirklich abschließend. Es ist immer noch zu befürchten, dass die Staatsanwaltschaft ein von der Prozessordnung vorgesehenes so genanntes «Protestverfahren» anstrengt, der Prozess noch einmal aufgerollt wird und der Bürger am Ende doch verliert. Aber auch ein wirklich endgültiges Urteil kann keinem Kläger genügen. Zufrieden kann er erst sein, wenn er die Leistung, auf die er – gerichtlich bestätigt – einen Anspruch hat, auch tatsächlich erhält. Und hier sehen die Zahlen plötzlich nicht mehr gut aus. Nur ein Bruchteil der Urteile, in denen Bürger gegen den Staat obsiegen, wird in Russland vollstreckt.[87]

Der Fall des Anatoli Tichonowitsch Burdow ist ein typisches Beispiel. Burdow war am 1. Oktober 1986 von den sowjetischen Militärbehörden zu Notmaßnahmen in Tschernobyl einberufen worden. Bei seinem Einsatz, der bis zum 11. Januar 1987 dauerte, wurde er radioaktiv verstrahlt, so dass er arbeitsunfähig war. 1991 wurden ihm eine monatliche Rente sowie Schadensersatz zugesprochen. Beides hat er jedoch nie erhalten. 1997 klagte er erfolgreich gegen das Sozialamt der Stadt Schachty; das Gericht sprach ihm am 3. März 1997 – der Entwicklung der Inflation entsprechend – 23 786, 567 Rubel zu. Doch erst weitere zwei Jahre später, am 9. April 1999, wurden Vollstreckungsmaßnahmen eingeleitet, wobei das Sozialamt die monatlichen Zahlungen eigenmächtig reduzierte. Burdow zog erneut vor Gericht, um diese Reduzierung rückgängig zu machen und den noch immer nicht bezahlten Schadensersatz zu bekommen. Wiederum entsprach das Gericht seinem Antrag. Diesmal handelte der Gerichtsvollzieher zeitnah, allerdings nur, um Burdow mitzuteilen, dass das Geld nicht eingefordert werden könne, da das Sozialamt nicht über ausreichende finanzielle Ressourcen verfüge. Dies wurde von der Regionalabteilung des Justizamts von Rostow am Don bestätigt. Dagegen legte Burdow nunmehr Beschwerde bei der Staatsanwaltschaft ein. Diese erklärte ihm, dass in seinem Fall das vorgesehene Verfahren eingehalten worden sei, dass nur eben kein Geld da sei. Weiterhin gab es regen Schriftverkehr zwischen den Behörden und Burdow.

Man versicherte, man warte auf die Überweisung aus dem föderalen Budget für die Tschernobylopfer. Sobald man das Geld habe, würden alle Schulden beglichen. Dies geschah denn auch knapp sechzehn Jahre nach dem Einsatz in Tschernobyl, am 5. März 2001. Beglichen wurden allerdings nur die Schulden für die Vergangenheit. Für die nachfolgenden Monate wurde die nunmehr auf 2 500 Rubel festgelegte Rente wieder nicht überwiesen.

Dieser Fall hat Rechtsgeschichte gemacht. Denn am 28. Februar 1996 war Russland dem Europarat beigetreten und hatte die Europäische Konvention für Menschenrechte ratifiziert. Diese garantiert allen Bürgern ein «Recht auf ein faires Verfahren». Darauf berief sich Burdow, sandte seine im Laufe der Zeit umfangreich gewordene Akte nach Straßburg und bekam als erster russischer Bürger Recht vor dem Europäischen Gerichtshof für Menschenrechte in Straßburg. Russland habe, so urteilte der Gerichtshof, nicht nur das Recht auf ein faires Verfahren, sondern auch das Recht auf Eigentum verletzt und müsse dem Beschwerdeführer 3 000 Euro über den in der Sache geschuldeten Betrag hinaus zahlen.[88]

Es verwundert nicht, dass seither russische Bürger in Massen nach Straßburg ziehen. Sie alle haben gerichtlich bestätigte, nicht erfüllte Forderungen gegen den Staat. Der Trick der russischen Seite, die Forderung just in dem Augenblick zu bezahlen, in dem die Beschwerde in Straßburg eingeht, verfängt bei dem Gericht nicht; es verurteilt auch in diesen Fällen Russland wegen Menschenrechtsverletzung und spricht den Betroffenen Kompensationen zu. Aufgrund der Masse und Gleichartigkeit der Verfahren spricht man in Straßburg mittlerweile von geklonten Fällen.

In den Straßburger Akten finden sich aber auch andere Fälle, die das alltägliche Versagen der russischen Justiz dokumentieren. Sie sind meist wenig spektakulär und machen in russischen Zeitungen keine Schlagzeilen. Man kennt dieses alltägliche Unrecht eher aus der nächsten Umgebung als aus der öffentlichen Diskussion. Nur manchmal wird berichtet, manchmal regt man sich auf: über Friedensrichter, die wegen Vergehen im Straßenverkehr, die man nicht begangen hat, verurteilen und die Sachlage unterschiedlich sehen, je nachdem, ob man einen russischen Namen wie Iwan Iwanowitsch Smirnow oder einen fremd klingenden Namen wie Amar Kamalowitsch Samedow hat,[89] über Gerichte, die selbst dann, wenn ein Angeklagter bei 20 Grad Frost in Unterhosen auf die Polizeistation gebracht wird, keinen Schadensersatz anerkennen.[90]

Auch wenn eklatant ungerechte Urteile die Ausnahme und nicht die Regel sind, ist doch die psychologische Wirkung derartiger Fälle nicht zu unterschätzen. Denn niemand berichtet davon, wenn schnell und korrekt entschieden wird. Das Schlechte, Nachteilige, Negative prägt sich ein. Und ist Vertrauen erst einmal verloren, ist es nur sehr schwer wieder zu gewinnen. Das ist die leidvolle Erfahrung all jener, die sich bemühen, nach dem Recht und gerecht zu entscheiden.

4. Das russische Verfassungsgericht zwischen Recht und Politik

Die Gründung eines Verfassungsgerichts in Russland zu Beginn der neunziger Jahre war eine Sensation. Die Aufgabe, die Ausübung von Macht auf der Grundlage des Rechts zu überprüfen, ist etwas Unerhörtes in einem Reich, das nach seinem Selbstverständnis auf Autokratie und Orthodoxie oder Autokratie und sowjetischer Ideologie beruhte. Es ist ein ernstes Beginnen, kein Lippenbekenntnis wie in der späten Sowjetzeit, in der ein Komitee für Verfassungsaufsicht mit nur sehr eingeschränkten Kompetenzen gegründet worden war. Diesmal will sich die Macht herausfordern lassen.

Die erste Entscheidung des Verfassungsgerichts vom 14. Januar 1992 war so auch bahnbrechend. Das Gericht warf Präsident Jelzin den Fehdehandschuh hin und erklärte die Zusammenlegung zweier Ministerien zur Gründung eines Megaministeriums für Staatssicherheit und innere Angelegenheiten für verfassungswidrig. Dabei zog es den Grundsatz der Gewaltenteilung heran und argumentierte, jedes Staatsorgan könne nur solche Beschlüsse fassen und nur solche Handlungen vornehmen, die zu seiner in Übereinstimmung mit der Verfassung festgesetzten Kompetenz gehören. Die Entscheidung stand zwar auf tönernen Füßen, da der Grundsatz der Gewaltenteilung zu diesem Zeitpunkt noch nicht in der Verfassung, sondern lediglich in der Deklaration über die staatliche Souveränität festgeschrieben war und das Gericht somit einen Maßstab zur Anwendung brachte, der ihm im Grunde nicht zur Verfügung stand. Dennoch wurde zum ersten Mal der Gedanke, dass Macht nur auf der Grundlage von Recht ausgeübt werden kann, verwirklicht.

Dabei waren die Startbedingungen für das russische Verfassungsgericht alles andere als gut. Die Verfassung stammte aus dem Jahr 1978 und war ein von der Ideologie der späten Breschnew-Zeit geprägtes, fast wortgetreues Spiegelbild der sowjetischen Verfassung von 1977. Zwar hatte man an ihr bereits Korrekturen angebracht – die führende Rolle der Partei wurde gestrichen, das Amt des Präsidenten eingeführt –, aber viele der abstrakten Begriffe, die man im ersten Teil der Verfassung angefügt hat wie etwa Gewaltenteilung und Demokratie, wurden von den Einzelbestimmungen an Ende der Verfassung, die die Konzentration der Gewalt beim Obersten Sowjet festlegten, Lügen gestraft. Die neu berufenen Hüter der Verfassung hatten so eine Verfassung zu bewahren, die keine bleibenden Werte verkörperte, sondern als Patchwork den Wildwuchs der politischen und verfassungsrechtlichen Ideen der letzten Jahre der Sowjetherrschaft spiegelte und sich ständig änderte.

Auf dieser politisch umstrittenen und rechtlich inkonsistenten Basis galt es nun, für eine durch den Transformationsprozess zerrissene Gesellschaft akzeptable Grundentscheidungen zu treffen. Das zentrale Postulat des Rechtsstaats, bei Streitfragen in einem fairen Verfahren zu einer auf Recht basierenden und damit im Wesentlichen vorhersehbaren Entscheidung zu kommen, war – von vornherein erkennbar – nicht einlösbar. Aus der Sicht ausländischer Zeitzeugen stellte sich die Frage, ob die Einführung einer Verfassungsgerichtsbarkeit in Russland «als Ausdruck großen Mutes und staatspolitischer Kühnheit» oder als «Zeugnis politischer Naivität und fehlenden rechtsstaatlichen Problembewusstseins» zu verstehen sei.[91] Dem Verfassungsgericht kam vor allem die Funktion zu, den Anschluss Russlands an die rechtsstaatlichen Modelle Westeuropas zu versinnbildlichen; die Satellitenschüssel auf dem Dach sollte als Zeichen der Modernität sichtbar sein, noch bevor es einen Fernseher im Haus gab. Dessen ungeachtet wurde dem Verfassungsgericht aufgegeben, sich mit gesellschaftspolitisch wichtigen Fragen des Grundrechtsschutzes und der föderalistischen Organisation des Staates zu befassen.

Während die meisten Entscheidungen im Ausland eher für Spezialisten von Interesse waren, rückte das Verfassungsgericht mit der Entscheidung zur Suspendierung und Auflösung der KPdSU auf die Titelseiten der großen internationalen Zeitungen vor. Über Monate wurde in der Öffentlichkeit eines Gerichtsverfahrens über die Rechtmäßigkeit einer Partei, die das 20. Jahrhundert wesentlich geprägt hatte, debattiert, wurden geheime Dokumente ausgegraben und längst Vergangenes ans Licht gezogen. Für die Entscheidung des Gerichts, dessen Richter selbst in der Mehrheit (ehemalige) Mitglieder der KPdSU waren, waren all diese Fakten letztlich nicht relevant, da das Verfahren über die Frage der Rechtmäßigkeit der Partei mit der Begründung eingestellt wurde, eine Partei, die sich bereits aufgelöst habe, könne nicht mehr für recht- oder unrechtmäßig erklärt werden. Entschieden wurde dagegen über das Vorgehen von Präsident Jelzin gegen die Partei unmittelbar nach dem Putsch im August 1991. Jelzin hatte die Partei zunächst vorübergehend und danach endgültig aufgelöst und die Übereignung der immensen Sachwerte auf den Staat angeordnet. Dies erklärte das Gericht insoweit für verfassungswidrig, als damit auch das aufgrund der Mitgliederbeiträge angesparte Eigentum betroffen war; auch die Auflösung der Parteibasis akzeptierte das Gericht nicht, wohingegen es mit der Auflösung des Parteiapparats einverstanden war.

Während sich das Verfassungsgericht bei dieser Entscheidung noch salomonisch mit der Waage der Justitia in der Hand gegen die verfeindeten gesellschaftlichen Gruppen stellen konnte, gelang dies bei der sich in den Jahren von 1992 bis 1993 zuspitzenden Auseinandersetzung zwischen Oberstem Sowjet und Präsidenten nicht mehr. Insbesondere der Präsident des Verfassungsgerichts, Waleri Sorkin, geriet ins Scheinwerferlicht. Problematisch war etwa, dass er sich im Februar 1993 für ein Moratorium des von Jelzin gewünschten, vom Obersten Sowjet aber gefürchteten und abgelehnten Referendums einsetzte,[92] ebenso die ohne Rückendeckung durch das Verfassungsgericht abgegebene Stellungnahme Sorkins zu einem in einer Fernsehansprache des Präsidenten vom 20. März 1993 angekündigten Dekret, auf dessen Grundlage Jelzin «eine besondere Regierungsform» einführen wollte. Auch die vom Gericht um 2.30 Uhr in der Nacht abgegebene Erklärung, einzelne Regelungen des vom Präsidenten angekündigten Dekrets seien verfassungswidrig, entbehrte einer Rechtsgrundlage. Richtig wäre es gewesen, wie einzelne Richter vorgeschlagen hatten, abzuwarten, bis der gedruckte und vom Präsidenten unterschriebene Text des Dekrets vorgelegen hätte, anstatt aufgrund einer Ankündigung im Fernsehen zu entscheiden. Als die schließlich mit Datum vom 22. 3. 1993 veröffentlichte Version des Dekrets viele der als verfassungswidrig monierten Punkte gar nicht enthielt, war das Verfassungsgericht in den Augen der Öffentlichkeit bloßgestellt.

In den kritischen Septembertagen vor der blutigen Auseinandersetzung um das Weiße Haus spielte das Verfassungsgericht gleichermaßen eine ihm nicht zukommende Rolle. Es erklärte das Dekret Jelzins, mit dem er die Auflösung des Obersten Sowjets und des Kongresses der Volksdeputierten sowie die Durchführung von Neuwahlen anordnete, für verfassungswidrig und befürwortete die Absetzung des Präsidenten. Dieses Gutachten nahm Jelzin zum Anlass, das «Experiment Verfassungsgerichtsbarkeit» in Russland erst einmal zu beenden. Am 7. Oktober 1993 erließ er ein Dekret *Über das Verfassungsgericht der Russischen Föderation*, in dem er ausführte, das Verfassungsgericht befinde sich im «Zustand einer tiefen Krise» und habe zweimal im Jahre 1993 durch seine übereilten Handlungen und Entscheidungen das Land an den Rand eines Bürgerkriegs gebracht. Als die Gefahr eines Bürgerkriegs real geworden sei, habe das Verfassungsgericht aber nicht gehandelt. Jelzin warf dem Gericht vor, es habe eine negative Rolle gespielt und im Grunde Beihilfe geleistet bei den tragischen Ereignissen am 3. und 4. Oktober 1993, sich in eine «Waffe im politischen Kampf» verwandelt und eine außergewöhnliche Gefahr für den Staat dargestellt. Das Dekret enthält die Feststellung, dass eine Fortführung der Tätigkeit des Gerichts ohne die volle Besetzung nicht möglich sei und dass so bis zur Verabschiedung einer neuen Verfassung keine Sitzungen einberufen werden könnten.[93]

Die Tätigkeit des Verfassungsgerichts wurde für eineinhalb Jahre unterbrochen. Nach der Annahme der neuen Verfassung auf der Grundlage eines Referendums im Dezember 1993 wartete man auf die Ausarbeitung des auf den neuen Verfassungsnormen beruhenden Verfassungsgerichtsgesetzes. Dieses trat 1994 in Kraft und spiegelt den Versuch einer Depolitisierung des Gerichts. Das Verfassungsgericht nahm erst 1995, nachdem die neuen Richter des nunmehr 19-köpfigen Gerichts gewählt worden waren, seine Arbeit wieder auf, allerdings mit einem neuen Präsidenten, dem Verfassungsrichter Tumanow.

Die neunziger Jahre werden im Rückblick in Russland als «Zeit der Wirren» gesehen. Außen- und Innenpolitik waren durch große Schwankungen, Unsicherheiten und Unruhen gekennzeichnet. Der erste Tschetschenienkrieg und die Finanzkrise von 1998 wurden als nationale Traumata empfunden. Die zweite Amtszeit Jelzins stand zwischen «Oligarchie und Anarchie»; die Suche nach nationaler Identität und weltpolitischer Geltung war weitgehend erfolglos.[94] In dieser Zeit ergingen über 100 Entscheidungen des Gerichts, die Grundrechtsverstöße, Probleme des Staatsorganisationsrechts und auch völkerrechtlich relevante Fragen thematisierten. Von herausragender Bedeutung war insbesondere die Tschetschenien-Entscheidung, bei der das Gericht Jelzins Dekrete, auf deren Grundlage der erste Tschetschenienkrieg begann, für rechtmäßig erklärte, sowie die Beutekunst-Entscheidung, mit der die Übereignung der aus Deutschland stammenden und nach dem Krieg in die Sowjetunion verbrachten Kulturgüter und Kunstgegenstände an den russischen Staat für im Einklang mit russischem Recht und Völkerrecht angesehen wurde. Beide Entscheidungen sind juristisch angreifbar, insbesondere, da völkerrechtliche Regelungen nicht oder nicht in ausreichendem Umfang beachtet wurden. Es entstand der Eindruck, dass die Entscheidung von vornherein feststand und die rechtliche Argumentation dem Ergebnis angepasst wurde.[95]

Im Windschatten dieser historisch bedeutsamen Prozesse gelang es dem Gericht aber, insbesondere im Straf- und Strafprozessrecht den Grundrechtsschutz in wesentlichen Punkten zu verbessern und eine Reihe von sowjetischen Überbleibseln aus der Rechtsordnung zu tilgen, so etwa das Recht des Staatsanwalts, ohne Beteiligung des Gerichts die Untersuchungshaft anzuordnen, oder die Möglichkeit, bei einer für eine Verurteilung des Angeklagten nicht ausreichenden Beweislage das Verfahren nochmals an die Staatsanwaltschaft zurückzugeben.

In der späten Jelzin-Zeit zog das Gericht in einer besonders wichtigen Entscheidung zum Verhältnis Legislative – Exekutive die Doktrin «alle Macht im Zweifel für die Exekutive» heran und mischte sich abermals in die Auseinandersetzung um die Macht ein. Die letzten Monate der Präsidentschaft Jelzins waren davon geprägt, dass Jelzin die Regierungschefs in schneller Folge berief und abberief. Dem Vorschlag des Präsidenten, den völlig unbekannten Kandidaten Kirijenko zu ernennen, widersetzte sich die Duma. In diesem Zusammenhang stellte sich die verfassungsrechtliche Frage, ob der Präsident mehrfach denselben Kandidaten vorschlagen darf. Dies bejahte das Verfassungsgericht entgegen Wortlaut sowie Sinn und Zweck der Verfassungsvorschrift und stärkte damit die Position des Präsidenten.

Während das Verfassungsgericht in den späten neunziger Jahren noch ein wesentlicher Faktor in der russischen Politik war, verlor es diese Stellung zunehmend mit dem Amtsantritt Putins. Stand zu Beginn der neunziger Jahr das Verfassungsgericht für den Willen, erfolgreiche Modelle aus dem Ausland zu übernehmen, so fehlt nunmehr aufgrund der Besinnung auf russische Traditionen und Werte dafür die Voraussetzung. Das Gericht stellt mehr und mehr einen Fremdkörper in einer kritischen Stellungnahmen und Diskussionen abgeneigten politischen Kultur dar. Der Konsens, den Einzelnen gegenüber dem Staat zu schützen und Macht durch Recht zu begrenzen, wird brüchig. Da die Institutionen Duma, Föderationsrat, Regierung und auch die Republiken weitgehend gleichgeschaltet sind, werden politisch und gesellschaftlich wichtige Fragen nicht mehr von den Akteuren des politischen Prozesses, sondern, wenn überhaupt, nur mehr von einzelnen Bürgern oder Bürgervereinigungen dem Verfassungsgericht zur Entscheidung unterbreitet. Wie der

Rechtsstaat, so wird auch das Verfassungsgericht zur Nebensache.

Dabei findet sich zu Beginn der Präsidentschaft Putins noch eine Reihe von Entscheidungen, mit denen gesetzliche Regelungen im Namen einer Stärkung des Grundrechtsschutzes für nichtig erklärt werden, so interessanterweise auch im Wahlrecht. Zugleich aber gibt es auch Entscheidungen, mit denen liberale Positionen des Gerichts – etwa mit Blick auf die Stellung des Angeklagten im Strafprozess – korrigiert und rechtsstaatliche Reformen zurückgenommen werden. Der absolute Tiefpunkt wird mit der Gouverneursentscheidung erreicht. Dabei geht es um die verfassungsrechtliche Beurteilung einer vom Präsidenten initiierten und von der Legislative per Gesetz durchgesetzten Grundentscheidung zur Umgestaltung der Machtstrukturen im Staat. Sie stellt eine Lackmusprobe für die Gewaltenteilung nicht nur hinsichtlich des Kräfteverhältnisses zwischen Republiken und Zentrum, sondern auch hinsichtlich der Stellung der Judikative im Vergleich zur Exekutive sowie der Stellung der Legislative im Vergleich zur Exekutive dar. Das Gericht lehnte es mit einer juristisch nicht mehr vertretbaren Argumentation mit einer Mehrheit von 17 zu 2 Stimmen ab, die Gesetzesänderungen für verfassungswidrig zu erklären.[96] Mit dem Recht des Präsidenten, über die Gouverneure der Regionen die personelle Zusammensetzung des Föderationsrats zu bestimmen, entfällt in dem von der Verfassung vorgesehenen System von *checks and balances* jedoch ein wesentliches Gegengewicht. Dies wirkt sich etwa auch bei der Bestellung der obersten Richter sowie des Generalprokurors aus, die vom Präsidenten vorzuschlagen und vom Föderationsrat zu wählen sind.

Stimmt ein Verfassungsgericht einer derartigen Aushöhlung der demokratischen Strukturen zu, so duckt es sich nicht nur vor der übermächtigen Exekutive, sondern akzeptiert zugleich auch, selbst als Kontrollinstanz keine Rolle mehr zu spielen. Daher überrascht es nicht, dass mit der Verabschiedung des Gesetzes über den Umzug des Verfassungsgerichts nach St. Petersburg der Verlust der Machtstellung des Gerichts auch nach außen hin dokumentiert wird. Denn eine Verbannung aus dem Zentrum Moskaus an die Newa lässt sich nicht mit einem Umzug von

Karlsruhe nach Leipzig vergleichen. Machtpolitisch beginnt außerhalb des Sadowoe Kolzo, der berühmten Ringstraße in Moskau, Sibirien. Deshalb ist auch der Widerspruchsgeist des Verfassungsgerichts, das mit seinen zum Teil im vorauseilenden Gehorsam ergangenen Entscheidungen selbst zur Unterminierung seiner Machtposition beigetragen hat, nunmehr wachgerüttelt worden. Obwohl den Richtern luxuriöse Dienstwohnungen und dem Gericht ein ehrwürdiges Gebäude im Zentrum von St. Petersburg zur Verfügung gestellt werden, wehrt sich das Gericht mit allen ihm zur Verfügung stehenden Mitteln gegen den Umzug. Es kann sein, dass es bald selbst über die Verfassungsmäßigkeit des letzten Akts im Drama seiner Entmachtung zu entscheiden hat.

IV. Berühmte Prozesse

Die Angst der russischen Bevölkerung vor dem KGB sei so tief
verankert, dass es nach sechs Jahrzehnten der Diktatur gar nicht
nötig sei, die Gulags wieder aufzubauen, meint der erste, von
Jelzin 1994 ernannte russische Ombudsmann Sergei Kowaljow.[1]
Es reiche, mit einem Stück Stacheldraht zu winken. So ist für ihn
die Häufung von öffentlichkeits- und medienwirksamen Prozessen zu Beginn des 21. Jahrhunderts, die allesamt rechtsstaatlichen
Maßstäben Hohn sprechen, keine Überraschung: «Mit dem Fall
Gussinski … wurden die Medien gewarnt – wenn ihr nicht
in Reih' und Glied bleibt, kauft euch Gasprom. Mit dem Fall
Chodorkowski wurde den Wirtschaftsmanagern gesagt: Wenn ihr
euch in die Politik einmischt, wird man euch euer Hab und Gut
rauben und euch ins Gefängnis stecken. Mit den Fällen von ‹Spionomanie› werden Wissenschaftler und diejenigen, die möglicherweise aus dem Nähkästchen plaudern könnten, gewarnt, nicht zu
unabhängig zu agieren.»[2]

1. Wladimir Gussinski – ein Verdikt gegen die Meinungsfreiheit

Wladimir Gussinski, Jahrgang 1952, war in den wilden Jahren des
russischen Frühkapitalimus nicht nur, wie viele andere auch, zu
märchenhaftem Reichtum gekommen, sondern hatte auch ein ein-
flussreiches Medienimperium aufgebaut. Er war Vorstandsvorsit-
zender und Mehrheitsaktionär des Konzerns Media-Most, einer
privaten Gesellschaft, der unter anderem der beliebte Fernsehsender NTW, der Rundfunksender Echo Moskaus und die Wochen-
zeitung *Itogy* gehörte, Medien, die sich nicht scheuten, kritisch
vom zweiten Tschetschenienkrieg zu berichten.

Am 2. November 1999 – Putin war zu diesem Zeitpunkt seit
knapp drei Monaten russischer Ministerpräsident – wurde Gus-

sinski das erste Mal bei der russischen Generalstaatsanwalt-schaft wegen Unregelmäßigkeiten bei der Übertragung einer Lizenz an eine andere Gesellschaft vernommen. Anfang 2000 – Putin hatte mittlerweile die Amtsgeschäfte des Präsidenten über-nommen – gab es zwischen Gasprom und Media-Most Strei-tigkeiten über die Schulden von Media-Most. Nach Abbruch der Verhandlungen wurden die Geschäftsräume von Media-Most von Spezialeinheiten der Prokuratur und des Inlandsgeheim-dienstes durchsucht. Im März 2000 wurde gegen Gussinski ein Strafverfahren wegen Betrugs eingeleitet, im Juni wurde er zu-nächst als Zeuge vorgeladen, bei seiner Rückkehr aus dem Aus-land dann aber wegen Verdunkelungs- und Fluchtgefahr verhaf-tet. Während Gussinski noch im Butyrka-Gefängnis in Mos-kau einsaß, bot der Minister für Presse und Massenmedien, Michail Lesin, an, die strafrechtlichen Vorwürfe gegen Gussinski fallen zu lassen, wenn dieser Media-Most an den staatlichen Kon-zern Gasprom zu einem von Gasprom zu bestimmenden Preis verkaufe.

Dem Vertrag, der unter diesen Umständen auch zustande kam, ist ein bemerkenswerter Annex Nr. 6 beigefügt: «Die Parteien er-kennen an, dass eine erfolgreiche Vertragserfüllung nur möglich ist, wenn Einzelpersonen ebenso wie rechtliche Vereinigungen Rechte im Zivilrechtsverkehr ihrem eigenen Willen und ihren eige-nen Interessen entsprechend erwerben und ausüben, ohne von an-deren Parteien zu irgendwelchen Handlungen gezwungen zu sein. Dies macht es erforderlich, dass mehrere miteinander in Verbin-dung stehende Bedingungen erfüllt sind, nämlich: die Beendigung der strafrechtlichen Verfolgung gegen Herrn Wladimir Alexandro-witsch Gussinski im Zusammenhang mit dem Strafverfahren, das am 13.6.2000 gegen ihn eröffnet worden ist, die erneute Bestä-tigung seiner Stellung als Zeuge in dem benannten Verfahren und die Aufhebung der Beschränkungen in Form eines Ausreisever-bots. Falls diese Bedingungen nicht eingehalten werden, sind die Parteien von der Erfüllung ihrer Vertragsverpflichtungen be-freit.»[3]

Weiter heißt es, dass Gussinskis Handlungen zwar illegal gewe-sen seien, dass er den Schaden durch die Rückübertragung seines

Unternehmens auf den Staat aber im Wesentlichen kompensiert habe. Dies sei ein Zeichen seiner aufrichtigen Reue. Da er auch im Übrigen nicht vorbestraft sei, könne man auf eine weitere strafrechtliche Verfolgung verzichten.[4]

Die Geschichte hatte zwar noch ein langes Nachspiel, weil sich einerseits Media-Most weigerte, den im Gefängnis geschlossenen Vertrag anzuerkennen, da er auf einer Nötigung beruhe, und andererseits die strafrechtlichen Verfahren gegen Gussinski fortgesetzt wurden. Die neuen Fakten aber waren während der kurzen Verhaftung Gussinskis geschaffen worden. Vor russischen Gerichten fand Gussinski mit seinen Beschwerden über das Vorgehen der Behörden kein Gehör. Sein Weg führte – unterstützt von einer Vielzahl versierter Anwälte – nach Straßburg.

Nun war – aus der Sicht des Europäischen Gerichtshofs für Menschenrechte – nicht auszuschließen, dass Gussinski tatsächlich gegen russisches Recht verstoßen hatte. Die russischen Ermittler reklamierten einen Schaden von zehn Millionen Dollar und trugen dafür verschiedene Beweise vor. Der strafrechtliche Vorwurf lautete auf Betrug, § 159 Abs. 3 (b) StGB:[5] Gussinski habe – und dies ist der Vorwurf, der im Grunde gegen alle «Oligarchen» erhoben wird – sich aus den Erlösen eines staatlichen Unternehmens privat bereichert, habe einem staatlichen Unternehmen gehörende Übertragungsrechte ohne Gegenleistung für sich selbst genutzt.

Aber auch wenn die strafrechtliche Verfolgung an sich nicht – zumindest nicht evident – illegal war, so verstieß doch die Verhaftung gegen russisches Recht. Denn wenige Tage vor der Verhaftung Gussinskis hatte die Duma eine Verordnung *Amnestie in Erinnerung an den 55. Jahrestag des Sieges im Großen Patriotischen Krieg von 1941–1945* erlassen, nach der Trägern sowjetischer und russischer Orden nicht nur Haftstrafen unabhängig von ihrer Länge zu erlassen, sondern auch strafrechtliche Untersuchungen gegen diese Personengruppe einzustellen waren.[6] Gussinski aber war Träger des Ordens der Völkerfreundschaft.

Dass die Russische Föderation insofern ihre eigenen Gesetze nicht angewandt und so gegen das in der *Europäischen Menschenrechtskonvention* festgelegte Recht auf Freiheit und Sicherheit verstoßen hatte, war an sich wenig spektakulär. Es war der zehnte Fall, in dem Russland vor dem Straßburger Gerichtshof unterlag und wegen einer Menschenrechtsverletzung verurteilt wurde. Justizgeschichte machte der Fall vielmehr deshalb, weil die Straßburger Richter sich mit dem Ergebnis nicht zufrieden gaben und kritisch fragten, wofür in Russland das Instrument Strafrecht genutzt werde. Sie erklärten, dass es nicht der Zweck von Untersuchungshaft und Strafverfahren sein könne, «als Teil einer Verkaufsstrategie im Wirtschaftsverkehr zu dienen.» Der Gerichtshof kam zu dem Schluss, dass die strafrechtliche Verfolgung eingesetzt wurde, um Gussinski einzuschüchtern.[7]

Damit haben die europäischen Richter in bisher ungewohnter Weise den Umgang eines Staates mit dem Recht vor der Weltöffentlichkeit an den Pranger gestellt und die Instrumentalisierung des Strafrechts, die Verwendung des Rechts als staatliche Drohgebärde und die scheinbar rechtlich abgesicherte staatliche Willkür bloßgestellt. Die politische Botschaft der juristischen Entscheidung war klar: Das Verfahren gegen Gussinski war für den Straßburger Gerichtshof politische Justiz.

In der russischen Presse figurierte der Fall Gussinski – die spektakuläre Verhaftung und der Zwang zum Verkauf des Unternehmens – als «grandioser politischer Skandal».[8] Er wurde trotz der verhaltenen Kritik Putins am Vorgehen der Prokuratur als Zweikampf zwischen Oligarch und Präsident gesehen und als Menetekel für die Medienfreiheit in Russland interpretiert. Das juristische Nachspiel in Straßburg wirbelte dagegen in Russland nicht allzu viel Staub auf. Wohl erhob man in der regierungskritischen, aber auflagenschwachen Zeitung *Nowaja Gaseta* die Forderung, die an der gewaltsamen Aktion gegen Gussinski beteiligten Prokuroren und Geheimdienstler zu entlassen, sah aber voraus, dass dies so nicht kommen werde, hatten doch Prokuratur und Gerichte nur einen Auftrag von oben ausgeführt und – so der resignierte Kommentar – «sich selbst zu entlassen ist etwas schwierig.»[9] In der Zeitung *Kommersant i Dengi* verwies man auf die sechsstellige Summe, die Gussinski als Schadensersatz gefordert hatte, und spottete über die 88 000 Euro, die er am Ende für Anwaltskosten und Verfahrensspesen erhalten hatte.[10] Lehren wurden aus dem Spruch des Gerichtshofs – zumindest für die Praxis – nicht gezogen.

Der Schlag, der der Meinungsfreiheit in Russland mit der durch die unrechtmäßige Verhaftung Gussinskis möglich gewordenen Zerschlagung des Medienimperiums versetzt worden war, konnte mit dem Richterspruch aus Straßburg nicht wiedergutgemacht werden.

2. Michail Chodorkowski – ein Schlag gegen politische Autonomie und wirtschaftliche Macht

Am 25. Oktober 2003 begann das Verfahren gegen den Chef des Jukos Ölimperiums Michail Chodorkowski. Am frühen Morgen wurde er in einer spektakulären Aktion in seinem Privatjet am Flughafen von Nowosibirsk durch bewaffnete Beamte des FSB verhaftet. Der Prozess gegen ihn und seinen Mitgesellschafter Platon Lebedew endete am 31. Mai 2005 mit einer Verurteilung zu jeweils neun Jahren Freiheitsentzug wegen vorgeblichen Betruges, Steuerhinterziehung, Veruntreuung und Vollstreckungsvereitelung.

Zunächst entstand der Eindruck, das drakonische Vorgehen gegen den unbotmäßigen Oligarchen, der auf autonomes politisches Handeln und auf souveränen Umgang mit der Wirtschaftsmacht seines Unternehmens Wert gelegt hatte, sei als eine selektive staatliche Strafaktion mit gleichzeitig abschreckender Wirkung für andere Großunternehmer angelegt. Nachdem jedoch das lukrative Förderunternehmen des Konzerns, Juganskneftegas, im Dezember 2004 auktioniert und sodann von der staatlichen Ölgesellschaft Rosneft preisgünstig gekauft worden war, taten sich ganz andere Dimensionen der *causa* Chodorkowski auf. Denn nun schien sonnenklar, dass der Schlag gegen Chodorkowski und Jukos auf die Umverteilung von Eigentum im großen Stil hinauslief. Betrachtet man aber die ganze Affäre Jukos und den inzwischen eingetretenen Wandel im Verhältnis von Macht und Wirtschaft aus dem Abstand mehrerer Jahre, so liegt eine sehr viel weiterreichende Schlussfolgerung nahe: die Erkenntnis nämlich, dass

Der in Ungnade
gefallene «Oligarch»
und Ölmagnat Michail
Chodorkowski während
seines Prozesses.
(Foto: Alexander Natru-
skin/Reuters/Corbis)

die Frühkapitalisten der neunziger Jahre von einer Klasse neuer Oligarchen aus der Hochbürokratie abgelöst wurden. Demgegenüber blieb die herkömmliche Symbiose von Macht und Eigentum im Wesentlichen unangetastet.

Erklärungsbedürftig erscheint zunächst, warum die Justiz gerade gegen Jukos und Chodorkowski vorging, wo doch alle Oligarchen der Jelzin-Zeit und die mit ihnen verbündeten staatlichen Bürokraten gleiche «Vergehen» zu verantworten hatten. War es so, dass Chodorkowski in seiner unbeugsamen Art im Stil eines russischen Don Quichotte dazu einlud, den Titelhelden in dem sich entfaltenden Drama zwischen staatlicher und wirtschaftlicher Macht abzugeben, oder war es eher das Unternehmen Jukos, das zum Objekt der Begierde der Wirtschaftskonkurrenz im Verein mit den staatlichen Häschern wurde? Oder fügte sich einfach beides gut zusammen?

Michail Chodorkowski zählte zu den begabtesten Pionieren des russischen Kapitalismus. Er war einer der mächtigen «Sieben Bankbarone», denen Jelzin bei seiner Wiederwahl 1996 entscheidende Unterstützung verdankte. Der 2003 erst 40 Jahre alte Chodorkowski ragte in mancherlei Hinsicht aus der Riege der Industriekapitäne heraus. 2002 wurde Jukos zum zweitgrößten Erdölproduzenten Russlands mit einem Umsatz von 11,4 Milliarden US-Dollar und drei Milliarden US-Dollar Gewinn. Chodorkowski hatte als erster westliche Methoden und Kriterien der Unternehmensführung übernommen und für Transparenz im Geschäftsgebaren gesorgt. Gleich allen anderen Unternehmern machte er sich die aufgrund der fehlenden oder mangelhaften Gesetze der Jelzin-Zeit bestehenden Schlupflöcher zur «Steueroptimierung» zunutze.[11] Im gleichen Sinne betrieb er auch eine engagierte und finanzkräftige Lobbyarbeit unter den Abgeordneten der Staatsduma. Andererseits förderte er mit Hilfe seiner Stiftung Offenes Russland aber auch eine Reihe von zivilgesellschaftlichen Initiativen und Einrichtungen zur demokratischen politischen Bildung. Chodorkowski war sich seines Wertes als Pionier der Modernisierung des neuen Russland durchaus bewusst und trat dementsprechend selbstbewusst in der Öffentlichkeit auf.

Ein Oligarch fällt in Ungnade

Schon geraume Zeit vor dem großen Eklat im Oktober 2003 hatte sich Chodorkowski im politischen Establishment der Putin-Führung wenig beliebt gemacht. So schien er sich nicht um den ungeschriebenen Pakt zwischen dem Kreml und den Wirtschaftseliten vom Sommer 2000 zu kümmern, dem zufolge die Großunternehmer eine Art Selbstverpflichtung eingegangen sind, sich aus der Politik herauszuhalten. Chodorkowski machte kein Hehl daraus, dass er die beiden demokratischen Parteien «Jabloko» und «Union der Rechten Kräfte» finanziell unterstützte und sich persönlich in der Politik engagieren wollte. Der Ölmagnat trat nicht nur als Apostel von Demokratie und Zivilgesellschaft auf, sondern kritisierte zugleich in aller Öffentlichkeit die Übel des politischen Systems wie die grassierende Korruption und deren Verursachung durch gewinnsüchtige Bürokraten.

Bei einem Treffen der im Russischen Unternehmerverband organisierten Großunternehmer mit der Kremlführung am 19. Februar 2003 gerieten Putin und Chodorkowski in dieser Frage vor laufenden Fernsehkameras heftig aneinander. Chodorkowski machte geltend, dass vor allem in der staatlichen Bürokratie wie in den staatlichen Unternehmen die Korruption immer weiter anwachse. Er kritisierte darüber hinaus, dass die jüngsten Verkäufe staatlicher Ölfirmen wenig durchsichtig erfolgt waren. Damit spielte er auf den überteuerten Kauf der Nördlichen Ölgesellschaft (*Sewernaja Neft*) durch Rosneft an, wobei es nach Berichten in der regierungskritischen Presse auch zur Begünstigung von Vertretern der staatlichen Bürokratie gekommen war.[12] Chodorkowskis Vorwürfe trafen sichtlich einen äußerst sensiblen Nerv des Präsidenten, denn dieser replizierte erzürnt und harsch mit der Frage, wie denn wohl Jukos zu seinen Öllizenzen gekommen sei. Außerdem spielte Putin auf frühere Steuerprobleme von Jukos an.

Mit diesem denkwürdigen öffentlichen Schlagabtausch begann das Drama um Chodorkowski. In den folgenden Wochen setzte der Jukosführer unbekümmert seinen Kurs in Politik und Wirtschaft fort. Er lancierte ein Abkommen mit China zum Bau einer Pipeline, dies ungeachtet der Tatsache, dass Ölleitungen zum Hoheitsbereich der staatlichen Transneft gehörten. Jukos plante ebenfalls den Bau einer eigenen Pipeline vom Tjumen-Ölfeld nach Murmansk, um von dort Öl in die USA zu exportieren. Zudem stand das Unternehmen in Verhandlungen über eine Beteiligung von Exxon Mobil und Chevron Texas in den USA. In Russland bahnte sich eine Fusion von Jukos mit Sibneft an.[13] Zu all diesen Initiativen autonomer Wirtschaftspolitik kam eine verstärkte und äußerst geschickt betriebene Lobbytätigkeit von Jukos in verschiedensten Bereichen der Gesetzgebung hinzu, so bei der Vorbereitung eines neuen Gesetzes über Produktionsteilungsabkommen, bei Exportabgaben auf Ölprodukte und in der Frage der Steuerhöhe für das Schürfrecht von Öl.[14]

Dem Präsidenten kam über all die Vorgänge in der Duma, die ein wirksames Regierungshandeln blockierten, hinaus zu Ohren, dass Jukos für die bevorstehenden Dumawahlen nicht nur die demokratischen Parteien, sondern auch die Kommunisten finanziell unterstütze, hingegen nicht die kremltreue Partei «Einiges Russland». Putins Verärgerung über die politischen Initiativen und Erfolge seines Widersachers und die gleichzeitige Einsicht in die eigene Machtlosigkeit beim Kampf um Abgeordnetenstimmen spitzten sich zu. Ihn erboste vor allem, dass Chodorkowski die Kommunisten unterstützte, deren Schwächung oberstes Wahlkampfziel der Administration war, und er zeigte sich darüber empört, dass sich Chodorkowski anschickte, überhaupt «das Parlament zu kaufen».[15] Dabei wurmte ihn, dass seine eigene Autorität und politische Führungskraft nicht hinreichend respektiert wurden.[16]

Die Silowiki unter den Kremlgruppen teilten Putins Ärger. Die Anführer dieser informellen Seilschaft, Igor Setschin und Wiktor Iwanow, trafen sich darin auch mit Sergei Bogdantschikow, dem Leiter des staatlichen Ölunternehmens Rosneft, zu dem sie enge Beziehungen unterhielten. Im Gegensatz zu Jukos war Rosneft kein aufstrebender Musterbetrieb, seine Produktivität reichte keineswegs an die von Jukos heran.[17] Das Unternehmen stand jedoch in der Gunst des Kremls, da es die Kremlpartei «Einiges Russland» und die mit ihr verbündete «Volkspartei» finanziell unterstützte. Sergei Bogdantschikow war Chodorkowski zudem gram, weil dieser ihn vor laufenden Kameras der unlauteren Geschäftemacherei bezichtigt hatte. Die Silowiki sahen jetzt gemeinsam mit Rosneft den Zeitpunkt zum Gegenangriff gegen Jukos gekommen. Sie heuerten für ihren Coup den Polittechnologen Stanislaw Belkowski an.

Zusammen mit seinem Kollegen Josif Diskin aus der Leitung des Rates für Nationale Strategie, einer losen Vereinigung von Politikwissenschaftlern, lancierte Belkowski ein Pamphlet, in dem Chodorkowski eines «oligarchischen» Umsturzes bezichtigt wurde. Die als *Manifest* betitelte Schmähschrift erschien am 26. Mai 2003 im Internet.[18] Eine gekürzte Fassung wurde in der rechtsgerichteten Zeitung *Sawtra* (Morgen) am 25. Juni veröffentlicht. Schon die Internet-Ausgabe wirbelte kräftig Staub auf. Verschwörungstheorien fallen in Russland seit jeher auf einen fruchtbaren Boden. Das *Manifest* war in aller Munde. Einige Publizisten äußerten zu Recht die Vermutung, dass es sich dabei um eine Auftragsarbeit der Silowiki handelte.[19] Im Kern enthielt das über 30 Seiten lange *Manifest* die These, dass Michail Chodorkowski an der Spitze anderer Oligarchen plane, Russlands «präsidentielle Republik in eine präsidentiell-parlamentarische (quasi französisches Modell)» umzuwandeln, und bereits 2004 eine Regierung auf Parteienbasis installieren wolle, wobei er selbst das Amt des Regierungschefs anstrebe. Die Autoren des *Manifests* gaben sich überzeugt, dass angesichts der geringen Erfahrungen des Landes mit dem Parlamentarismus ein solcher Plan abgewehrt werden müsse, und sie ließen keinen Zweifel daran, dass Russlands Bestimmung in einem starken «effektiven» Staat mit einer machtvollen Präsidentenvertikale liege.

Es war bezeichnend für die niedrige Verfassungskultur, dass die schon in der Sache falsche These, die Einführung parlamentarischer Regierungsverhältnisse komme einem Bruch der Verfassung und damit einem Umsturz gleich, in der Öffentlichkeit nicht bestritten wurde. Tatsächlich traf die von den Autoren des *Manifests* vertretene These aber schon deswegen ins Leere, weil es aufgrund der geltenden Verfassung ohne weiteres möglich wäre, zu einer parlamentarischen Regierungsweise überzugehen, so wie dies faktisch bereits während der Regierung Primakow der Fall gewesen war. Den Autoren ging es so auch in erster Linie darum, Chodorkowski zu dämonisieren. Die gewünschte Wirkung trat schnell ein. Im Gefolge einer Reihe kritischer Sendungen im staatlichen Fernsehen über Russlands Reiche verstärkte sich die öffentliche Stimmungsmache gegen Chodorkowski und alle Oligarchen.[20]

Kurz nach Erscheinen des *Manifests* wurde der Jukos-Mitgesellschafter Platon Lebedew wegen angeblicher Steuerhinterziehung und Urkundenfälschung verhaftet. Unterlagen von Jukos wurden beschlagnahmt. Chodorkowski wurde Anfang Juli von der Generalstaatsanwaltschaft zur Einvernahme vorgeladen. Es wurde ihm mitgeteilt, dass gegen ihn ein Untersuchungsverfahren wegen Steuerhinterziehung eingeleitet worden sei.

Bald wurde bekannt, dass Präsident Putin von dem *Manifest* Kenntnis hatte. Belkowski prahlte öffentlich damit, dass der Text Putin beeindruckt habe.[21] Die Zeitung *Iswestija* berichtete, dass man dem Präsidenten die Schrift «untergeschoben» habe und dass sie von diesem durchaus ernst genommen worden sei.[22] Dass Putin die Schrift tatsächlich ernst genommen hat, zeigt sich daran, dass er sich veranlasst sah, von der nur wenige Wochen zuvor in seiner Jahresbotschaft an das Parlament eröffneten Perspektive, eine «Regierung zu bilden, die sich auf die parlamentarische Mehrheit stützt»,[23] schleunigst wieder abzurücken. Wäre er bei dieser Auffassung geblieben, hätte er sich als Gesinnungsgenosse des vorgeblichen Putschisten Chodorkowski zu erkennen gegeben. Die ganze Verschwörungstheorie wäre in sich zusammengefallen. Putin nutzte seine Pressekonferenz am 20. Juni 2003, um kategorisch und geradezu pathetisch die Möglichkeit einer «parlamentarischen Republik» für Russland auszuschließen. Ein solches System passe nicht zu Russland, meinte Putin auf einmal. Damit begab er sich in einen klaren Widerspruch zu seiner eigenen Jahresbotschaft, die nur kurze Zeit zurücklag.[24]

Die eigene übermäßige Biegsamkeit in Fragen der Verfassungsordnung, die hier hervortrat, schien Putin wenig anzufechten. Es erschien ihm hingegen wichtig, die auf der Pressekonferenz gestellte Frage nach seiner Haltung zum *Manifest* klar zu beantworten. Er gab zu erkennen, dass er darin eine unannehmbare Herausforderung erblickte, und warnte vielsagend, dass man «einzelnen Geschäftsleuten nicht erlauben sollte, das politische Leben des Landes im Sinne ihrer unternehmerischen Interessen zu beeinflussen». Andere hätten Ähnliches versucht und seien gescheitert, fügte er an und erinnerte an das Schicksal der Magnaten im Exil. Mit einem Schwenk zu Puschkins Poem *Eugen Onegin* über die nach Sibirien verbannten Dekabristen orakelte er, «Einige sind nicht mehr, andere sind fern».[25]

Die «Staatskapitalisten» übernehmen
das Ruder

Während sich Putin auf öffentlicher Bühne mit sibyllinischen Anmerkungen begnügte, gingen die richtungs- und machtpolitischen Konflikte zwischen den verschiedenen Kremlgruppen hinter den Kulissen in eine entscheidende Runde. Dabei standen sich die Anhänger des «oligarchischen» Kapitalismus und großer Handlungsfreiheiten für die Wirtschaft und die Vorkämpfer einer weitaus stärker vom Staat kontrollierten Wirtschaftsordnung unversöhnlich gegenüber. Im Wesentlichen reduzierte sich der Konflikt auf die Auseinandersetzungen zwischen den in Putins Regierung verbliebenen Vertretern der «Familie» und den Silowiki. Um sich Unterstützung zu verschaffen, gingen nach den Silowiki auch die Repräsentanten der «Familie» an die Öffentlichkeit. Dabei heuerten sie den Polittechnologen Gleb Pawlowski an, der damals Putins Stabschef Alexander Woloschin und damit der «Familie» nahestand. Er übernahm die Aufgabe der Beratung und des öffentlichen Angriffs. Auch er bemühte eine Verschwörungstheorie. Am 3. September 2003 publizierte Pawlowski eine Art Gegenschrift zum Machwerk Belkowskis, in der er dieses als das «ideologische Manifest» der Gruppe «S. Pugatschow – I. Setschin – W. Iwanow» ausgab, womit er die Seilschaft der Silowiki identifizierte. Pawlowski behauptete, diese Gruppe stehe hinter dem Angriff auf Jukos. Sie strebe im Übrigen eine vollkommene Umgestaltung von Politik und Wirtschaft und einen radikalen Wechsel der politischen Führungseliten an.[26] Pawlowski bezeichnete deren Vorstoß als Verschwörung einer Minderheit, die sich gegen den Kurs Putins stelle. Nicht die Oligarchen, sondern die Silowiki selbst, so Pawlowski, planten eine Verschwörung und bezweckten damit, den in ihren Augen schwachen und zögerlichen Präsidenten zu einem entschlosseneren Auftreten herauszufordern. Ob die These von Putins Führungsschwäche berechtigt war oder nicht, sei dahingestellt. Der Präsident zog es jedenfalls vor, nicht sofort für eine der beiden Seiten Partei zu ergreifen. Diese waren folglich in einem «Kampf der Bulldoggen unter dem Teppich» auf sich allein gestellt.

Die Autoren des *Manifests*, Stanislaw Belkowski und Josif Diskin, legten in der Kontroverse zunächst öffentlich nach. Sie replizierten in der *Nesawissimaja Gaseta*, dass ihr Gegenpart Gleb Pawlowski der Öffentlichkeit Mythen auftische, in Wirklichkeit jedoch die Interessen Woloschins und der Oligarchen vertrete.[27] An der Replik war so viel richtig, dass es sich bei Pawlowskis Vorprellen um einen letzten verzweifelten Versuch Alexander Woloschins handelte, den Petersburger Silowiki in ihrem Angriff auf Jukos entgegenzutreten.[28] Woloschin scheiterte. Nur wenige Tage nach Chodorkowskis Verhaftung trat er von seinem Amt als Leiter der Präsidialadministration zurück. Der macht- und richtungspolitische Sieg der Silowiki war damit entschieden. Präsident Putin schloss sich ihrer Position an und verwahrte sich «gegen jede weitere Hysterie» von Regierungsmitgliedern in der Sache. Die Silowiki hatten mit ihrem ersten großen Sieg in der Jukos-Affäre deutlich gemacht, dass ihre Seilschaft bei weitem schlagkräftiger war als Präsidialamtschef, Regierungschef, der Vorsitzende des Föderationsrats und etliche Minister zusammengenommen.[29] Die starke Position der Silowiki rührte in hohem Maße von ihrem engen Schulterschluss mit der Generalstaatsanwaltschaft her, die in Putins System der «Vertikale» die einzig verbliebene Vetomacht war. An ihrer Spitze stand Wladimir Ustinow, einer der engsten Verbündeten der Silowiki.

Die öffentlichen Spekulationen über die Motive in der Jukos-Affäre waren im Spätherbst 2003 noch wenig erfinderisch. Vor allem hatten Vorstellungen Konjunktur, die Attacke sei als eine Art Kollateralschaden im Machtkampf der Kremlgruppen zustande gekommen. Etliche Kommentatoren meinten, Putin habe ein für alle Mal klarmachen wollen, dass der Präsident und nicht irgendein Oligarch im Lande das Sagen habe. Lediglich in einem Interview, das die regierungskritische *Nowaja Gaseta* mit einem Offizier des FSB im November 2003 führte, wurde der eingetretene Epochenwechsel in Russlands Politik klar benannt. Der auf Anonymität erpichte Gesprächspartner gab sich überzeugt davon, dass sich «die Spielregeln selbst ändern», dass die «Umverteilung von Eigentum zugunsten national orientierter Geschäftsleute» nunmehr die Hauptsache sei und dass es jetzt darum gehe, einen «kapitalistischen Totalitarismus» zu errichten, in dem «die Beamten für ihre Dienste für den Staat Eigentum erhalten» sollten.[30] Damit war der tatsächlich anstehende Übergang zu einem Kapitalismus der Staatskommissare auf den Punkt gebracht. Der FSB-Offizier spezifizierte im Übrigen, dass unter «national orientierten Geschäftsleuten» solche Personen zu verstehen seien, die unabhängig von ihrer «nationalen» Herkunft, ob Russe oder Jude, dem Kreml gegenüber loyal seien.

Im Sommer 2004 differenzierten sich die Deutungsversuche über die Hintergründe des Anschlags auf Chodorkowski weiter aus. Jetzt rückten Meinungen in den Vordergrund, wonach «die neue Oligarchie der Sicherheitsorgane» mit dem Vorgehen in erster Linie ihre Vorherrschaft hatte festigen wollen.[31] Es tauchte auch der hellseherisch anmutende Gedanke auf, dass das Interesse des Kreml über persönliche Abrechnungen mit Chodorkowski weit hinausgehe und darauf abstelle, die Verwaltung aller Energieressourcen in der Weise neu zu ordnen, dass sie am besten den nationalen und internationalen Interessen des Landes dienen könnten.[32] Die Eroberung von Jukos stünde am Anfang der Gründung einer Kremlin Petroleum Export Corporation, KremPEC, mit nicht minder ehrgeizigen Zielen als die der OPEC. Diese Deutung trifft den Kern der Entwicklungsziele, aufgrund derer Russland mittlerweile in aller Welt als neue «Energiesupermacht» wahrgenommen und gefürchtet wird.

Präsident Putin blieb bei der Position, dass der Prozess gegen Chodorkowski rein rechtliche und keinerlei politische Ursachen habe und dem Prinzip folge, dass jedermann vor dem Gesetz gleich zu sein habe. Putin sagte auch, der Staat habe kein Interesse an der Zerschlagung von Jukos, sah aber gleichzeitig zu, wie das Unternehmen nach und nach systematisch zerstückelt wurde. Im Unterschied zum Präsidenten nannten seine Berater Andrei Illarionow und Igor Schulawow den Prozess rundheraus einen politisch motivierten «Schauprozess».[33] Damit meinten sie ein Gerichtsverfahren, das in erster Linie auf die öffentliche Brandmarkung des vorgeblichen Delinquenten abstellte.

Während das Gerichtsverfahren noch andauerte, wurden bereits die Filetstücke des Konzerns auf den Markt gebracht. Wie erwähnt, kam es im Dezember 2004 zwecks Tilgung der vorgeblichen Steuerschulden von Jukos zur Zwangsversteigerung von Juganskneftegas an die Briefkastenfirma Baikalfinansgrup um die Summe von 9,35 Milliarden Dollar, die unter dem Marktpreis lag. Kurz darauf erklärte Rosneft, für das Gebot aufzukommen und damit Juganskneftegas rechtmäßig erworben zu haben. Putin stand nicht an, den Deal auf einer Pressekonferenz Ende Dezember 2004 als einen ganz normalen Vorgang zu bezeichnen, der den besten Regeln der Marktwirtschaft folge. Die gegenteilige Meinung vertrat Illarionow. Er nannte die Zerschlagung von Jukos und den erschlichenen Erwerb von Junganskneftegas durch Rosneft den «Schwindel des Jahres». Offen blieb die Frage, aus welchen Quellen Rosneft die Kaufsumme zusammengebracht hatte. Dabei war nur klar, dass erhebliche Anteile des Geldes zunächst aus dem Staatssäckel kamen.[34]

Nach der Verurteilung Chodorkowskis am 31. Mai 2005 lieferte der Ökonom Alexander Schochin, ein Liberaler der ersten Stunde und heute Vorsitzender des Russischen Unternehmerverbandes, eine luzide Analyse der Jukos-Affäre, die er als einen «bedeutsamen ordnungspolitischen Wendepunkt» bezeichnete. Wenn Jukos vollkommen zerstört sei, so Schochin, «dann wird allen klar sein, dass die Jukos-Affäre nur ein Mittel zur Umverteilung von Eigentum war. Und anstelle einer Beendigung des oligarchischen Kapitalismus der neunziger Jahre werden wir eine modifizierte Version dieses Systems sehen. Im Unterschied zum früheren Modell, in dem Staat und Kapital dank der Initiative der Großunternehmer verschmolzen, wird der neue Kapitalismus Oligarchen hervorbringen, die unter Nutzung des Prinzips der Personalunion vom Staat selbst angestellt und kontrolliert werden. Die eigentlichen Oligarchen werden gleichzeitig vom Staat ernannte Manager und Unternehmenseigentümer sein.»[35] Schochin sollte mit seiner Einschätzung in jeder Hinsicht Recht behalten. Nachdem die Auktionen zur endgültigen Zerstückelung von Jukos im Frühjahr 2007 erfolgten, ist unterdessen auch «allen klar», welche Oligarchen heute als Staatskommissare das Sagen haben.[36]

Gegen Michail Chodorkowski und Platon Lebedew werden unterdessen, wie die Generalstaatsanwaltschaft im Februar 2007 bekannt gab, neue Anschuldigungen vorbereitet.[37] Damit zerschlagen sich jegliche Hoffnungen auf eine vorzeitige Haftentlassung. Chodorkowski ist seit Beginn der Affäre unbeugsam geblieben. Er ließ sich auf keinerlei Handel ein, der es ihm ermöglicht hätte, sich ins Ausland abzusetzen. Vielmehr bot er den Bütteln des Systems Putin stets aufrecht die Stirn. Er blieb ein politisch wachsamer Bürger und hat wiederholt aus dem Gefängnis heraus Position zur wünschenswerten demokratischen Entwicklung Russlands bezogen. Nicht zufällig wurde er von der Moskauer Helsinki-Gruppe zum «politischen Gefangenen» erklärt.[38]

Die Macht und ihr Recht

Gerichtsverfahren sind öffentlich. Im Fall Chodorkowski war es aber nicht nur die russische Öffentlichkeit, die dem Schauspiel auf der Bühne des Meschtschanski Bezirksgerichts im Moskau zuschaute, sondern die globale Öffentlichkeit: die internationale Geschäftswelt ebenso wie die internationale Zivilgesellschaft. Inszeniert wurde einerseits die Entthronung eines russischen Milliardärs, zugleich aber auch das Funktionieren einer Möchtegern-rechtsstaatlichkeit, besser gesagt: einer Möchtenichtgernrechtsstaatlichkeit.

Die Anklage lautete auf Betrug, Veruntreuung, Steuerhinterziehung und Vollstreckungsvereitelung. Das Urteil lautete auf Betrug, Veruntreuung, Steuerhinterziehung und Vollstreckungsvereitelung. Man hatte sich nicht der Mühe unterzogen, mit einer eigenständigen Begründung den Anschein einer unabhängigen Entscheidungsfindung vor Gericht zu erwecken; sogar Grammatik- und Rechtschreibfehler wurden aus der Anklageschrift in das Urteil kopiert.[39] Von der von der Staatsanwaltschaft beantragten Strafe – zehn Jahre Haft – wurde lediglich ein Jahr abgezogen.

Die strafrechtlichen Vorwürfe beruhten im Wesentlichen darauf, Chodorkowski und Lebedew hätten sich durch geschickte, aber illegale Manöver über die Bank Menatep sowie zum Menatep-Konglomerat gehörende Einzelfirmen bereichert, vertragliche Verpflichtungen nicht erfüllt und seien per Gerichtsurteil auferlegten Pflichten durch undurchsichtige Verkaufsaktionen entgangen. Als illegal wurde auch die Ausnutzung von Schlupflöchern der Steuergesetzgebung sowie die «Steueroptimierung» in so genannten «geschlossenen Städten» – in der Sowjetzeit hermetisch abgeriegelten Gebieten, die in den neunziger Jahren dringenden Bedarf an Investitionen hatten – angesehen, obwohl derartige Möglichkeiten von der Gesetzgebung selbst geschaffen worden waren. In der Anklage wird die für eine Verurteilung wesentliche Erfüllung aller – objektiven und subjektiven – Voraussetzungen der Straftatbestände nicht nachgewiesen. Die entscheidenden Fragen, etwa nach der Rechtswidrigkeit der Ausnutzung der Steuervergünstigungen und nach der Rechtswidrigkeit der einzelnen Transaktionen, blieben unbeantwortet. Die Annahme, dass keine wirklichen Verträge, sondern Scheinverträge mit betrügerischer Absicht geschlossen worden waren, wurde nicht schlüssig bewiesen.[40]

Zu einem internationalen Aufschrei der Empörung hat aber nicht in erster Linie das Recht geführt, das angewandt wurde, sondern die Art, wie es angewandt wurde. Teilweise wurde versucht, den Missbräuchen ein Deckmäntelchen der Legalität überzuwerfen, teilweise wurde aber auch offen im Widerspruch zu Recht und Gesetz agiert. So wurde die Durchsuchung der Büros der Anwälte der Verteidigung und damit der Eingriff in das Vertrauensverhältnis zwischen Anwalt und Mandant zu verdecken versucht, indem man verschiedene Verfahren unter verschiedenen Aktenzeichen führte und argumentierte, die Untersuchung finde jeweils im Zusammenhang mit einem Verfahren statt, in dem der Anwalt nicht Verteidiger, sondern lediglich Begleiter eines Zeugen sei. Die Anwälte wurden wohl zu Terminen von Verhören geladen, konnten dann den Gerichtssaal aber nicht betreten, da er abgesperrt war. Hier wurde zumindest argumentativ versucht, den Schein zu wahren. Dagegen gab es aber auch grobe Übergriffe mit physischer Gewalt, wenn den Anwälten etwa Handzettel mit Notizen vertraulicher Gespräche entrissen wurden.

Die Parlamentarische Versammlung des Europarats als Hüterin über die Rechtsstaatlichkeit ihrer Mitgliedsstaaten hat den Prozess mit Sorge beobachtet und in einer Resolution über *Die Umstände bei der Festnahme und Strafverfolgung von führenden Jukos-Verantwortlichen* auf der Grundlage eines Memorandums der Berichterstatterin, der ehemaligen deutschen Justizministerin Sabine Leutheusser-Schnarrenberger, die einzelnen Kritikpunkte akribisch zusammengestellt.[41]

Besonders schwer wiegt der Vorwurf der Willkür, mehr noch, eines, wie es wörtlich heißt, «abgestimmten Angriffs des Staates»:[42] «Die Versammlung merkt an, dass die Umstände bei der Festnahme und Strafverfolgung von führenden Jukos-Verantwortlichen begründeten Anlass zu der Annahme geben, dass man es hier mit einem eindeutigen Fall der Missachtung der Rechtsstaatlichkeit zu tun hat und dass diese Führungskräfte – in Verletzung des Grundsatzes der Gleichbehandlung vor dem Gesetz – willkürlich von den Behörden herausgegriffen wurden.»[43] Die Parlamentarische Versammlung betont, dass die angeblich missbräuchlichen, von Jukos zur Steuerminimierung verwendeten Praktiken auch von anderen Öl- und Schürfgesellschaften angewandt wurden, diese aber nicht strafrechtlich belangt wurden.

Hatte sich der Europäische Gerichtshof für Menschenrechte im Fall Gussinski noch auf Andeutungen zu einem Missbrauch des Rechts beschränkt, redet die Parlamentarische Versammlung nunmehr Tacheles: «Die Versammlung anerkennt das Recht und sogar die Pflicht der Polizeibehörden, die Täter von Straftaten vor Gericht zu bringen. Sie anerkennt auch das legitime Recht der gewählten politischen Führung, ihre politischen Ziele auch im wirtschaftlichen Bereich zu verfolgen. Sie hat jedoch starke Einwände gegen die Nutzung von Gerichtsverfahren für solche Zwecke.»[44]

Bilanzierend bleibt festzuhalten, dass die Begleitumstände der Jukos-Affäre und das Gerichtsverfahren gegen Chodorkowski ein grelles Licht auf die Mechanismen des Systems Putin werfen. Zum einen beleuchtet das Verfahren die Intoleranz des Kreml gegenüber dem autonomen Handeln von Wirtschaftsakteuren und illustriert so den allgemeinen Anspruch des Staates auf Lenkung der Gesellschaft und auf eine rücksichtslose «Handsteuerung» im konkreten Konfliktfall. Zum andern dokumentiert der Prozess die selektive Anwendung des Gesetzes, was dem eigenen Anspruch auf eine «Diktatur des Gesetzes» als dem gegenüber allen Bürgern in gleicher Weise verbindlichem Recht Hohn spricht. Der Fall macht auf krasse Weise deutlich, wie die dritte Gewalt im

142

Rahmen der Machtvertikale als williger Büttel der Exekutive fungiert. Die einseitige Berichterstattung in den offiziellen Medien bietet darüber hinaus ein Schulbeispiel für die Knebelung der Medien und die in der gelenkten Demokratie beliebig steuerbare Propaganda. Schließlich bringt der Ablauf der Ereignisse und der Wechsel im Eigentum des Unternehmens Jukos die erstarkte Rolle der Silowiki im Schlagabtausch der Kremlgruppen an den Tag. Auch die für den politischen Prozess unabkömmlichen Polittechnologen, die bald für die eine, bald für die andere Konfliktpartei ihre manipulativen Fertigkeiten einsetzen, rücken ins Bild. So wird der Fall Jukos zum Brennspiegel der zentralen Merkmale des Systems Putin.

3. Spionomanie – ein Fall sowjetischer Paranoia

Wiederbelebung eines sowjetischen Relikts

In der Sowjetunion war vieles geheim. Es gab verbotene Städte, auf Landkarten nicht eingezeichnete Straßen, unter Verschluss gehaltene Dokumente. Geheimnisträgern wurde niemals eine Erlaubnis für eine Auslandsreise erteilt. In der Perestroika-Zeit änderte sich dies zwar alles; unter der Losung von Glasnost gab es einen guten Willen zum Neubeginn. Dennoch ist der Umgang mit Staatsgeheimnissen in Russland schwierig geblieben. Paradigmatisch war die Entscheidung des Russischen Verfassungsgerichts im Fall des Ingenieurs Smirnow, der in den achtziger Jahren wegen Vaterlandsverrats zu zehn Jahren Lagerhaft verurteilt worden war und, nachdem sich Russland zum Rechtsstaat bekannt hatte, Verfassungsbeschwerde erhob. Er hatte als leitender Ingenieur in Schweden Asylantrag gestellt, die Namen der Kollegen am Institut für elektronische Steuerungsmaschinen des Unionsministeriums sowie die Namen ausländischer Kontaktpersonen bekannt gegeben und sich zunächst geweigert, wieder in die UdSSR zurückzukehren. Aufgrund dessen wurde ihm nach sowjetischem Recht «Hilfeleistung für einen fremden Staat bei der Durchführung einer gegen die UdSSR gerichteten feindlichen Tätigkeit»

vorgeworfen. Smirnow war der Meinung, eine derartige strafrechtliche Beurteilung seines Tuns sei für ihn nicht vorhersehbar gewesen. In einem Rechtsstaat aber müsse jeder Bürger wissen, was strafbar sei und was nicht; die vage formulierte, potenziell jeden Kontakt mit Ausländern kriminalisierende Strafvorschrift müsse für verfassungswidrig erklärt werden. Das Verfassungsgericht aber folgte dieser Argumentation nicht. Vaterlandsverrat sei Vaterlandsverrat;[45] einer genaueren Eingrenzung des Tatbestands bedürfe es nicht.[46]

Auch die neue Fassung des Strafgesetzbuchs enthält eine sehr offene Definition des Verrats von Staatsgeheimnissen.[47] Ein eigenes, diesem Thema gewidmetes Gesetz[48] definiert drei Dutzend verschiedene Formen von Staatsgeheimnissen, auch hier in vager und offener Form. Die Details der Regelung werden an verschiedene staatliche Behörden delegiert; im Wesentlichen sind sie in einem geheimen Akt des Verteidigungsministeriums festgelegt. Darin sind über 700 Arten von Staatsgeheimnissen enthalten.[49]

Wirtschaftlicher grenzüberschreitender Zusammenarbeit sowie dem Austausch von Informationen im internationalen Geschäftsverkehr ist ein derartiges System kaum förderlich. Was als Staatsgeheimnis anzusehen ist, unterliegt weitgehend der Definitionshoheit der Behörden. «Diese Situation ermöglicht weitreichende Manipulationen des Konzepts des Staatsgeheimnisses» – so das nüchterne Fazit der russischen Gesellschaftskammer, der offiziellen Stimme der Zivilgesellschaft.[50] Derartige «weitreichende Manipulationen» haben seit dem Ende der neunziger Jahre eine Reihe von angesehenen russischen Wissenschaftlern vor Gericht gebracht. Mehrere von ihnen sitzen langjährige Haftstrafen ab, Amnesty International hat sie als «politische Gefangene» eingestuft.[51] Nicht nur die Geschichten, die dahinter stehen, und die Art, wie die Prozesse geführt werden, sondern auch die harten Strafen – etwa 15 Jahre Lagerhaft im Fall Sutjagin – erinnern an die sowjetische Justiz zu Zeiten des Kalten Krieges. Die Gesellschaft braucht, wie es scheint, wieder Feindbilder.

Die Parlamentarische Versammlung des Europarats hat zu dem Thema im September 2006 einen äußerst kritischen Bericht unter dem Titel *Probleme des fairen Verfahrens in Fällen, die Spionage oder den Verrat von Staatsgeheimnissen betreffen* veröffentlicht.[52] Darin fallen eine Reihe von Namen: Igor Sutjagin, Walentin Danilow, Grigori Pasko, Walentin Moisejew, Michail Trepaschkin, Alexander Nikitin, Oskar Kaybischew, Alexander Babkin, hinter denen tragische Schicksale stehen. Viel ist über sie geschrieben worden; manche haben auch Verhaftung, Prozess und Lagerhaft aus ihrer eigenen Sicht geschildert.[53] Drei Fälle sind paradigmatisch für die Gesamtentwicklung: der Fall des Militärjournalisten Grigori Pasko, der Fall des Politikwissenschaftlers Igor Sutjagin und der Fall des Physikers Walentin Danilow.

Grigori Pasko

Grigori Pasko, geboren 1962 in der Westukraine, war Militärjournalist und russischer Offizier. Er begann seine Karriere 1983 bei der Zeitung der Pazifikflotte *Boewaja Wachta* (Kampfposten). Als mit dem Beginn von Perestroika und Glasnost eine neue Offenheit auch gegenüber Missbrauchsfällen und Delikten in der Armee, insbesondere auch mit Blick auf die Gefährdung der ökologischen Sicherheit, gefordert wurde – Jelzin gründete dafür sogar «Abteilungen für ökologische Sicherheit» beim FSB –, veröffentlichte Pasko kritische Artikel über die durch die Pazifikflotte verursachten Umweltprobleme sowohl in Armeezeitungen als auch in der zivilen Presse. Naheliegenderweise waren derartige Berichte gerade für die – potentiell betroffene – japanische Öffentlichkeit von besonderem Interesse. Seit Beginn der neunziger Jahre arbeitete Pasko mit dem japanischen Fernsehsender NHK und der Tageszeitung *Asahi Shimbun* zusammen und bekam für Material, das er den Japanern zur Verfügung stellte, Honorar. Im Oktober 1993 zeigte das japanische Fernsehen Teile eines von Pasko gedrehten Videos, auf dem zu sehen war, wie nukleare Abfälle im Japanischen Meer verklappt wurden. Dies geschah allerdings absprachewidrig, da zwischen Pasko und seinen japanischen Auftraggebern eigentlich vereinbart worden war, mit der Sendung im japanischen Fernsehen zu warten, bis die entsprechenden Bilder in Russland gezeigt worden wären. Pasko recherchierte auch über das angebliche Verschwinden von 100 Millionen Dollar, die Russland von Japan zur sicheren Entsorgung von atomarem Müll zur Verfügung gestellt worden waren.

Am 20. November 1997 wurde Pasko bei der Rückkehr von einer Reise nach Japan am Flughafen von Wladiwostok unter dem Vorwurf der Militärspionage verhaftet. Er saß zwanzig Monate in Untersuchungshaft, bevor ihn das Gericht in erster Instanz zwar vom Vorwurf der Spionage freisprach, zugleich aber wegen «Überschreitung der Dienstbefugnisse» – eines Delikts, das gar nicht Gegenstand der Anklageschrift war – zu drei Jahren Lagerhaft verurteilte. Sowohl die Staatsanwaltschaft als auch Pasko selbst legten gegen das Urteil Berufung ein. Das zweite Urteil vom 25. Dezember 2001 war noch wesentlich schärfer. Es lautete auf vier Jahre Lagerhaft unter strengem Regime, diesmal wegen Staatsverrats. Die abermalige Kassationsbeschwerde dagegen wurde am 25. Juni 2002 endgültig zurückgewiesen, ohne die Strafe abzumildern, obwohl verschiedene Unzulänglichkeiten des erstinstanzlichen Urteils gerügt wurden. Drei bei der Prokuratur eingereichte Beschwerden blieben erfolglos.

Der Fall wurde zu einem internationalen Politikum; nicht nur Amnesty International und führende Umweltschutzorganisationen, sondern auch der damalige Bundesaußenminister Joschka Fischer und die amerikanische Regierung setzten sich für Pasko ein. Noch während der Haft wurde Pasko mit dem «Preis für die Freiheit und Zukunft der Medien» von der Medienstiftung der Sparkasse Leipzig geehrt und als «Journalist mit Rückgrat und Stil» gefeiert. Nach weiteren 13 Monaten Haft wurde Grigori Pasko schließlich am 23. Januar 2003 auf Bewährung vorzeitig entlassen.

Nun scheint die Tatsache, dass Pasko zum Zeitpunkt seiner Verhaftung als aktiver Offizier gegen Geld Informationen an japanische Auftraggeber weitergeleitet hat, die Erfüllung des Tatbestandes des Staatsverrats nahezulegen. Allerdings erfolgte die Verurteilung auf der Grundlage eines unklaren Tatsachenvortrags. Zuerst stand das Video über die Verklappung der nuklearen Abfälle im Mittelpunkt, dann die Absicht, bestimmte Informationen weiterzugeben. Zudem beruhte das Urteil auf nicht mehr gültigem und geheimem Recht; der fundamentale Grundsatz «nulla poena sine lege» wurde schlicht missachtet.[54]

Als Rechtfertigung für seine journalistischen Recherchen konnte sich Pasko zudem auf die russische Verfassung berufen, die – als Reaktion auf Gorbatschows Desinformationspolitik in der Folge von Tschernobyl – ein «Recht auf authentische Information über den Zustand der Umwelt» verbürgt.[55]

Paradigmatisch für die «Spionomanie» ist der Prozess aber nicht nur wegen des rechtsstaatlichen Grundsätzen widersprechenden Ergebnisses, sondern auch wegen der Verletzung elementarer Vorschriften eines fairen Verfahrens. Zentrale Zeugen der Verteidigung, insbesondere die japanischen Kontaktpersonen, wurden nicht gehört. Dokumente und Beweismittel wurden der Verteidigung mit der Begründung, sie seien geheim, nicht zugänglich gemacht. Der Videofilm selbst, auf den sich die strafrechtlichen Vorwürfe, zumindest im ersten Prozess, im Wesentlichen stützten, wurde nicht als Beweismittel zugelassen.[56] Bei einer Haussuchung wurden prozessrechtliche Schutzvorschriften missachtet und Unterschriften gefälscht. Die unrechtmäßig erlangten Beweismittel wurden im ersten Verfahren zwar zurückgewiesen, das Urteil im zweiten Verfahren aber beruhte darauf – und nur darauf.

Igor Sutjagin

Der Fall des Igor Sutjagin gleicht dem des Grigori Pasko in wesentlichen Details. Nur ist die Strafe dieses Mal wesentlich härter: Sutjagin wurde zu 15 Jahren Freiheitsstrafe verurteilt.

Igor Sutjagin, Jahrgang 1965, war wissenschaftlicher Mitarbeiter und Leiter der Abteilung für militärpolitische Studien am USA- und Kanada-Institut der Russischen Akademie der Wissenschaften. Er hatte an der Moskauer Lomonossow-Universität Physik studiert und an Zeitschriften und Büchern über Fragen der Rüstung und Abrüstung als Autor und Herausgeber mitgewirkt. 1998 schrieb er einen Beitrag zu dem Sammelband *Russlands strategische Nuklearrüstung;*[57] dies wurde ihm zum Verhängnis. Vom FSB als Zeuge im Rahmen eines Untersuchungsverfahrens zu die-

147

sem Buch vorgeladen, gab er ausführlich Auskunft über Auslands-
kontakte – Informationen, die dann gegen ihn verwendet wurden.
Am 27. Oktober 1999 wurde er durch den FSB verhaftet. Der
Vorwurf lautete Staatsverrat. Nun hatte allerdings Sutjagin keinen
Zugang zu geheimen Dokumenten. Vielmehr hatte er lediglich in
anderen Veröffentlichungen enthaltene Informationen zusammengestellt und ausgewertet. Der Vorwurf der Anklage war, dass
Sutjagin mit seiner Analyse selbst ein Staatsgeheimnis geschaffen
und dieses dann verraten habe. Damit aber gerät jede auf öffentliche Quellen gestützte wissenschaftliche Arbeit ins Fadenkreuz
der Ermittler des FSB.

Die juristische Odyssee des Wissenschaftlers dauerte vier-
einhalb Jahre. Untersuchungshaft, ergebnislose Verhandlungen,
Rückverweisungen an die Untersuchungsbehörden, Vertagungen
und Terminverschiebungen wechselten sich ab, bevor am 5. April
2004 ein endgültiges Urteil gefällt wurde. Die Fluchtgefahr wurde
all die Jahre mit einem auf Sutjagin im Jahr 1999 ausgestellten ita-
lienischen Visum, das allerdings nur zwei Wochen gültig war, begründet.

Die Missachtung rechtsstaatlicher Gebote war eklatant. Die
Jury ebenso wie die Richter wurden mehrfach – ohne jede Begründung und unter Missachtung der Strafprozessordnung, die
eine derartige Möglichkeit nicht vorsieht – ausgewechselt, so
lange, bis die offensichtlich geeignete Richterin und die offensichtlich geeignete Jury gefunden waren. Von der Verteidigung
benannte Sachverständige und Gutachten wurden ausgeschlossen.
Der Chef des FSB, Nikolai Patrutschew, stellte bereits vor dem
Urteil fest, dass Sutjagin schuldig war. Das Urteil war geheim; die
Verteidiger konnten es zwar einsehen, aber nicht mitnehmen und
auch keine Kopien machen.[58]

Pasko, nach seiner Freilassung wiederum als Journalist tätig,
verglich den Fall Sutjagin in dem Artikel «Der Spion, der keiner
war» mit seinem eigenen Martyrium. Für ihn war die harte Strafe
gegen Sutjagin die «Revanche» des FSB für vorangehende, aus
der Sicht des FSB allzu milde Urteile. Pasko interpretierte dies als
Zeichen für einen «roll back in die Vergangenheit».[59]

Walentin Danilow

Der Prozess gegen den Physiker Walentin Danilow folgte wiederum dem gleichen Muster. Auch ihm wurde Staatsverrat vorgeworfen, auch er wurde zu einer ungewöhnlich harten Strafe, zu vierzehn Jahren Lagerhaft mit strengem Regime, verurteilt.

Danilow war Professor an der Staatlichen Technischen Universität von Krasnojarsk. Die Universität hatte einen Vertrag mit einer chinesischen Export-und-Import-Firma für Satellitenbau geschlossen. Im Rahmen dieses Vertrags hatte Danilow ein Gutachten erstellt. Die darin enthaltenen Informationen waren – so übereinstimmend westliche Experten – schon lange allgemein bekanntes Lehrbuchwissen. Dennoch wurde Danilow vorgeworfen, Staatsgeheimnisse an China verraten zu haben.

Das Besondere bei dem Prozess gegen Danilow war, dass er von den im Verfahren berufenen Geschworenen in allen Anklagepunkten freigesprochen wurde. Doch das Oberste Gericht hob das Urteil wegen angeblicher Verfahrensfehler auf. Verwiesen wurde auf Marginalien wie die Tatsache, dass die Geschworenen auf die Fragebögen Randbemerkungen geschrieben hatten. Außerdem sei die Vorsitzende Richterin nicht in jedem Fall eingeschritten, wenn die Verteidigung vor den Geschworenen nicht zulässige Beweise zitiert habe.[60] Im zweiten Verfahren wurde Danilow schließlich schuldig gesprochen.

Auch dieses Verfahren wurde wiederum mit dem Ziel geführt, eine Verurteilung zu erreichen. Als Experten wurden zwei Physikprofessoren gehört, die in dem Fachgebiet wissenschaftlich nicht ausgewiesen waren und auch bereits in anderen Prozessen gegen angebliche Spione ausgesagt hatten. Die Fragen an die Geschworenen wurden so formuliert, dass der entscheidende Punkt – die Tatsache, dass die weitergegebenen Informationen geheim waren – ausgeklammert wurde. Bei der Besetzung der Geschworenenbank war zudem evident, dass man die Auswahl der Geschworenen nicht dem Zufall überlassen hatte.

Die Spionageprozesse sind im Ausland mit Unverständnis und Empörung aufgenommen worden. Bei den russischen Wissenschaftlern haben sie ein Klima der Angst geschürt. Wer sich mit für die militärische Verteidigung und Rüstung relevanten Fragen befasst und Kontakte zu ausländischen Wissenschaftlern pflegt, wird sich gut überlegen, ob er das Los von Igor Sutjagin oder Walentin Danilow teilen oder sich vielleicht doch lieber in seiner Forschung neu orientieren will. Dies war Anlass für eine Gruppe von bekannten russischen Wissenschaftlern und Publizisten, sich an die 2005 von Putin ins Leben gerufene «Gesellschaftskammer der Russischen Föderation» zu wenden, ist diese doch gemäß ihrer Bestimmung für die Diskussion gesellschaftspolitisch relevanter Fragen zuständig und «offizieller» Ansprechpartner im Dialog Gesellschaft – Staat. Der Vorwurf der Wissenschaftler war, dass die Urteile unbegründet seien und «den normalen Gegebenheiten wissenschaftlicher Arbeit und einfach dem gesunden Menschenverstand widersprechen.»[61] Die Gesellschaftskammer machte sich diese Kritik zu Eigen: «Die Rechtspraxis, die häufig die Besonderheiten wissenschaftlicher Arbeit unter den Bedingungen des gegenwärtigen demokratischen Russland nicht berücksichtigt, kann die russische Grundlagenforschung sowie die angewandte Forschung nachteilig beeinflussen. Die Einschränkung beruflicher Kontakte russischer Gelehrter mit ihren ausländischen Kollegen, soweit sie nicht durch im Gesetz festgelegte Interessen der nationalen Sicherheit notwendig gemacht werden, die Kultivierung von Misstrauen und das Schüren von Verdächtigungen unter Gelehrten kann zu negativen Folgen für die Entwicklung der Spitzenforschung führen, sich nachteilig auf die Atmosphäre wissenschaftlichen Schaffens und das geistige Klima in wissenschaftlichen Teams auswirken.»[62] Deutlicher könnte man nicht sagen, dass die Spionomanie eine Abschottung der Wissenschaft wie zu Zeiten des Kalten Krieges zur Folge haben kann.

Allem gesellschaftlichen Engagement zum Trotz hat Putin sich geweigert, den von einer Vielzahl bekannter Intellektueller unterstützten Gnadengesuchen für Danilow und Sutjagin zuzustimmen. Da sie ihre Schuld nicht eingestanden hätten, verdienten sie keine Gnade.[63]

Der wegen Kriegsverbrechen in Tschetschenien
angeklagte russische Offizier Juri Budanow vor Gericht.
(Foto: Wladimir Ladny/Reuters/Corbis)

4. Juri Budanow – der lange Weg zur Verurteilung eines Kriegsverbrechens in Tschetschenien

Am 25. Juli 2003 wurde der ehemalige Oberst der russischen Armee Juri Budanow zu zehn Jahren Haft in einer Arbeitskolonie mit strengen Haftbedingungen verurteilt. Budanow wurde vorgeworfen, die siebzehnjährige Tschetschenin Elsa Kungajewa entführt und ermordet zu haben. So überrascht eine langjährige Haftstrafe eigentlich nicht. Das russische Strafgesetzbuch von 1996 sieht für Mord eine Freiheitsstrafe von sechs bis zu fünfzehn Jahren, in besonderen Fällen lebenslangen Freiheitsentzug oder – theoretisch auch – die Todesstrafe vor. Und dennoch war die Verurteilung eine Sensation. Der Prozess war Spiegel eines von unterschiedlichen Regisseuren – wohl ungewollt – inszenierten Schauspiels, bei dem es nicht um einen Verbrecher und ein Opfer, sondern um das Gewissen der russischen Gesellschaft ging. Im Grunde spielte die Handlung nicht auf der Bühne des Gerichts, sondern hinter dem Vorhang. Dort wurden vehemente machtpolitische Kämpfe ausgefochten, stand doch einerseits das Ansehen der Justiz, andererseits das Ansehen der Armee auf dem Spiel. Der Fall Budanow war, wie die 2006 ermordete russische Journalistin Anna Politkowskaja meinte, ein Fall, der die Probleme Russlands offen legte: «…unser Leben im Dunstkreis von Putins zweitem Tschetschenien-Krieg, den Irrationalismus unserer Einstellung zu diesem Krieg und zur Putin-Herrschaft, unsere Vorstellungen davon, wer Recht hat im Nordkaukasus und wer nicht, vor allem aber die gravierenden Veränderungen, die sich unter Putin und vor dem Hintergrund des Tschetschenien-Krieges in unserem Rechtswesen vollzogen.»[64] Die einen hielten Budanow für einen Helden, die anderen für einen Verbrecher; der Fall spaltete die russische Gesellschaft.[65]

Juri Budanow hatte im zweiten Tschetschenienkrieg als Oberst der Panzertruppen ein Eliteregiment der Streitkräfte zu befehligen. Während der Stationierung seiner Einheit in der Nähe des Dorfes Tangi befahl er seinen Soldaten, die Tschetschenin Elsa Kungajewa aus ihrem Elternhaus zu entführen und in seinen Wohncontainer zu bringen. Nach der Anklageschrift verhörte er das Mädchen, schlug und misshandelte es und erwürgte es schließlich mit seinen bloßen Händen. Die in einem Waldstück vergrabene Leiche war nur mit einem Slip bekleidet; Jacke und Büstenhalter waren zerrissen. Der naheliegende Verdacht einer Vergewaltigung war von zwei gerichtsmedizinischen Gutachten bestätigt worden, galt mangels histologischer Proben aber nicht als beweisbar und war so nicht Gegenstand des Prozesses.[66]

Exzesse des Militärs, Folterungen, Ermordungen friedlicher Zivilisten und Vergewaltigungen sind keine außergewöhnlichen Begleiterscheinungen von Kriegen. In Bezug auf den Tschetschenien-Krieg hatte sich der Europäische Menschenrechtsgerichtshof in Straßburg bereits mit mehreren spektakulären Fällen, in denen tschetschenische Bürger wegen der Verletzung des Rechts auf Leben oder des Folterverbots Beschwerden eingelegt hatten, zu befassen und Russland wegen Menschenrechtsverletzungen zu

Eine Demonstration rechtsextremer Kräfte zur Unterstützung des wegen Mordes angeklagten russischen Offiziers Juri Budanow. (Foto: Yuri Kochetkov/ picture alliance/dpa)

hohen Strafzahlungen verurteilt.[67] Die Besonderheit des Prozesses gegen den russischen Oberst Budanow war, dass er vor russischen Gerichten geführt wurde. In aller Regel weigern sich die Kommandeure, die notwendige Genehmigung für die strafrechtliche Verfolgung ihrer Soldaten wegen Kriegsverbrechen zu geben. Oder die russischen Ermittler werden nicht tätig, stellen die Untersuchung der Fälle vorzeitig ein. Und die Beschwerden der Bürger vor den russischen Gerichten werden nicht gehört.[68] Im Fall Budanow aber war es kein ausländischer Deus ex Machina, der für Gerechtigkeit sorgte. Es war der russische General Gerassimow, der Budanow verhaften ließ, es war die russische Militärstaatsanwaltschaft, die ihn anklagte, es war der russische Militärrichter Wladimir Bukrejew, der am Ende Recht sprach. Und es war die russische Öffentlichkeit, die dem Prozess beiwohnte und daraus ein Politikum machte. Denn russische Offiziere, Träger von Tap-

153

ferkeitsorden, verurteilt man nicht. «Russland wird abgeurteilt!» oder «Freiheit für den Helden Russlands» lauteten die Aufschriften auf den Plakaten, mit denen Demonstranten ihre Unterstützung für Budanow bekundeten.[69]

Deshalb zog sich der Prozess über Jahre hin und wurde mit allen Mitteln versucht, die unbestreitbaren Fakten – die Verbringung des tschetschenischen Mädchens mitten in der Nacht in Budanows Wohncontainer, die Verscharrung der Leiche kurze Zeit später – in einem für Budanow günstigen Licht darzustellen. Budanow selbst änderte seine Angaben zu dem Fall bei den verschiedenen Verhören. Bei der ersten Befragung gab er nur an, er habe eine Verwandte von tschetschenischen Rebellen getötet. Dann stellte er Elsa Kungajewa als Tochter einer Heckenschützin dar, die ihrer Mutter wichtige Informationen über das russische Militär gegeben habe. Schließlich mutierte das Mädchen selbst zu der gesuchten Heckenschützin. Die Tötungshandlung erklärte Budanow als Folge eines Kampfes; er habe sich von dem Mädchen bedroht und provoziert gefühlt. Aus der ersten Version «Mord an einem tschetschenischen Mädchen» wurde so die zweite Version von einer «Anti-Terror-Operation», einer angesichts des Verlusts von Freunden verständlichen Selbstjustiz gegen Heckenschützen.

Im ersten Prozess in Rostow am Don, der vom Sommer 2001 bis Oktober 2002 dauerte, wurde Budanow freigesprochen. Die wesentlichen von der Nebenklage benannten Zeugen waren mit der Begründung, sie hätten «nichts Neues zu sagen», nicht gehört worden. Ausschlaggebend waren zudem ein drittes und ein viertes Sachverständigengutachten. Nachdem die ersten beiden Gutachten Budanow zur Tatzeit als zurechnungsfähig erklärt hatten, bescheinigten die beiden späteren beim Serbski-Institut in Moskau in Auftrag gegebenen Gutachten das Gegenteil.

Aber es blieb nicht bei dem Freispruch. Anfang März 2003 hob das Militärkollegium des Obersten Gerichts das Urteil auf, räumte Verstöße gegen die Prozessordnung ein und ordnete eine erneute Verhandlung an, wiederum vor dem Militärgericht in Rostow am Don, nunmehr allerdings unter dem Vorsitz des Richters Bukrejew. Als dann die von der Nebenklage benannten Zeugen zur Vernehmung geladen wurden, wurde klar: Budanow hatte keinen Auftrag und kein Recht zu irgendwelchen wie auch immer gearteten «Anti-Terror-Operationen» gegen die örtliche Bevölkerung; die Version von der gezielten Racheaktion gegen eine Heckenschützin und von der Unzurechnungsfähigkeit zur Tatzeit war nicht haltbar. Das Urteil war hart: zehn Jahre Arbeitskolonie mit strengen Haftbedingungen, Aberkennung aller Auszeichnungen und Dienstränge.

Doch damit war die Geschichte noch immer nicht zu Ende. Budanow hatte zwar die Frist zur Einlegung einer Kassationsbeschwerde gegen das Urteil ungenutzt verstreichen lassen, dann aber mit der Begründung, er habe sich nach der Verkündung des Urteils in einem Zustand der Depression befunden, um Fristverlängerung gebeten. Die Fristverlängerung wurde gewährt, das Urteil aber nicht aufgehoben.[70] Knapp ein Jahre nach seiner Verurteilung, im Mai 2004, reichte Budanow dann ein erstes Gnadengesuch ein, zog es allerdings zwei Tage später wieder zurück, angeblich, da seine Staatsangehörigkeit ungeklärt sei. Nachdem er 1982 aus der Ukraine zu den sowjetischen Streitkräften eingezogen worden war und er sich zum Zeitpunkt des Endes der Sowjetunion in Weißrussland aufgehalten hatte, sei ihm die weißrussische Staatsangehörigkeit angetragen worden, die er aber abgelehnt habe, ohne eine endgültige Klärung seines Status herbeizuführen. Der russische Verteidigungsminister Sergei Iwanow bestätigte nach diesen in die Öffentlichkeit getragenen Zweifeln aber höchstpersönlich, dass Budanow Russe sei. Da die Begründung, nach einem dreijährigen Strafverfahren sei noch nicht einmal der personenrechtliche Status von Budanow bekannt, wenig glaubwürdig klang, wurde spekuliert, das Begnadigungsgesuch sei Präsident Putin unmittelbar vor den Präsidentschaftswahlen in Tschetschenien im Sommer 2004 ungelegen gekommen. Ein zweites Begnadigungsgesuch, das unmittelbar nach dem Geiseldrama von Beslan – und damit in einer stark anti-tschetschenischen Stimmung in der russischen Bevölkerung – eingereicht wurde, ist angeblich von der regionalen Begnadigungskommission von Uljanowsk im September 2004 positiv beschieden und dem Präsidenten vorgelegt worden. Diese in den Medien verbreitete Nachricht bezeichnete der

Kreml aber als falsch; ein entsprechendes Gesuch habe es nicht gegeben.[71] Später hieß es, Budanow selbst habe sein Begnadigungsgesuch abermals zurückgezogen.[72] Sicherlich war Putin nicht daran gelegen, in dieser Sache zu entscheiden, hätte er sich doch mit einem «Ja» ebenso wie mit einem «Nein» zu einer Begnadigung heftiger Kritik der jeweils Andersdenkenden ausgesetzt. Nach September 2004 wurde es zunächst still um Budanow. Erst im Frühjahr 2006 wurde verlautbart, dass nach Ablauf von zwei Dritteln der Haftstrafe eine vorzeitige Entlassung auf Bewährung möglich sei. Der damalige Regierungsbevollmächtigte Tschetscheniens, Ramsan Kadyrow, widersprach dem Ansinnen kategorisch; eine derartige Entscheidung spreche nicht nur der Gerichtsbarkeit, sondern auch der Zivilgesellschaft Hohn.[73] Am 20. Februar 2007 entschied das Gericht, Budanow nicht vorzeitig zu entlassen, ihn aber in eine Strafkolonie zu verlegen und damit einem weniger harten Strafregime zu unterstellen.

Der Militärrichter Bukrejew aber, der Budanow verurteilt hatte, wurde mittlerweile selbst wegen Korruption angeklagt. Ihm wird vorgeworfen, Bestechungsgelder in Höhe von 40 000 US-Dollar angenommen zu haben. Er war der erste hochgestellte Richter, der noch während des Strafverfolgungsverfahrens verhaftet wurde. Es überrascht nicht, dass die Presse kolportiert, es handele sich um einen Racheakt für das harte Urteil gegen den ehemaligen Offizier.[74]

Der Prozess gegen Juri Budanow, den «bekanntesten Kriegsverbrecher in Tschetschenien», ist ein Prozess, den die russische Gesellschaft gegen sich selbst geführt hat. Deshalb war er so schmerzhaft. Deshalb konnte kein Urteil als «gerecht» empfunden werden. Deshalb wird die Auseinandersetzung um Budanow weitergehen, auch wenn der ehemalige russische Offizier Juri Budanow, Jahrgang 1963, als Person längst vergessen sein wird.

5. *Vorsicht Religion* – die Justiz und die zeitgenössische Kunst

Am 14. Januar 2003 wurde in einem Saal des Andrei-Sacharow-Museums und -Gesellschaftszentrums in Moskau die Ausstellung *Vorsicht, Religion!* eröffnet. Gezeigt wurden Exponate von 39 Künstlern aus Russland und dem Ausland, etwa eine Darstellung Christi mit der Aufschrift «Coca-Cola. This is my blood», Fotografien von Fischteilen mit der Aufschrift «Last Supper» oder das Bild eines Schafes, auf dem englische Schriftzüge «Hail, Dolly, Lamb of God», «Silence of the Lambs» und «No to the Cloning of Jesus Christ» figurierten und das den Titel «Hello Dolly» trug. Die Botschaft der Ausstellung war wenig verschlüsselt. Religiöse Symbole sollten – aus dem Kontext gerissen – dazu anregen, über die Rolle der Religion in der modernen Gesellschaft mit ihrem Konsumstreben, ihren Entgrenzungen und ihrer Absolutheit nachzudenken. Auch Verbindungen von Macht, Gewalt und Religion sollten suggestiv vorgeführt werden. Ein Triptychon hieß «Am Anfang war das Wort» und zeigte die Silhouetten dreier Personen, die vor Texten aus der Bibel, dem «Kommunistischen Manifest» und «Mein Kampf» gekreuzigt sind. Hinrichtungswerkzeuge sind Kreuz, fünfzackiger Stern und Hakenkreuz. Die Kritik richtete sich, wie deutlich erkennbar war, gegen die Religion an sich, nicht nur und nicht in erster Linie gegen die Orthodoxie, auch wenn einzelne Exponate Anspielungen gerade auf die orthodoxe christliche Tradition enthielten. Dies galt etwa für Ikonen aus Pappe mit den Aufschriften «wodka», «kalaschnikow», «Russian art», «Lenin» und «1917».

Die Ausstellung war wenig erfolgreich, fand in der Presse, wenn überhaupt, so allenfalls ein kühles Echo und lockte auch nur eine Handvoll Besucher an.

Vier Tage nach der Vernissage wurde sie von einer Gruppe von orthodoxen Gläubigen zerstört. Sie sprayten Farbe, zerschnitten, beschmierten und zertrampelten fast die Hälfte der ausgestellten Arbeiten. Die Miliz nahm fünf Personen unter dem Vorwurf des «Rowdytums» (*chuliganstwo*) fest. Dieser Straftatbestand, der für alle möglichen Störungen der öffentlichen Ruhe und Ordnung einsetzbar ist, sieht als Strafmaß Pflichtarbeit, Besserungsarbeit, Arrest oder Freiheitsentzug bis zu zwei Jahren vor. Damit hätten die strafrechtlichen Folgen der Handlung eigentlich vorhersehbar sein müssen. Es kam aber alles anders als erwartet. Nicht die von der Miliz ursprünglich Festgenommenen wurden verurteilt, sondern die Organisatoren der Ausstellung, der Direktor des Sacharow-Zentrums Juri Samodurow und seine für das Ausstellungsprogramm verantwortliche Mitarbeiterin Ljudmila Wassilowskaja. Der strafrechtliche Vorwurf lautete «Erregung nationaler, rassischer oder religiöser Feindschaft» (Art. 282 des russischen Strafgesetzbuchs).

Die Opfer, die Künstler und Organisatoren, deren Eigentum zerstört worden war, wurden so zu Tätern gemacht. Dies entsprach der Sicht eines großen Teils der Öffentlichkeit. Eine Reihe bekannter russischer Kulturschaffender, darunter die Schriftsteller Walentin Rasputin und Wassili Below, hatten im Internet einen Appell veröffentlicht, der an Deutlichkeit nichts zu wünschen übrig ließ: «Heute wird der Gesellschaft unter dem Deckmantel der Duldsamkeit gegen das Andersdenken eine gewisse ‚Toleranz‘ aufgedrängt. Tatsächlich bedeutet das, dass radikale Lästerer und Satanisten im Zentrum Moskaus öffentlich und ungestraft orthodoxe Heiligtümer verhöhnen, und unser Volk besitzt faktisch keine Möglichkeit, seinen Glauben und seine Heiligtümer davor zu schützen, geschändet zu werden. Nichts dergleichen wäre vorstellbar in Bezug auf den Islam, den Buddhismus und überhaupt jedwede traditionelle Religion, ganz zu schweigen vom Judentum. Und das geschieht in Russland, wo sich statistisch etwa siebzig Prozent der Bevölkerung als orthodox betrachten.»[75]

Aufgrund des gegen die Organisatoren und Künstler gerichteten tatsächlichen oder vermeintlichen Volkszorns richtete die Staatsduma einen Appell an Generalstaatsanwalt Ustinow, «im Rahmen der staatsanwaltschaftlichen Aufsicht … die notwendigen Maßnahmen zu ergreifen und die zuständigen Beamten zu verpflichten, sofort zu prüfen, ob bei den Organisatoren der Ausstellung ‚Achtung, Religion!‘ der Straftatbestand der Erregung religiöser Feindschaft vorliegt.»[76] Die Staatsanwaltschaft reagierte und recherchierte nunmehr in zwei Verfahren, einmal wegen

«Rowdytum» gegen diejenigen, die die Kunstwerke zerstört hatten, und zum anderen wegen «Erregung religiösen Hasses» gegen die Künstler und Organisatoren. Beide Ermittlungsverfahren liefen zunächst parallel. Am 11. August 2003 wurde jedoch das erste Verfahren mit dem vagen Verweis darauf, dass es für einen Verdacht auf eine Straftat keine ausreichenden Hinweise gebe und im Übrigen auch gegen die Organisatoren der Ausstellung ein Strafverfahren eingeleitet worden sei, für rechtsmissbräuchlich erklärt.[77]

Der Prozess gegen die Organisatoren und die Künstlerin Anna Altschuk begann am 6. Januar 2004 und dauerte mit Unterbrechungen über ein Jahr. Mit den vorgelegten Sachverständigengutachten, die die Werke mehrfach mit Satanismus in Verbindung brachten, den Aussagen der Zeugen über ihre durch die Ausstellung beleidigten religiösen Gefühle und den Rechtfertigungen der Künstler mit Blick auf allgemeine Tendenzen der zeitgenössischen Kunst offenbarte der Prozess ein eigenwilliges Bild von der russischen Kultur des 21. Jahrhunderts: Radikaler Liberalismus und religiöser Fanatismus standen einander nicht nur unversöhnlich, sondern fassungslos gegenüber.[78] Die Staatsanwältinnen forderten drei Jahre Freiheitsentzug für den Direktor des Sacharow-Zentrums, Juri Samodurow, und zwei Jahre für Ljudmila Wassilowskaja und Anna Altschuk. Zudem beantragten sie, die Beweisstücke – die Ausstellungsgegenstände – zu vernichten. Die Verteidigung sprach von einer Strafverfolgung aus politischen Motiven und einem Weg «in den Abgrund totalitärer Zustände und der Diktatur.» Mit Urteil vom 28. März 2005 wurden die ersten beiden Angeklagten schuldig gesprochen und zu einer Geldstrafe von je 100 000 Rubeln verurteilt: «Samodurow und Wassilowskaja haben Handlungen begangen, die auf das Wecken von Feindschaft und auch die Herabsetzung der Würde einer Gruppe von Menschen hinsichtlich ihrer Nationalität und ihres Verhältnisses zur Religion gerichtet waren, und das öffentlich und unter Nutzung ihres Dienstverhältnisses.»[79] Die dritte Angeklagte wurde freigesprochen, es konnte nicht nachgewiesen werden, dass sie die Ausstellung mitorganisiert hatte.

Meinungsfreiheit muss Grenzen haben. Auch die *Europäische Menschenrechtskonvention* sieht im Gesetz verankerte Einschränkungen, die «in einer demokratischen Gesellschaft notwendig sind für die nationale Sicherheit, zur Aufrechterhaltung der Ordnung oder zur Verhütung von Straftaten, zum Schutz der Gesundheit oder der Moral, zum Schutz des guten Rufes oder der Rechte anderer, zur Verhinderung der Verbreitung vertraulicher Informationen oder zur Wahrung der Autorität und Unparteilichkeit der Rechtsprechung» vor. Schwierig ist aber festzustellen, welche Grenzziehungen in einer demokratischen Gesellschaft tatsächlich «notwendig» sind. In dem Verfahren *Vorsicht, Religion!* hatten zwei gesellschaftliche Gruppen sehr deutlich ihre Meinung geäußert: die Künstler, die mit Symbolen und Anspielungen ihre kritische Einstellung zur Religion an die Öffentlichkeit brachten, ebenso wie die religiösen Eiferer, die mit der Zerstörung der Werke ein deutliches Nein gegenüber dieser Form von Kunst artikulierten. Aufgabe der Justiz kann es nicht sein, Stellung zu beziehen und zwischen «guten» und «schlechten» Meinungen zu unterscheiden. Vielmehr muss sie den gesellschaftlichen Frieden sichern und diejenigen in die Schranken weisen, und sei es mit Hilfe des Strafrechts, die die Meinungsfreiheit missbrauchen. Ursache und Wirkung dürfen nicht vertauscht, Absichten nicht unterschoben werden. Die Organisatoren der Ausstellung wie auch die Künstler wollten sicher nur provozieren, nicht aber verletzen. Diejenigen, die Eigentum zerstörten, wollten dagegen nicht nur provozieren, sondern verletzen. Ein Gericht sollte in der Lage sein, hier in der gesellschaftlichen Auseinandersetzung eine klare Richtung zu weisen.

Ähnlich wie der Prozess gegen Budanow ist auch der Prozess anlässlich der Ausstellung *Vorsicht, Religion!* ein Spiegel der Widersprüchlichkeiten in der gegenwärtigen russischen Gesellschaft. Gestritten wird um Werte, um Traditionen, um Lebensmodelle und damit um das Selbstverständnis der Menschen, die im 21. Jahrhundert in Russland leben. Nicht zufällig war es gerade eine Abgeordnete der Kommunistischen Partei Russlands, Tatjana Astrachankina, die sich für die «Gefühle der Orthodoxen» einsetzte und als eine der ersten die Einleitung eines Strafverfahrens gegen die Künstler forderte. Und nicht zufällig kommentierte dies der am Institut für Philosophie der Akademie der Wissenschaften in Moskau arbeitende russische Intellektuelle Michail Ryklin mit den Worten: «Symptomatischerweise kommt die rührende Sorge um die Orthodoxie von einer Abgeordneten der KP, jener Partei, die während ihrer Alleinherrschaft mit Gewalt den militanten Atheismus durchsetzte, Kirchen zerstörte, Leute ins Gefängnis warf und Gläubige und Geistliche erschießen ließ. Und dafür bis heute keine Reue gezeigt hat.»[80] Die Trennlinie verläuft nicht zwischen «rechts» und «links», nicht zwischen Kommunisten und Nationalisten, sondern zwischen denjenigen, die gleichermaßen das russische wie das sowjetische Erbe bewahren und seinen Wert nicht anzweifeln wollen, und denjenigen, die «im Zorn zurückblicken» und Offenheit, Kritik und einen permanenten Neubeginn fordern. Hier wird kein Kompromiss möglich sein. So wie auch der Prozess in dem Verfahren «Vorsicht, Religion!» keinen Rechtsfrieden stiften konnte und das Urteil als zu mild oder zu hart, in jedem Fall aber als ungerecht empfunden wurde.

V. Auswege aus der gelenkten Demokratie

1. Putin und die europäischen Organisationen

Russland ist mit den europäischen Institutionen eng vertraglich verbunden. Ein Partnerschafts- und Kooperationsabkommen mit der Europäischen Union ist Ende 1997 in Kraft getreten. Seit Februar 1996 gehört Russland dem Europarat an. Wie alle anderen Mitglieder ist Russland zur Einhaltung der vom Europarat festgelegten rechtsstaatlichen und demokratischen Normen verpflichtet. Das Partnerschafts- und Kooperationsabkommen enthält ähnliche Auflagen. Moskau muss also seit seiner Anbindung an die europäischen Organisationen im Falle des Verstoßes gegen die vertraglichen Pflichten mit Sanktionen oder Kritik aus Brüssel oder Straßburg rechnen. Zur politischen Konditionalität des Partnerschaftsabkommens gehört auch die Bestimmung, dass bei Verletzung wesentlicher Vertragselemente wie der demokratischen Grundsätze und der Einhaltung der Menschenrechte das Abkommen ausgesetzt werden kann.

Michail Gorbatschow und Boris Jelzin zeigten sich bemüht, bei den europäischen Organisationen für eine enge Kooperation mit der UdSSR bzw. mit Russland zu werben. Gorbatschow schwärmte vom «gemeinsamen europäischen Haus», Jelzin wollte Russland «nach Europa zurückbringen» und überhaupt in die «zivilisierte Staatenwelt» integrieren.[1] Die Aufnahme in den Europarat und der Abschluss eines Abkommens mit der EU verzögerten sich jedoch geraume Zeit. Dabei spielten die von russischen Truppen begangenen massiven Menschenrechtsverletzungen im ersten Kaukasuskrieg die entscheidende Rolle. Sie führten dazu, dass die EU den Prozess der Ratifizierung des Abkommens zeitweilig einfror und die Parlamentarische Versammlung des Europarats den Beitrittsantrag Russlands nicht behandelte. Letztlich siegte in beiden Gremien vor allem dank der deutschen Fürsprache die Vorstellung, dass es besser sei, Russland zu integrieren als zu isolieren.[2]

Trotz aller Schwierigkeiten war das wechselseitige Verhältnis von Russland und Europa in der Ära Jelzin auch russischerseits von der grundsätzlich festgelegten Akzeptanz der universellen Werte und von dem Ziel einer möglichst engen Integration in die europäischen Strukturen getragen. Von Moskau wurde wiederholt der Wunsch nach einer vollen Mitgliedschaft Russlands in der EU ausgesprochen. Dies war auch als Kompensation für die NATO-Osterweiterung gedacht, gegen die sich Moskau vergeblich aufgelehnt hatte.[3] Nach den Moskauer Protesten gegen die NATO-Invasion in Jugoslawien fühlte sich die EU im Obligo, Russland – wie der deutsche Außenminister Fischer sagte – «wieder ins Boot zu holen». In diesem Sinne offerierte Brüssel Russland im Juni 1999 ein neues Dokument zur weiteren Zusammenarbeit, eine so genannte *Gemeinsame Strategie der EU*. Darin wurde die Erwartung an Moskau erneuert, gemeinsame demokratische Werte zu verfolgen.[4]

In der russischen Antwort darauf, die den sperrigen Titel *Mittelfristige Strategie für die Entwicklungen der Beziehungen zwischen der Russischen Föderation und der Europäischen Union im Zeitraum von 2000 bis 2010* trägt, finden demokratische Werte indessen keine Erwähnung. Vielmehr wird der Großmacht- und Weltmachtstatus eines Landes hervorgekehrt, das sich auf zwei Kontinente erstreckt. Russland müsse seine «Unabhängigkeit» und seine «Aktivitäten in internationalen Organisationen» selbst bestimmen, heißt es dort. Das auf Selbstüberhöhung und sogar Selbstisolierung ausgerichtete Denken, das in dem Dokument zum Ausdruck kommt, kennzeichnet bereits die Anfänge der Putinschen Außenpolitik.

Viel Pathos, begrenzte Kooperation

Während der Präsidentschaft Putins wurde das Verhältnis zu den europäischen Organisationen aufwendig inszeniert. Die vom Partnerschaftsabkommen festgelegten regelmäßigen Treffen der EU-Troika und der Kremlführung zeichneten sich stets durch glanzvolle Kulissen und gegenseitige Lobpreisungen aus. Es unterblieben jedoch substantielle Fortschritte der Kooperation. Auf beiden Seiten rückten zunehmend Handelsinteressen in den Vordergrund. Charakteristisch dafür war, dass im Oktober 2000 der «Energiedialog» zwischen Russland und der EU geboren wurde. Darin äußerte sich das beiderseitige starke Interesse, mittels russischer Erdgas-, Erdöl- und Stromlieferungen zu einem wechselseitig lukrativen Geschäft zu kommen.

Wiederkehrenden Anlass zur Sorge bereitete der EU der Krieg Moskaus gegen die aufmüpfige Provinz Tschetschenien, der im Sommer 1999 ein weiteres Mal entbrannt war. Brüssel protestierte wiederholt – wenn auch verhalten – gegen die militante Kaukasuspolitik des Kreml. Die Parlamentarische Versammlung des Straßburger Europarates verhielt sich weniger zurückhaltend als die EU und entzog im April 2000 der russischen Delegation vorübergehend das Stimmrecht. Das Ministerkomitee des Europarates folgte jedoch der Brüsseler Beschwichtigungsstrategie und ignorierte seinerseits die wiederholten Aufforderungen der Parlamentarischen Versammlung, ein Ausschlussverfahren gegen Russland einzuleiten. Aber auch die Versammlung besann sich Anfang 2001 wieder auf die Linie, Russland eher zu integrieren als zu isolieren. Der russischen Delegation wurden wieder alle Rechte eingeräumt.[5] Im Wesentlichen blieb es bei der Rollenteilung, dass die EU russische Vertragsverletzungen eher tolerierte als der Europarat, der seiner angestammten Aufgabe als Wahrer und Mahner von Rechtsstaat und Demokratie stärker gerecht wurde.

Eine generell kritische Linie der EU gegenüber Russland wurde immer wieder von Putins «Freunden» in Westeuropa durchkreuzt. Dazu gehörten Deutschland, Frankreich und Italien. Nach dem Regierungswechsel in Madrid kam 2005 auch Spanien hinzu. Die besonders wohlwollende Haltung Deutschlands und Frankreichs gegenüber Moskau erwuchs vorwiegend aus der gemeinsamen Ablehnung der bewaffneten Intervention der USA im Irak. Der italienische Ministerpräsident Silvio Berlusconi wollte Russland hingegen umgekehrt in das Lager der «Kriegswilligen» locken. Deshalb stand er nicht an, Putin generös von den Vorwürfen einer Unterdrückung der Pressefreiheit und von politischen Implikati-

Wladimir Putin mit seinen westeuropäischen politischen Freunden, dem deutschen Bundeskanzler Gerhard Schröder und dem französischen Präsidenten Jacques Chirac bei einem Dreiertreffen in Sotschi am 31. August 2004. (Foto: Wladimir Rodionow/ITAR-TASS/Corbis)

onen der Jukos-Affäre freizusprechen.[6] Die EU-Kommission und das Europäische Parlament rügten Berlusconi dafür, konnten aber nicht verhindern, dass ihre nachträgliche und stark verwässerte Kritik in Moskau kaum Eindruck hinterließ.

Der deutsche Bundeskanzler Gerhard Schröder legte eine besonders wohlwollende Haltung gegenüber Präsident Putin und dessen gelenkter Demokratie an den Tag. Nach Putins momentanem Westkurs nach den Terroranschlägen vom 11. September sah er sich sogar veranlasst, das Tschetschenienproblem nicht mehr nur kritisch, sondern etwas «differenzierter» zu betrachten.[7] Der Kanzler kam Putin auch sonst entgegen. Mal äußerte er Verständnis für Putins Anschuldigungen gegenüber dem Ölmagnaten Chodorkowski, mal lobte er den russischen Präsidenten als «lupenreinen Demokraten», mal fungierte er als Klagemauer für massive Beschwerden der Kremlführung gegen die Brüsseler Eurobürokraten.[8]

Im Vorfeld der Osterweiterung der EU bereiteten Putins westeuropäische «Freunde» Moskau behutsam auf die veränderte Konstellation vor. Dessen ungeachtet kam es zu einer krisenhaften Zuspitzung im Verhältnis von EU und Russland. Denn Moskau forderte im Stil sowjetischer Denkschablonen für die Anerkennung der Erweiterung plötzlich Kompensationen. Auch wenn in letzter Minute ein Eklat verhindert und eine Einigung über die von Moskau aufgestellten Forderungen erzielt werden konnte, zeigte der Konflikt doch, dass sich die Beziehungen der erweiterten EU mit Russland noch schwieriger als zuvor gestalten würden. Denn die neuen EU-Mitglieder waren weitaus stärker als das «Alte Europa» daran interessiert, ihrer früheren östlichen Hegemonialmacht entschlossen und kompromisslos entgegenzutreten. Diese Haltung wurde besonders im Krisenmanagement gegenüber der Ukraine im Spätherbst 2004 deutlich, als vor allem Polen und Litauen die Brüsseler EU zu einer geschlossenen Haltung gegenüber Moskau drängten. Im Ergebnis sah sich die russische Führung dazu veranlasst, einzulenken und die Resultate der «Revolution in Orange» anzuerkennen.[9]

Nach der Krise über die ukrainischen Ereignisse setzten sich die zwischen Brüssel und Moskau eingeübten Festlichkeitsrituale und die beiderseitige Tendenz, magere Verhandlungsresultate schön zu reden, wieder fort. Dies wurde auf dem EU-Russland-Gipfel in Moskau am 10. Mai 2005 im Kontext der Siegesfeiern zum 60. Jahrestag der Beendigung des Zweiten Weltkrieges besonders deutlich. Das bei dieser Gelegenheit verabschiedete neue Dokument zur Strategischen Partnerschaft stellte wieder nur einen Papiertiger dar. Dass man darin auf den modischen Begriff der Roadmaps rekurrierte, um die alte Agenda der Zusammenarbeit einfach neu aufzulegen, machte die Sache nicht besser. Die Beziehungen zwischen Brüssel und Moskau kühlten weiter ab. Zum Jahresende 2005 kamen russische Europaexperten zu dem Schluss, dass Moskau und Brüssel nicht verstünden, was sie eigentlich voneinander wollten. Man sei sich gegenseitig überdrüssig geworden.[10] Deutsche Russlandexperten klagten ihrerseits, dass das Ziel der Demokratisierung und die Errichtung einer freien und fairen Marktwirtschaft als die ursprünglich von beiden Seiten verfolgte Vision abhanden gekommen sei.[11]

Die gegenseitige Entfremdung zwischen Russland und den  europäischen Institutionen wurde am stärksten an den prekären Beziehungen zwischen Moskau und dem Straßburger Europarat sichtbar. Dieser ließ nicht davon ab, an den notorischen Verstößen Russlands gegen die Verpflichtungen eines Europaratsmitglieds Kritik zu üben. So nahm er wiederholt die fortgesetzten Menschenrechtsverletzungen in Tschetschenien oder die nicht erfolgte Abschaffung der Todesstrafe ins Visier. Als am 22. Juni 2005 der traditionelle «Russland-Tag» in der Parlamentarischen Versammlung des Europarates über die Bühne ging, lag ein 144 Seiten starker Bericht über den prekären Umgang Russlands mit den vom Europarat auferlegten Verpflichtungen vor. Das Dokument enthielt über 400 kritische Einlassungen. Die anwesenden russischen Spitzenpolitiker aus Duma und Föderationsrat waren in der Defensive. Sie erbaten sich mehr Entgegenkommen und Verständnis. Außerdem machten sie geltend, dass man Russland doch nicht gerade am 22. Juni, dem Tag der deutschen Invasion im Jahre 1941, mit Kritik überhäufen solle. Die Parlamentarische Versammlung blieb ungerührt und verabschiedete die lange Liste von Mahnungen und Geboten, darunter den Appell zum Abzug der russischen Truppen aus der Transnistrischen Moldauischen Republik.[12]

Auch wenn es sich bei der Philippika des Europarats um die Stimme des schwächsten Glieds der europäischen Organisationen handelte, löste sie doch in Moskau gereizte Reaktionen aus. So erklärte der Vorsitzende der Stiftung der kremlnahen Partei «Einiges Russland», Wjatscheslaw Nikonow, dass Russland es nicht nötig habe, immer wieder mit der Kritik des Europarates konfrontiert zu werden.[13] Letztlich sei die Mitgliedschaft in dieser Organisation überflüssig. Nikonows Äußerungen waren nur eine der Stimmen im wachsenden Chor derer, die nicht einsehen wollten, warum sich das große Russland überhaupt irgendwelcher Kritik aus dem Ausland aussetzen sollte. Diese Reaktionen machen ebenso wie das merklich gesunkene Interesse der politischen Führung Moskaus an multilateralen Übereinkünften mit der Brüsseler EU deutlich, dass das Europäische Projekt, so wie es von Gorbatschow und Jelzin angelegt worden war, in der politischen Klasse Russlands immer weniger Befürworter hatte. Umso mehr zeigte sich Moskau am Ausbau bilateraler Beziehungen mit den großen westeuropäischen Staaten interessiert.

Seit der EU-Osterweiterung traten im Verhältnis zwischen der EU und Moskau Rivalitäten im Hinblick auf das neue «Zwischeneuropa» und die von der EU eingeschlagene Europäische Nachbarschaftspolitik auf. Moskau nahm die Europäische Union zunehmend als Rivalin im eigenen Hinterhof, ob in der Ukraine, in der Moldau, im Kaukasus oder in Zentralasien, wahr. Vor diesem Hintergrund erklärt es sich, dass auf der russischen Seite die Verfassungskrise der EU mit Erleichterung, wenn nicht gar mit Genugtuung registriert wird, tut dies doch aus Moskauer Sicht der Autorität des geopolitischen Konkurrenten wie überhaupt des «normativen Imperiums» – wie man in Moskau den Hoheitsbereich der europäischen Organisationen gerne nennt – deutlich Abbruch.

Ganz oben auf der Agenda im Verhältnis von EU und Russland blieben jedoch die gegenseitigen Handelsinteressen im Energiebereich. Darüber hinaus versuchte die europäische Seite gleichzeitig, die «gemeinsamen europäischen Werte» zu beschwören. So brachte EU-Kommissions-Präsident Barroso im März 2006 gegenüber Putin zur Sprache, dass die EU von Russland einen vollständigen Übergang zur Demokratie erwarte und sicher sein möchte, dass die russische Transformation «nicht in eine Art Halb-Demokratie» führe.[14]

Neben den seitens der EU verfolgten Bemühungen, im Dialog mit Russland auch immer wieder die Gretchenfrage der demokratischen Standards zu stellen, versucht der Straßburger Europarat unablässig und in einer Art Katz-und-Maus-Spiel Demokratie und Rechtsstaat gegenüber Russland zur Geltung zu bringen. So wurde das problematische russische Gesetz zu den Nichtregierungsorganisationen von Straßburg im Februar 2006 geprüft und mit Empfehlungen zur Überarbeitung nach Moskau zurückgereicht. Die russische Seite sagte entsprechende Nachbesserungen zu.[15] Daraufhin stand Terry Davis, der Generalsekretär des Europarates nicht an, die bevorstehende Übernahme der Präsidentschaft des Europarates durch Russland ausdrücklich zu begrüßen.[16]

Unterdessen führte der von Mai bis November 2006 absolvierte russische Vorsitz im Europarat nur zu einer «traurigen Bilanz». Das Urteil stützt sich auf die Erkenntnis, dass «bei allen vordergründigen Zusicherungen aller rechtlichen und politischen Verpflichtungen auf Basis der gemeinsamen europäischen Werte wie Demokratie, Rechtsstaatlichkeit und Menschenrechtsschutz» die russische Führung in Wirklichkeit all diese gemeinsamen Ziele hintertreibe, blockiere, verzögere und verschiebe.[17]

«Strategische Partnerschaft» – ein virtuelles Projekt

Bilanziert man die Entwicklungen im Verhältnis Russland – EU während der Präsidentschaft Putins, so bietet sich die offiziell «strategische Partnerschaft» genannte Beziehung eher als ein virtuelles denn als ein reales Projekt an. Das gültige Partnerschafts- und Kooperationsabkommen läuft Ende 2007 aus. Die für den Spätherbst 2006 angesetzte Aufnahme von Verhandlungen zur Ausarbeitung eines neuen Vertrags kam erst gar nicht zustande. Denn das neue EU-Mitglied Polen blockierte auf dem Russland-EU-Gipfel in Helsinki Ende November 2006 den Verhandlungsbeginn. Warschau machte die Aufhebung des Boykotts polnischer Exporte von Fleisch und Wurstwaren nach Russland und die sofortige Ratifizierung der internationalen Energiecharta durch Moskau zur Bedingung der Verhandlungsaufnahme.[18] Eine persönliche Einladung an Präsident Putin zu dem internen EU-Gipfel im finnischen Lahti, die als Eisbrecher im Verhältnis zwischen Brüssel und Moskau gedacht war, schlug ebenfalls fehl. Auffällig war, dass Putin bei dieser Gelegenheit ein ambivalentes Bekenntnis zu Europa abgab. Während er einerseits betonte, Russland sei offen «für eine gleichberechtigte strategische Kooperation, die sich auf gemeinsame Ziele und Werte gründet», warnte er andererseits davor, gerade im Hinblick auf die Werte doch nicht «die historische Unterschiedlichkeit der europäischen Zivilisationen» zu übersehen. Deswegen sei es «zwecklos und falsch, einander künstliche ‚Standards' aufzuzwingen».[19]

Putins Verweis auf die «Unterschiedlichkeit der europäischen Zivilisationen» ist in engem Zusammenhang mit dem in Russland wieder in Mode gekommenen Bedürfnis zu sehen, auf die «Einzigartigkeit» (*samobytnost*) des Landes und auf seinen historisch und kulturell vorherbestimmten Sonderweg zu pochen. Noch deutlicher als Putin äußerte sich der russische Generalstabschef Juri Balujewski. Er wandte sich in einem Zeitungsinterview am 30. Januar 2007 kategorisch dagegen, dass man versuche, Russland die europäische Zivilisation, wie er sagte, aufzuzwingen. Denn Russland müsse Russland bleiben: «Russland ist nicht Europa, nicht Asien und auch nicht Eurasien, es ist Russland.» Die Betonung der nationalen Werte und die Abschottung des eigenen Weges liegen auch dem von Wladislaw Surkow vorgetragenen Konzept der «souveränen Demokratie» zugrunde, wovon bereits die Rede war.[20] Zu dem gestärkten nationalen Selbstbewusstsein gehört, dass sich Moskau Lektionen in Sachen Demokratie aus dem Ausland verbittet. Der Unterschied zu den Anfängen der russischen Europapolitik unter Jelzin könnte größer nicht sein. Damals hatte Außenminister Andrei Kosyrew seine Landsleute aufgefordert, «von dem fortgeschrittenen Klub zu lernen, auf zivilisierte Weise zu leben», und er gab sich überzeugt, dass «die junge russische Demokratie nicht ohne Europa mit seiner gewaltigen demokratischen Erfahrung erblühen» könne.[21]

Heute versteht man in Moskau nicht, warum ein Staat vom Rang einer «Energiesupermacht», die sich vom Schuldner in einen internationalen Kreditgeber verwandelt hat, in der Welt und in Europa zumal so wenig Anerkennung findet. Die Defizite werden mentalen Relikten des Kalten Krieges, offenkundigem Neid und damit neuer Angst vor einem erstarkten Russland zugeschrieben.[22] Die wechselseitige Abkühlung im Verhältnis der europäischen Organisationen und Russlands wird von offizieller Seite als das Ergebnis einer in Westeuropa verfehlten Wahrnehmung von Russland eingeschätzt, die man sich wiederum aus den eigenen Versäumnissen bei der Herstellung eines positiven Russlandbildes erklärt.[23] Selbst das kritische westliche Presseecho auf die

Ermordung der Journalistin Anna Politkowskaja und des ehemaligen Geheimdienstlers Litwinenko führt man auf eingefahrene negative Stereotype von Russland zurück und zeigt sich empört über das hohe Ausmaß an ungerechtfertigter «Hysterie» in den westlichen Medien. Demgegenüber wird ganz übersehen, dass die Abkehr von der Demokratie und überflüssige Muskelspiele in der Außenpolitik wie das Abdrehen der Gashähne für die Nachbarstaaten oder die übertriebene Sanktionspolitik gegenüber dem kleinen Georgien die eigentlichen Ursachen des getrübten Russlandbildes sind. Für die Fixierung des Systems Putin auf die Rolle von Propaganda, politische Technologien und Public Relations-Agenturen ist es allerdings bezeichnend, dass man in Moskau meint, die negativen Bilder von Russland seien nur das Ergebnis der mangelhaften positiven Selbstdarstellung und würden verblassen, sobald sich die Werbung in eigener Sache entscheidend verbessere.

Der Trend in den Beziehungen zwischen den europäischen Organisationen und Russland zeigt gegenwärtig stärker in Richtung Abgrenzung als Annäherung, wie nicht zuletzt die Verwendung der Rhetorik des Kalten Krieges im Streit um die Stationierung einer Raketenabwehrstellung in Tschechien und Polen und um die Verlegung eines sowjetischen Kriegerdenkmals in Estland gezeigt hat. Die EU kann sich so lange keine klare und erfolgreiche Russlandpolitik leisten, wie einzelne Mitgliedsstaaten aus der gemeinsamen Linie ausscheren, sei es Berlin, Paris, Warschau oder Tallinn. Da es bislang keinen Zwang zu einer gemeinsamen Außen- und Sicherheitspolitik gibt, fehlt es der EU an Sanktionen gegenüber ihren eigenen Mitgliedern. Umso weniger sind entschlossenes Auftreten und konstruktive Kritik gegenüber Russland auf der Agenda. Vielmehr hält in Brüssel wie in Straßburg die schon seit einigen Jahren beobachtete «Russlandmüdigkeit» weiterhin an. Spiegelbildlich dazu wachsen in Moskau Enttäuschung und Entfremdung von Europa.

2. Der Europäische Gerichtshof für Menschenrechte –
mehr als ein Gericht

Frucht der Kooperation in den neunziger Jahren ist, dass nicht mehr nur auf politischer und diplomatischer, sondern auch auf juristischer Ebene Druck auf Russland ausgeübt werden kann. Dies ist ein echtes Novum. Es sind dabei die russischen Bürger, die den Hebel in der Hand haben.

800 Millionen Menschen in Europa können sich an den Europäischen Gerichtshof für Menschenrechte in Straßburg wenden.[24] Er ist zuständig für die Erniedrigten und Beleidigten, für diejenigen, die der Meinung sind, der Staat habe ihre Rechte verletzt, ihr Recht auf Leben, Freiheit, faires Verfahren, Privatsphäre. Das juristische Europa reicht – seit 1998[25] – bis zum fernen Wladiwostok, Klagen aus Tjumen, Grosnyi und Krasnojarsk werden mit demselben Eingangsstempel abgestempelt wie Klagen aus Hamburg, Neapel oder Paris, landen bei denselben europäischen Beamten, die die Klagen zählen und verwalten, kommen zu denselben Richtern, die darüber endgültig zu entscheiden haben.

Die Russische Föderation ist der größte Mitgliedsstaat des Europarats. So überrascht es auch nicht, dass von dort auch ein Großteil der Beschwerden kommt. Die Steigerungsraten sind beeindruckend: Im Jahr 1998 waren es 211 Beschwerden, im Jahr 2000 knapp 2000, 2006 gingen mehr als 10 000 Beschwerden ein.[26] Zeitlich versetzt ist dieselbe exponentielle Entwicklung auch bei den Urteilen zu verzeichnen. Im Jahr 2002 erging in der Sache Burdow gegen die Russische Föderation das erste Urteil, mit dem Russland wegen eines Verstoßes gegen den Grundsatz des fairen Verfahrens verurteilt wurde.[27] 2003 gab es fünf, 2005 bereits 83 und 2006 weit über hundert Urteile. Zum Vergleich: In den über 50 Jahren der Mitgliedschaft der Schweiz hat die Zahl der Urteile die Hundertermarke noch nicht überschritten. Mit nur einer Handvoll von Ausnahmen wurde Russland in allen Fällen, die zur Entscheidung zugelassen wurden, verurteilt, wegen der überlangen Dauer der Verfahren, wegen Nicht-Vollstreckung der Urteile, wegen nicht ausreichend begründeter Inhaftierungen, wegen Folter und Verletzung des Rechts auf Leben, wegen Missachtung grundlegender Vorschriften zum Schutz vor gesundheitsschädlichen Umwelteinflüssen, wegen Verletzung des Rechts auf Eigentum. Die Liste ist lang und könnte noch beliebig erweitert werden.

Aber was bedeuten hundert Urteile des Straßburger Gerichtshofs, wenn gleichzeitig in Russland Hunderttausende von Urteilen gefällt werden? Wie soll ein Gericht helfen, das einen so großen Rückstau hat, dass die Akten viele lange Korridore füllen? Was können Urteile bewirken, auf die man drei bis vier Jahre und länger warten muss?

Für die russischen Bürger ist Straßburg mehr als ein Gericht. Es ist eine Hoffnung. Licht am Ende des Tunnels. Selbst wenn man lange warten muss. Der Fall Chodorkowski liegt in Straßburg. Der Fall Sutjagin. Der Fall Danilow. Der Fall Pasko. Der Fall *Vorsicht, Religion!*. All jene Fälle, bei denen sich die Bürger einer gelenkten Justiz ausgesetzt sahen und auf einen Schlussakkord in Dur hoffen, auch wenn die ihnen – möglicherweise – zugesprochene Kompensation das Leid und die Erniedrigung nicht wird aufwiegen können.

Zu Unrecht wird der Europäische Gerichtshof dabei immer als ein Gegenpol zu Russland gesehen, als eine Art Jüngstes Gericht, das von außen kommt und von außen urteilt. In die Arbeit des Europäischen Gerichtshofs für Menschenrechte ist Russland ein gebunden wie alle anderen 45 Mitgliedsstaaten auch. Der russische Richter Anatoli Kowler entscheidet über Fälle, die in Italien oder Deutschland angesiedelt sind, in gleicher Weise mit wie andere europäische Richter in den Fällen, die Russland betreffen. Auch im Apparat des Gerichtshofs arbeiten russische Bürger als europäische Beamte mit. Die Idee ist, bei der Ausgestaltung des europäischen Grundrechtskatalogs Russland gleichberechtigt mit einzubeziehen und bei der Formung einer europäischen Rechtskultur auch die russische Stimme zu hören.

Vor dem Europäischen Gerichtshof sitzen Staaten auf der Anklagebank. Sie haben geradezustehen für Tun und Unterlassen ihrer Beamten und Richter. Aber die Mission des Gerichtshofs wäre missverstanden, wollte man ihn nur als strafende und abschreckende Instanz sehen. Intendiert ist ein Dialog zwischen den

Rechtssystemen. Der Gerichtshof wird nur tätig, wenn auch die höchste Instanz im nationalen Recht die – vermeintliche – Rechtsverletzung nicht beheben kann oder beheben will; er greift nur subsidiär ein. Seine Rolle ist gedacht als die eines Souffleurs im Theater. Er bewegt die Lippen, lässt die Schauspieler, die nationalen Richter, aber frei agieren. Erst wenn sie nicht mehr weiter wissen, wenn sie ohne Worte dastehen, gibt er eine Antwort vor. Aber wieder sind es die nationalen Richter, die das Urteil umsetzen müssen. Der Souffleur tritt nicht hervor, greift in das Geschehen auf der nationalen Bühne selbst niemals ein.

Russland tut sich nun aber schwer mit seinem Souffleur. Oftmals will es die Vorgaben nicht hören, hält fest an seinem eigenen, anders lautenden Text, lässt es auf einen Konflikt ankommen. Mit Gleichmut reserviert man im föderalen Budget jedes Jahr größere Summen zur Begleichung der von Straßburg eingeforderten Kompensationszahlungen. Russland ist reich geworden, ein paar Hunderttausend Euro schmerzen nicht. Auch gegen die Kritik scheint Russland in gewisser Weise immun, vielleicht gerade weil Kritik zur Routine geworden ist und nichts Außergewöhnliches mehr darstellt.

Bislang war es vor allem ein Fall, der die Gemüter erzürnt und die Zusammenarbeit wesentlich erschwert hat – der Fall Ilaşcu.[28] Dabei ging es um schwere Menschenrechtsverletzungen, Folterungen, Scheinhinrichtungen und Misshandlungen auf dem Gebiet von Transnistrien, einem *de iure* zum Staatsgebiet der Republik Moldau gehörenden, *de facto* aber von der Staatsgewalt Moldaus unabhängigen Teilgebiet, in dem vor allem Russen leben, auch wenn das Gebiet keine gemeinsamen Grenzen mit der Russischen Föderation hat, sondern an die Ukraine grenzt. Für den Gerichtshof stellte sich die Frage, wem die Menschenrechtsverletzungen in Transnistrien zuzurechnen wären – Russland oder Moldau. Es entschied: beiden. Denn Russland habe aufgrund der Präsenz seiner Armee sowie aufgrund von Waffenlieferungen die faktische Gewalt über das Gebiet.[29] So wurde Russland dazu verurteilt, «alle notwendigen Maßnahmen zu treffen, um die willkürliche Haft der Beschwerdeführer, die noch im Gefängnis sind, zu beenden und ihre sofortige Freilassung sicherzustellen»,[30] sowie 180 000 Euro an Ilie Ilaşcu sowie 120 000 Euro an jeden der weiteren Antragsteller zu zahlen. Die russische Seite argumentierte, um das Urteil zu erfüllen müsse man Transnistrien den Krieg erklären, anders sei Ilaşcu nicht auszulösen. Der russische Richter Kowler legte in seinem Sondervotum dar, er könne sich dem Votum der Großen Kammer des Gerichts in keiner Weise anschließen, und fügte – ohne weiteren Kommentar – folgendes Zitat an: «Die Grenze zwischen dem Rechtlichen und dem Politischen ist nicht mehr, was sie war. Dies gilt auch für die Grundlagen der Legitimität ebenso wie der Normativität, die pluralistisch und zunehmend diffus werden.»[31] Präsident Putin spricht unverhohlen von «einer Politisierung gerichtlicher Entscheidungen».[32]

Auch die Tschetschenien-Fälle werden äußerst kritisch gesehen. Wiederum steht der Richter Kowler zumeist allein gegen seine Richterkollegen und -kolleginnen. Niemand folgt ihm etwa bei seinen Vorwürfen, die Straßburger Prozesse seien unzulässig, da die Unterschriften der Beschwerdeführer gefälscht seien. In dem ersten tschetschenischen Fall, dem Fall Isajewa, verurteilt der Gerichtshof Russland wegen einer Verletzung des Rechts auf Leben, da das russische Militär einen Flüchtlingszug angegriffen und dabei Zivilisten getötet habe.[33] Die Gegenargumentation, unter den Flüchtlingen hätten sich Rebellen befunden, die illegal Schusswaffen benutzt hätten, wird als nicht bewiesen zurückgewiesen. Mit diesem Urteil wird letztlich die konkrete Art der Kriegsführung als inhuman und menschenrechtswidrig, aber auch die mangelhafte Untersuchung der Vorfälle durch die russischen Behörden als inakzeptabel abqualifiziert.

Aufgrund all dieser Streitpunkte überrascht es nicht wirklich, dass sich Russland nicht in besonderem Maße daran interessiert zeigt, die Rechtsprechung des Gerichtshofs effizienter zu gestalten. Dem 14. Zusatzprotokoll, mit dem das Verfahren vereinfacht und beschleunigt werden soll, haben von den 46 Vertragsstaaten 45 zugestimmt – nur Russland nicht. Aufgrund des Einstimmigkeitsprinzips ist die Hürde des russischen Vetos unüberwindbar. So lange das *Njet* aus Moskau gilt, kann das Verfahren des Gerichtshofs nicht reformiert und beschleunigt werden.

Im Laufe der Jahre haben sich die Spannungen zwischen dem Gerichtshof und dem offiziellen Russland auf diese Weise vertieft, während gleichzeitig die russischen Bürger dem Gerichtshof Vertrauen und Hoffnung entgegenbringen.

Die Bilanz ist im Ergebnis aber nicht negativ. Denn die Überzeugungskraft der in der *Europäischen Menschenrechtskonvention* enthaltenen Wertsetzungen ist so groß, dass sich ihrem Bann und Einfluss auch die russischen Politiker und die russischen Gerichte nicht entziehen können. Es gehört zum guten Ton im politischen Diskurs, die in der Konvention niedergelegten Rechte als Richtmaß für das eigene Tun und Handeln zu bezeichnen. Sogar bei der Begründung der Anklage im Fall «Vorsicht, Religion!»[34] werden europäische Menschenrechtsstandards bemüht. Man will sich absichern, auch wenn der sichere Grund wegbricht.

Das Oberste Gericht, dem in Russland eine quasi-legislative Rolle zukommt, hat den ihm untergeordneten Gerichten per Verordnung vorgegeben, die Rechtsprechung des Europäischen Gerichtshofs für Menschenrechte in den Einzelentscheidungen zu berücksichtigen.[35] Auch wenn dies weitgehend Theorie bleiben dürfte – kaum einer der russischen Richter und Richterinnen verfügt über Fremdsprachenkenntnisse und nur wenige der Entscheidungen sind ins Russische übersetzt –, so ist dies doch ein zukunftsweisender Schritt, der die Zusammenarbeit mit Straßburg wesentlich unterstützt.

Auch in der Rechtsprechung des Russischen Verfassungsgerichts ist eine deutliche Entwicklung zu beobachten. Während in den neunziger Jahren nur vereinzelt in den Entscheidungen auf die *Europäische Menschenrechtskonvention* als relevanter Maßstab verwiesen wurde, sind derartige Zitate – weit mehr als etwa beim Bundesverfassungsgericht – mittlerweile zum standardisierten Argumentationstopos geworden. Diese Offenheit ist von großer Bedeutung für die Weiterentwicklung des russischen Rechtssystems, und dies auch dann, wenn die konkrete Interpretation und Anwendung der europäischen Normen immer wieder Anlass zu Kritik gibt.[36] Zudem ist zu sehen, dass die russische Verfassung so völkerrechts- und menschenrechtsfreundlich ist wie kaum eine andere Verfassung in Europa; völkerrechtlichen Verträ-

gen wird der Vorrang sogar vor nationalen Gesetzen eingeräumt.[37]

Die Einbindung Russlands in den Europarat und damit in das
europäische Werte- und Normensystem hat ferner dazu geführt,
dass die Todesstrafe, wenn auch nicht abgeschafft, so doch seit gut
einem Jahrzehnt nicht mehr vollstreckt wurde. Die Abschaffung
der im russischen Strafrecht noch für eine Reihe von Delikten
vorgesehenen Todesstrafe war eine der Voraussetzungen für die
Aufnahme Russlands in den Europarat. Trotz der anfänglich
vollmundigen Versicherungen, dieses Relikt eines archaischen
Strafrechts werde innerhalb kürzester Zeit beseitigt, sind alle
Reformversuche bisher am Veto der Duma gescheitert. Aber aufgrund eines Dekrets Jelzins zur Suspendierung der Todesstrafe
sowie aufgrund eines Verfassungsgerichtsurteils kann gegenwärtig
die Todesstrafe weder verhängt noch vollstreckt werden. Bei der
Aburteilung des einzigen überlebenden Terroristen von Beslan
forderte der Staatsanwalt zwar dennoch die Verhängung der
Todesstrafe; das Gericht beharrte aber darauf, dass es diesem Antrag nach dem geltenden russischen Recht nicht entsprechen
könne.[38]

Zweifellos wird durch die Maßnahmen des Europarats, insbesondere durch die Rechtsprechung des Europäischen Gerichtshofs für Menschenrechte, juristischer Druck von außen auf Russland ausgeübt. Offen ist allerdings, ob dies ein Gegengewicht zum
machtnahen Einfluss der Silowiki darstellen kann oder ob dies, da
Kritik von außen nicht wirklich erwünscht wird, gar kontrapro-
duktiv ist und eine patriotische Abwehrhaltung erzeugt. Die Berichterstattung in der offiziellen russischen Presse legt Letzteres
nahe. Der Publizist Tretjakow, Meinungsführer in der offiziellen
Presse, meint aber, hinter der Abkehr von europäischen Werten in
der späten Putinzeit stehe ein «Masterplan». Unter dem Schlagwort «reversive Demokratisierung» erläutert er eine «geheime
Strategie», nach der man, um die akuten Probleme Russlands Herr
zu werden, die demokratischen Rechte habe «einfrieren» müssen.
Sobald die größten Schwierigkeiten überwunden seien, werde
man mit dem «Auftauen» beginnen.[39] Die Überzeugungskraft
der europäischen Menschenrechtstradition mit ihrem Flaggschiff,

dem Europäischen Gerichtshof für Menschenrechte, ist vor diesem Hintergrund nicht zu unterschätzen. Vielleicht vermag sie nach dem Ende von Putins zweiter Präsidentschaft einen Beitrag zu einer erneuten Umorientierung einzuleiten oder zumindest zu unterstützen.

Gegenwärtig zeigen aber die kontroversen Meinungen in Russland zur Rechtsprechung des Europäischen Gerichtshofs für Menschenrechte die Bruchlinie in der russischen Tradition, die Westler und Slawophile und damit auch das erste neue Russland Jelzins von dem zweiten neuen Russland Putins trennt.

3. Zivilgesellschaft und Opposition

Neben politischem und juristischem Druck von außen bieten zweifellos eine florierende Zivilgesellschaft und eine starke Opposition in Gestalt von politischen Parteien, Verbänden und Nichtregierungsorganisationen aussichtsreiche Auswege aus der gelenkten Demokratie. Im System Putin sind indessen die Chancen für einen derartigen wirksamen politischen Druck von unten gering. Denn Oppositionsparteien und mächtige Unternehmerverbände wurden mittlerweile weitgehend marginalisiert. Gesellschaftliche Formen von Bürgerpartizipation wie Nichtregierungsorganisationen erlitten ein ähnliches Schicksal. Dessen ungeachtet hat die politische Opposition noch nicht kapituliert. Es sind sogar neue Formen des gesellschaftlichen Engagements und spontanen Bürgerprotestes entstanden, wobei sich konstruktive Schnittstellen zwischen den staatlichen Agenturen der gelenkten Bürgergesellschaft und spontanen sozialen Protesten ergeben.

Schon zu Beginn der Präsidentschaft Wladimir Putins wurde die Tendenz offenkundig, zivilgesellschaftliche Tätigkeiten nur unter staatlicher Hegemonie zu tolerieren und eine Bürgergesellschaft möglichst überhaupt nur unter staatlicher Anleitung gedeihen zu lassen. Bezeichnend dafür war das im Juni 2001 abgehaltene Treffen des Präsidenten mit Vertretern von 30 Nichtregierungsorganisationen, auf dem das Verhältnis von Staat und Gesellschaft pathetisch als ein «Konsens und gemeinsame Arbeit» des «effektiven Staates» und der «großen Gesellschaft» definiert wurde.[40] Auf dem «Bürgerforum», das im November 2002 Regierungsvertreter und 3 500 Repräsentanten gesellschaftlicher Organisationen zusammenführte, stimmte Putin hingegen geradezu das Hohelied auf eine «unabhängige» Zivilgesellschaft an, die «ihre eigenen Wurzeln haben und von dem Geist der Freiheit beseelt sein» müsse. Die Errichtung einer Zivilgesellschaft von oben hielt er für «unproduktiv und sogar gefährlich».[41]

Die weiteren Entwicklungen gingen genau in die Richtung, die der Präsident damals selbst so negativ gesehen hatte. Dabei war es von nachhaltiger Bedeutung, dass die Kremlführung eine ähnlich starke Bürgerbewegung wie die ukrainische «Revolution in orange» in Russland verhindern wollte. Da sich vor allem Nichtregierungsorganisationen an dem Massenaufstand beteiligt hatten, sollten ähnliche Gruppierungen in Russland fortan unter Aufsicht des Staates gestellt werden. Vor diesem Hintergrund wurde 2005 ein Gesetz zur strikten Kontrolle der Nichtregierungsorganisationen auf den Weg gebracht. Putin begründete diesen Schritt mit dem nötigen schärferen Kampf gegen Terrorismus und Geldwäsche. Tatsächlich ging es vor allem darum, die ausländischen Geldströme zugunsten russischer Bürgervereinigungen zu erfassen und so eine ausländische Finanzierung politischer Aktivitäten in Russland möglichst zu unterbinden.[42]

Als der Gesetzentwurf Ende November die erste Lesung in der Staatsduma mit 370 gegen 18 Stimmen passiert hatte, erfolgte ein weltweiter Aufschrei des Protestes. Nicht nur russische NGOs und die regierungskritischen Printmedien, die ihre verfassungsrechtlichen Freiheiten bedroht sahen, übten harsche Kritik, sondern auch die G8-Staaten, die europäischen Organisationen und andere Länder. Dies hatte auch damit zu tun, dass selbst ausländische NGOs in Russland unter strenge Kontrolle gestellt werden sollten.[43] Für die Erfolgschancen der Proteste machte es sich gut, dass Russland gerade den Vorsitz im Europarat und in der G8 innehatte und im Sommer 2006 die G8 zum Gipfel in St. Petersburg erwartete. Aufgrund dieser besonderen Funktionen reagierte Moskau prompt auf die Welle der weltweiten Kritik. Der Kreml ruderte zurück. Einige Bestimmungen, die dem internationalen

Recht und der russischen Verfassung eklatant widersprachen, wurden aus dem Entwurf gestrichen, andere nicht minder problematische Formulierungen aber auch neu eingefügt.[44] Im April 2006 trat das Gesetz in modifizierter Form in Kraft. Seiner Anwendung sollte es überlassen bleiben, die «nicht erlaubten politischen Aktivitäten», die im Gesetz aufgeführt, aber nicht weiter spezifiziert werden, in der Realität zu definieren.[45] Insgesamt hat das neue Gesetz die Entwicklung von russischen Nichtregierungsorganisationen weiter gebremst. Auch so manche ausländische Stiftung zog sich zurück. Damit hat der Kreml letztlich die gewünschten Fortschritte bei der weiteren Lenkung der Demokratie erzielt.[46]

Im Vorfeld des G8-Gipfels in St. Petersburg kam Bewegung in zivilgesellschaftliche Aktionen. Einerseits waren die Vorkämpfer einer aktiven Bürgergesellschaft darauf bedacht, das Interesse der hohen Gäste auf ihre Anliegen zu lenken. Umgekehrt war die politische Führung daran interessiert, weitere Imageschäden nach den Protesten gegen das NGO-Gesetz in Grenzen zu halten. Insofern gingen vor und nach dem Gipfel mehrere Veranstaltungen von Bürgerbewegungen und NGOs über die Bühne. Dazu gehörte das mit großem Aufwand organisierte «Internationale Zivile NGO-G8 Forum», das Ella Pamfilowa, die Vorsitzende des «Rates für zivilgesellschaftliche Entwicklung und Menschenrechte beim Präsidenten der Russischen Föderation» koordinierte. Mehrere Runde Tische unter internationaler Beteiligung befassten sich kompetent und kritisch mit einer Reihe von Themen wie der gesellschaftlichen Kontrolle über Rechtsvollzug und Strafvollzugssysteme, über Menschenrechte und Gesetzesgrundlagen von NGOs. Präsident Putin machte dem Kongress seine Aufwartung. Er warf sich dabei zum vehementen Verteidiger der Bürgergruppen auf, sollten diese bei der Anwendung des neuen NGO-Gesetzes den Kürzeren ziehen.[47]

Auch wenn die geschilderte Veranstaltung als ein Propagandaprojekt der Administration angelegt war, das den Staat quasi im Sold der Zivilgesellschaft zeigen sollte, gelang es den Teilnehmern gleichwohl, eine Reihe von Dokumenten mit weitreichenden Empfehlungen für die Arbeit der NGOs zu verabschieden und dafür eine breite Aufmerksamkeit in der Öffentlichkeit zu gewinnen. Im Alltag des Systems Putin gehört die so genannte «Pamfilowa-Kommission» indessen eher zu den staatlichen Agenturen der Zivilgesellschaft. Sie ist darin dem Menschenrechtsbeauftragten des Präsidenten und den regionalen Menschenrechtsbeauftragten verwandt. Bei aller zwangsläufigen Anpassung dieser Einrichtungen an das autoritäre Regime fungieren sie jedoch gleichzeitig als Scharniere zur Bürgergesellschaft und werden in dieser Rolle von den schon lange fest verwurzelten Gruppen wie Memorial und der Moskauer Helsinki-Gruppe für Menschenrechte durchaus anerkannt.

Im Unterschied zu der systemloyalen NGO-G8 Großveranstaltung fanden ebenfalls im Kontext des G8-Gipfels zwei weitere zivilgesellschaftliche Foren statt, die sich jedoch als Opposition zum Regime verstanden. So luden mehrere Menschenrechtsgruppen zu einem eigenen Treffen unter Beteiligung internationaler Menschenrechtsvorkämpfer und dem neuen Menschenrechtsbeauftragten des Europarats, Thomas Hammarberg, ein. In einer Resolution rief das Forum die Teilnehmer am G8-Gipfel in St. Petersburg dazu auf, nicht durch ihr Schweigen die autoritären Tendenzen und die Erosion des Rechtsstaats in Russland zu legitimieren.[48]

Das spektakulärste Ereignis im Reigen der zivilgesellschaftlichen Foren des Sommers 2006 war die Konstituierung des «Anderen Russland» als eine radikal gegen das Putin-System gerichtete Plattform mehrerer oppositioneller Gruppen, Parteien und Bürgerbewegungen.[49] Dass das «Andere Russland» Vertreter der westlichen Regierungen, die zum G8-Gipfel unterwegs waren, zu seinem Treffen einlud, löste die höchste politische Alarmstufe im Kreml aus, der nicht anstand, eine solche Teilnahme als einen «unfreundlichen Akt» zu bezeichnen. Dabei rief das «Andere Russland» gar nicht zum offenen Aufruhr auf, sondern forderte vorwiegend die verfassungsrechtlich garantierten Bürgerrechte und Freiheiten und mehr Rechtsstaatlichkeit ein. Bei dem Treffen traten eine Reihe bekannter Führungspersönlichkeiten der Opposition ans Rednerpult, darunter der frühere Regierungschef Michail Kasjanow und der einige Monate zuvor zurückgetretene Präsidentenberater Andrei Illarionow, um grundlegende Kritik am System Putin zu üben. Illarionow grenzte das offizielle Russland der Bürokraten, das mit Diskriminierung, Ungleichheit und Willkür das Land im Interesse von wenigen unfrei mache, von dem Russland der Bürger, dem «anderen Russland» ab.[50] Der Start des «Anderen Russland» wurde indessen nur zu einem halben Erfolg, denn in letzter Minute sagten die Vertreter der kleinen demokratischen Parteien und der Kommunisten ihre Teilnahme ab. So scheiterte das weiterreichende Ziel des Treffens, eine gemeinsame Front aller oppositionellen Kräfte zu bilden.

Dass das Ereignis im staatlichen Fernsehen totgeschwiegen wurde, war bezeichnend für die Verärgerung und die Sorge des Kreml, das Land könnte zuviel Informationen über eine unbotmäßige Opposition erhalten. Vertreter der Jugendorganisationen «Naschi» und «Junge Garde» wurden indessen von oben ermutigt, die Konferenzteilnehmer nachhaltig zu stören und zu bedrängen.[51] Der Zorn der «Staatsjugend» «Naschi» ergoss sich noch lange Zeit nach dem Treffen über den britischen Botschafter in Moskau, der ungeachtet der missbilligenden Warnungen aus dem Kreml an der Veranstaltung teilgenommen hatte. Der Diplomat wurde fortgesetzt von den «Naschi» verfolgt und verspottet.[52]

Präsident Putin hatte noch vor dem Treffen des «Anderen Russland» klar gemacht, dass jede westliche Einmischung in Russlands Innenpolitik unerwünscht sei. Vor einer Weile, als es Russland an Geld fehlte, wäre ein solcher Einfluss noch möglich gewesen, meinte er, heute sei dies jedoch inakzeptabel. Dieser Ausfall zeigt, wie empfindlich das ökonomisch erstarkte Russland gerade gegenüber Regimekritik reagiert, die vom Ausland ausgeht oder womöglich gemeinsam von russischen NGOs und ausländischen Repräsentanten geübt wird. Auf dem Gipfel in St. Petersburg selbst parierte Putin kritische Einlassungen des amerikanischen Präsidenten George W. Bush über die Schwächen der russischen Demokratie auf einer Pressekonferenz mit der spitzen Replik, dass man in Russland gewiss nicht «eine Demokratie wie im Irak» wolle. Er bespöttelte auch die gerade in Großbritannien kritisierten Korruptionsfälle der Labour Party.[53] Diese Beispiele illustrieren, dass Putin lieber austeilt als auch nur ansatzweise Kritik an Russlands gelenkter Demokratie zu tolerieren. Der Präsident konnte gleichwohl nicht verhindern, dass die rund 300 Teilnehmer des «Anderen Russland» an die Staatschefs der G-7-Länder einen Brief schrieben, um sich über die harschen Repressionskampagnen zu beklagen, denen man die russischen Delegierten zur Moskauer Konferenz unterwarf.[54] Auf diesem Weg war es dem «Anderen Russland» dann doch noch gelungen, den G8-Gipfel in St. Petersburg zu nutzen, um das wahre Gesicht des Systems Putin nach außen zu tragen. Bei dem EU-Russland-Gipfel in Samara im Mai 2007 wurden die Führer des «Anderen Russland» dagegen an der Anreise gehindert. Angela Merkels Kritik bei der Pressekonferenz wurde in der russischen Nachrichtensendung zensiert, dagegen Putins Replik zum Vorgehen der Polizei vor dem G8-Gipfel in Heiligendamm in vollem Umfang übertragen.

Bürgerinitiativen und Gesellschaftskammer

Im Laufe des Jahres 2006 sind neue Formen des gesellschaftlichen Protestes aufgetaucht. Dabei kam es in einigen Fällen zu konzertierten Aktionen zwischen den Bürgerinitiativen und der Gesellschaftskammer, die als staatliche Agentur der Zivilgesellschaft die Anliegen der Bürger zur eigenen Sache machte und die Öffentlichkeit mobilisierte. Auf diesem Weg fand die brutale Behandlung von Rekruten durch länger gediente Kameraden in der Armee ein breites gesellschaftliches Echo. Das Phänomen der so genannten «Willkürherrschaft der Großväter» (*dedowschtschina*) ist nicht neu, doch weitgehend tabuisiert. Ende Januar 2006 drang der besonders gravierende Fall der Misshandlung des 19-jährigen Rekruten Andrei Sytschow an die Öffentlichkeit. Dieser war um Neujahr von älteren Soldaten derart zusammengeschlagen worden, dass ihm beide Beine, eine Hand und die Genitalien amputiert werden mussten. Nachdem sich eine Krankenschwester des städtischen Krankenhauses Tscheljabinsk, wohin Sytschow verbracht worden war, an die regionale Organisation der Vereinigung der «Soldatenmütter» gewandt hatte, wurde das Verbrechen dank der Initiative dieser ältesten russischen Nichtregierungsorganisation aufgegriffen.[55] Die Gesellschaftskammer sorgte ihrerseits dafür, dass der Fall Sytschow vor Gericht gebracht wurde und dass darüber hinaus das Problem der Rekrutenschinderei endlich im großen Rahmen Aufmerksamkeit erhielt.[56] Selbst der Menschenrechtsvorkämpfer Lew Ponomarjow meinte anerkennend, dass die Kammer mit dem Fall Sytschow «der Gesellschaft die Augen für die Vorgänge in der Armee geöffnet» habe.[57]

Das Problem brutaler Gewaltausübung gegenüber unschuldigen Bürgern ist im Übrigen nicht auf Angehörige der Armee begrenzt. Immer wieder ist Ähnliches vom Umgang der Miliz mit unbescholtenen Personen zu hören. So setzte die Miliz 2005 in Blagoweschtschensk zufällige Passanten einer Art «prophylaktischen» Misshandlung aus. Die betroffenen Opfer gründeten daraufhin einen Selbstschutzverein mit dem vielsagenden Namen «Verprügeltes Russland».[58] Zeitungen und Internetblogs berichten regelmäßig über derartige Missstände und Vorkommnisse. Dessen ungeachtet kam es staatlicherseits noch zu keinen nennenswerten Konsequenzen gegen das Übel willkürlicher Aktionen der Miliz.

Eine ganz andere Form des spontanen Bürgerprotestes entstand als Reaktion auf die zu Unrecht erfolgte Verhaftung und Verurteilung des Autofahrers Oleg Schtscherbinski. Der Fall löste landesweite monatelange Massenproteste von Autofahrern aus. Den Hintergrund bildete ein Autounfall, der sich am 8. August 2005 auf einer Landstraße im sibirischen Altai ereignet hatte. Dabei war Schtscherbinskis Toyota mit dem schweren Wagen des Gouverneurs der Region kollidiert. Dieser verunglückte tödlich. Der Chauffeur, der mit einer Geschwindigkeit von 200 Stundenkilometern die Staatslimousine lenkte, manövrierte offenkundig schlecht, rammte den Toyota und raste mit dem Gouverneur und weiteren Insassen in einen Baum.[59] Schtscherbinski, der keinen Fahrfehler begangen hatte, wurde von einem Bezirksgericht zu vier Jahren internem Exil (leichter Haft) verurteilt, weil er nicht rechtzeitig dem staatlichen Dienstwagen ausgewichen sein soll.

Die Massenproteste von Autofahrern, die sich in ganz Russland über das fünf Monate währende Justizverfahren hinzogen und sich schließlich gegen dieses ungerechte Urteil richteten, waren Ausdruck der Solidarisierung mit dem kleinen Mann, der im hierarchisch geprägten Russland im Zweifelsfall der Obrigkeit gegenüber immer im Unrecht ist. Die Autos führten Transparente mit der Aufschrift «Heute Schtscherbinski, morgen Du» mit sich. Der Massenprotest hatte Erfolg, das Urteil wurde revidiert, und der Angeklagte kam frei. Auch dabei hatte sich die Gesellschaftskammer Verdienste als Anwalt des Opfers und der sich mit ihm solidarisierenden Autofahrer erworben.[60]

Parallel zu den Bürgerprotesten im Fall Schtscherbinski kam es in Moskau auch zu Protesten gegen die Privilegierung von Autofahrern, die eine Lizenz zur Ausstattung ihrer Wagen mit Blaulicht und knarrig blökenden Hupen erhalten. Aufgrund der anhaltenden Proteste nahm sich sogar die kremltreue Partei «Einiges Russland» der Sache an und brachte ein einschlägiges Gesetz durch die Duma. Anfang Januar 2007 trat ein neues Gesetz in Kraft, das es den Dumaabgeordneten untersagt, ihre Autos mit Blaulicht und staatlichen Nummernschildern durch den Verkehr zu steuern. Die neue Regelung betrifft allerdings nur 400 Fahrzeuge und hat angesichts des großen Wagenparks der neuen politischen Nomenklatura, die über solche Statussymbole verfügt, nur geringe praktische Bedeutung.[61]

Die Beispiele, in denen sich Gesellschaftskammer und Bürgerproteste zu einem gemeinsamen Vorgehen gegen Willkürhandlungen der Obrigkeit zusammenfinden, lassen sich fortsetzen. Erwähnenswert erscheint die Unterstützung der Kammer für Personengruppen, die bei Geldanlagen oder Investitionen in Haus- und Wohnungsbau getäuscht wurden und daraufhin in hartnäckigen Straßenprotesten auf ihren Rechten beharrten. Die Kammer engagierte sich auch zugunsten der aufsehenerregenden Protestaktionen von Bewohnern des südlichen Butowo am Rand von Moskau, die sich entschlossen der Aufgabe ihrer bescheidenen Behausungen zugunsten eines neuen Baugrunds widersetzten und nicht dazu zu bewegen waren, ihre Wohnungen zu verlassen.[62] Zu den Protesten einzelner Bevölkerungsgruppen treten weitere Massenproteste auf den Straßen. Sie richten sich zumeist gegen den Preisanstieg für kommunale Dienstleitungen.

Aufs Ganze gesehen, liefern die aufgeführten Beispiele des Bürgerprotests und dessen gelegentliche Unterstützung durch die staatlich affiliierte Gesellschaftskammer noch keinen Nachweis für eine rührige Bürgergesellschaft. Sie sind eher als erste Spurenelemente der Entstehung einer Bürgergesellschaft zu werten und zeigen den engen Rahmen auf, in dem sich Initiativen zur Verteidigung konkreter Bürgerinteressen überhaupt manifestieren können. Neben Protesten auf der Straße bietet sich das Internet als Medium gesellschaftlicher Kommunikation und Solidarisierung an. Das Interesse der Bürger an Politik gehört bekanntlich zu den ersten Symptomen einer sich herausbildenden partizipativen politischen Kultur. In dem Zusammenhang ist das neue Phänomen der Internetblogs zu sehen, in denen umfassende Debatten selbst über politische Fragen wie die Nachfolge Putins oder über die Zivilgesellschaft als solche intensiv und unter großer Beteiligung geführt werden.[63] Auch wenn gesellschaftliches Engagement so nur sehr bescheiden aufkeimt, kündet es doch von ersten Rissen in der Vertikale des Systems Putin.

Die Basis organisiert sich

Neue Formen der Vernetzung und der Zusammenarbeit zwischen Oppositionsparteien und zivilgesellschaftlichen Gruppen sowie die Neugründung politischer Parteien deuten weitaus mehr als die geschilderten Formen des Bürgerprotestes auf die Herausbildung einer aktiven Zivilgesellschaft hin. In den letzten beiden Jahren gab es eine ganze Reihe solcher hoffnungsvollen Zeichen. Dazu gehören die Initiativen von Menschenrechtsgruppen zur Bildung eigener Parteien. Beispiele bieten die Gründung der «Einigen Volkspartei der Soldatenmütter» und der Partei «Das Grüne Russland». Ein weiteres Novum stellt die Organisation breiter Vereinigungen von Menschenrechtsorganisationen und politischer Parteien dar. Das Paradebeispiel dafür ist die Gründung eines «Bürgerkongresses» im Dezember 2004. Der Kongress unterhält ein aktives Netzwerk von Verbindungen zu anderen Bürgerinitiativen. Auffallend ist auch, dass die kleinen demokratischen Parteien wie «Jabloko» und die «Union der Rechten Kräfte» (SPS)

Massiver Polizeieinsatz gegen eine Demonstration der oppositionellen Gruppierung «Das Andere Rußland» in Moskau am 16. Dezember 2006. (Foto: Sergej Ilntsky/picture alliance/dpa)

von sich aus Verbündete unter den NGOs suchen, um gemeinsame Massenproteste zu organisieren. Tatsächlich kam es unter diesen Voraussetzungen zu spektakulären Märschen wie beispielsweise den Märschen zur Verteidigung der Meinungsfreiheit und den antifaschistisch ausgerichteten Märschen. Kommunisten haben als erste an solchen Märschen teilgenommen. Jabloko und die SPS folgten.[64] Den Hintergrund der gemeinsamen Aktionen und Vernetzungen von Parteien und NGOs bildet nicht zuletzt das neue NGO-Gesetz, das den Bürgergruppen eine eigene Tätigkeit erheblich erschwert.[65] Zu den positiven Effekten des Gesetzes gehört es daher, dass Menschenrechtsgruppen und demokratische Parteien ihre gegenseitigen Berührungsängste überwinden und eng kooperieren.

Auch wenn die beiden kleinen demokratischen Parteien «Jabloko» und SPS ihren Status als Dumaparteien verloren und ein enges Bündnis zwischen ihnen bisher an programmatischen wie persönlichen Unvereinbarkeiten zwischen Grigori Jawlinski und Anatoli Tschubais gescheitert ist, versuchen sie weiter im politischen Rennen zu bleiben und sich etwa auf gemeinsame Listen zu verständigen, so bei den Wahlen zum Moskauer Stadtparlament. Neben die beiden älteren Parteien sind mittlerweile mehrere neue demokratische Gruppierungen getreten wie das auf Initiative des früheren Schachweltmeisters Garri Kasparow gegründete «Komitee 2008» oder die «Republikanische Partei» unter Führung von Wladimir Ryschkow und Wladimir Lysenko. Allerdings ist ihnen die Registrierung für den Parteienwettbewerb bei den anstehenden Wahlen verweigert worden.[66]

Zu den führenden Persönlichkeiten der demokratischen Opposition zählt der ehemalige Premierminister Michail Kasjanow. Da er in der Bevölkerung noch bekannt ist, steht er in der besonderen Missgunst des Kreml. Kaum hatte er im Februar 2005 angekündigt, er wolle bei den Präsidentenwahlen 2008 kandidieren, schickte man ihm die Staatsanwaltschaft mit der Beschuldigung ins Haus, er habe seinerzeit eine Regierungsdatscha privat unter Preis erworben. Als er im Jahr 2006 daranging, eine eigene Partei auf die Beine zu stellen, und dazu die alte «Demokratische Partei» revitalisieren wollte, wurde diese einfach vom Kreml gekauft.[67] Kasjanows neuer «Volksdemokratischen Union» wurde die Registrierung als Partei vorenthalten. So nimmt es nicht wunder, dass Kasjanow sich mittlerweile bei den großen Straßendemonstrationen und Märschen oder im Rahmen des «Anderen Russland» gemeinsam mit Kasparow in radikaler Oppositionshaltung zum Kreml zu profilieren versucht.

Im Vorfeld des Wahlzyklus 2007/2008 zeigen Russlands politische Opposition und Zivilgesellschaft keine klaren Konturen. Die alten wie die neuen demokratischen Parteien sind als Konkurrenz zu den massiv geförderten Kremlparteien «Einiges Russland» und «Gerechtes Russland» praktisch aussichtslos. Das oppositionelle Potential der Unternehmerverbände wurde durch Kooptation seitens der Kremlparteien weitgehend neutralisiert. Der Mitgliederschwund in den Gewerkschaften ist rasant. Außerdem sind sie wie in der Sowjetzeit fest an der Leine der staatlichen Macht.[68] So bleibt es vorwiegend den NGOs und ihren Netzwerken zu den oppositionellen Parteien überlassen, die Bürgergesellschaft am Leben zu erhalten. In diesem Zusammenhang ist eine am 5. März 2007 erfolgte Vereinigung von über 20 NGOs, darunter so anerkannte Vereinigungen wie die Moskauer Helsinki-Gruppe, das nationale Antikorruptionskomitee und das Komitee der Soldatenmütter, die sich unter dem Motto «Das Recht zu wählen» das Ziel setzt, die anstehenden Wahlen streng zu kontrollieren, bemerkenswert.[69]

Immer wieder richten Soziologen ihr Augenmerk auf den Mittelstand, in der Hoffnung, dass aus diesem Milieu eine demokratische Wiederbelebung hervorgeht. Tatsächlich keimen die Samen einer neuen Unternehmergeneration aber äußerst langsam. Während der letzten vier Jahre ist der Anteil an Personen, die einen eigenen Betrieb eröffnen, von einem Zuwachs von zunächst 20 Prozent auf nur noch 4 Prozent gesunken.[70] Anstelle eines erstarkenden Mittelstandes floriert indessen die Bürokratie, die sich seit der Sowjetzeit erheblich ausgedehnt hat.[71] Diese Schicht interessiert sich keineswegs für Demokratie, sondern für hohe Gehälter, Bestechungsgelder und Privilegien. Umfragen belegen, dass sich der Mittelstand wie die Gesellschaft überhaupt – und selbst die jüngere Generation – in erster Linie durch Apathie und Passivität auszeichnet. Misstrauen gegenüber Behörden, Politikern und Vertretern des Big Business tritt hinzu.[72]

Soziologen bleibt nur die Feststellung, dass der Homo Sovieticus noch nicht durch einen neuen Menschentypus und die obrigkeitsstaatliche politische Kultur noch nicht durch ein neues Gesellschaftsmodell ersetzt wurde. So gesehen bedingen sich das autoritäre und bürokratische politische System und eine amorphe und passive Gesellschaft gegenseitig. Da es der Gesellschaft schwer möglich ist, die festen Klammern der gelenkten Demokratie zu durchbrechen, fällt es dem politischen System zu, sich wieder zu öffnen und der Gesellschaft freieren Lauf zu lassen. Letztlich liegt der Keim zum Untergang und Neuanfang im System Putin selbst begründet. Denn das extrem personalistische und plebiszitäre Regime kann über das Ende der Präsidentschaft Putins gar nicht hinausreichen. Die weitere Perpetuierung des Russischen Systems ist auch aus anderen Gründen nicht möglich. Denn eine

effektive Modernisierung und eine nachhaltige politische Stabilität erfordern eine der Gesellschaft gegenüber verantwortliche und
mit ihr vernetzte Regierung sowie eine unabhängige Justiz, nicht
aber eine strikte bürokratische Vertikale ohne jeden gesellschaftlichen Unterbau.

Anmerkungen

I. Die Macht zaristischer und sowjetischer Traditionen

1 Andrei Piontkowski, Am Fenster nach Europa, Gesamtrussischer bürgerlicher Kongress, 27. 6. 2006, http://www.civitas.ru/press.php?code=327&year=2006&month=6 (letzter Zugriff 13. 3. 2007).

2 Anatoli Pristawkin, Ich flehe um Hinrichtung. Die Begnadigungskommission des russischen Präsidenten, München 2003, S. 381.

3 Alexander Puschkin, aus einem Brief an Wjasemski; vgl. Sammlung der Zitate von Puschkin, http://www.foxdesign.ru/aphorism/author/a_pushkin.html (letzter Zugriff 13. 3. 2007).

4 Christian Schmidt-Häuer, Russland im Aufruhr. Innenansichten aus einem rechtlosen Reich, München/Zürich 1993.

5 Kerstin Holm, Das korrupte Imperium, München 2006.

6 I. A. Iljin, Über die starke Macht (russ.), http://www.hrono.ru/statii/ilin_silvlast.html (letzter Zugriff 13. 3. 2007).

7 Vgl. die Darstellungen zu der Demonstration einer Gruppe von Menschenrechtlern in Moskau im Januar 2007.

8 Vgl. z. B. die Auswirkungen der neuen gesetzlichen Regelungen zur Gründung und Registrierung von NGOs; vgl. dazu Angelika Nußberger/Carmen Schmidt, Zensur der Zivilgesellschaft. Die umstrittene Neuregelung zu den Nichtregierungsorganisationen, in: EuGRZ 2007, S. 12 ff.

9 Vgl. die Ergebnisse der Meinungsumfragen, bei denen in der Regel ein großer Prozentsatz der Bevölkerung große Zustimmung zu Putin bekundet, dagegen Regierung und Duma nur sehr geringes Vertrauen genießen.

10 In den Meinungsumfragen wird regelmäßig deutlich, dass die russische Bevölkerung die Richter für korrupt hält oder davon ausgeht, sie würden nicht (nur) nach dem Recht entscheiden.

11 Karl Popper, Toward a Rational Theory of Tradition, in: K. Popper, Conjectures and Refutations, 3. Auflage, London 1969, S. 120 ff.

12 Vgl. H. Patrick Glenn, Legal Traditions of the World, 2. Auflage, Oxford 2004, S. 23.

13 Gustav Radbruch, Vorwort zu Max Laserson, Die Russische Rechtsphilosophie, Berlin 1933, keine Seitenangabe.

14 Gustav Radbruch, ebenda.

15 Leo N. Tolstoi, Über das Recht. Briefwechsel mit einem Juristen. Erste vollständige autorisierte Ausgabe, übersetzt von Dr. Albert Skarvan, Heidelberg, Leipzig 1910, S. 5.

16 A. Walicki, Sittlichkeit und Recht in den Theorien der russischen Liberalen Ende des 19., Anfang des 20. Jahrhunderts (russ.), in: Woprossy filossofii 1991, Nr. 6, S. 25.

17 Zitat aus Bogdan Kistjakovskis Aufsatz «Zur Verteidigung des Rechts (Die Intelligenzija und das Rechtsbewusstsein»), den er 1909 in dem Aufsatzband über die russische Intelligenzija veröffentlicht hatte; vgl. den Nachdruck in: Vechi, Wegzeichen. Zur Krise der russischen Intelligenz, eingeleitet und aus dem Russischen übersetzt von Karl Schlögel, Frankfurt am Main 1990, S. 227 ff.

18 Ein Beispiel wäre etwa das Gesetz über den Status des Richters, das vorschrieb, dass die Kommunen jedem Richter innerhalb von sechs Monaten nach Beginn der Tätigkeit ausreichenden Wohnraum zuteilen müssen. Finanzielle Mittel zur Erfüllung der damit rechtlich begründeten Ansprüche wurden den Kommunen aber nicht zugewiesen; vgl. dazu Ju. S. Korenewa, Versorgung der Richter mit Wohnraum als Maßnahme des Sozialschutzes (russ.), in: Rossiskaja Justizija Nr. 1, 2006, S. 51–54.

19 Wladimir Tumanow, Über den Rechtsnihilismus (russ.), in: Sozialistitscheskoje Gossudarstwo i Prawo 1989, N. 10, S. 20–27.

20 Max Weber, Russlands Übergang zum Scheinkonstitutionalismus, in: Archiv für Sozialwissenschaft und Sozialpolitik 1906, Bd. 23, S. 165–401.

21 Vgl. Itar Tass, 23. 5. 2005; Russia Profile, 19. 0. 2005; Moskowski Komsomolez, 28. 12. 2005.

22 Margareta Mommsen: Surkows «Souveräne Demokratie» – Formel für einen russischen Sonderweg? In: Russlandanalysen Nr. 114, 20. 10. 2006, S. 2–5, Itar Tass, 26. 12. 2006. Siehe auch Lilia Shevtsova, Putin's Russia, revidierte und erweiterte Auflage, Washington D. C. 2005, S. 397.

23 Argumenty i Fakty, 9. 8. 2006.

24 Gespräch mit Tamara Morschtschakowa, Moskau 2. 10. 2006.

25 Dmitri Furman, Nesawissimaja Gaseta, 27. 11. 2006.

26 Silvia von Steinsdorff, Die Verfassungsgenese der Zweiten Russischen und der Fünften Französischen Republik im Vergleich, in: ZfParl 26, 1995, S. 486–504.

27 Margareta Mommsen, Das politische System Rußlands, in: Wolfgang Ismayr (Hrsg.), Die politischen Systeme Osteuropas, 2. Auflage, Opladen 2004, S. 374 f.

28 Eberhard Schneider, Das politische System der Russischen Föderation. Eine Einführung, Opladen 1999.

29 Margareta Mommsen, Wer herrscht in Rußland? Der Kreml und die Schatten der Macht, 2. durchgesehene und erweiterte Auflage, München 2004, S. 43.

30 Dieselbe, Wohin treibt Rußland? Eine Großmacht zwischen Anarchie und Demokratie, München 1995, S. 202.

31 Dieselbe, Wladimir Putin – Zerstörer der Demokratie und Begründer einer Oligarchie der Geheimdienste, in: Ellen Bos/Antje Helmerich (Hrsg.), Zwischen Diktatur und Demokratie. Staatspräsidenten als Kapitäne des Systemwechsels in Osteuropa, Berlin 2006, S. 38.

32 Ebenda, S. 38.

33 Dieselbe, Wer herrscht in Rußland?, a. a. O., S. 98 ff.

34 Dieselbe, Die Europäische Union und Rußland, in: Werner Weidenfeld, Die Europäische Union. Politisches System und Politikbereiche, Bonn 2004, S. 491.

35 Dieselbe, Wer herrscht in Rußland?, a. a. O., S. 115 ff.

36 Witali Tretjakow, in: Federal News Service, 3. 10. 2003.

37 Vladimir Schljapentoch, The Short Time Horizon in the Russian Mind, Michigan State University, 21. 8. 2004, zitiert nach Johnson's Russia List 8340/2004.

38 Financial Times, 10. 9. 2006, Kremlin.ru, 9. 9. 2006.

39 Richard Sakwa, Putin Russia's Choice, London 2004, S. 60 ff; Iswestija, 16. 9. 2005. Siehe auch Lilia Shevtsova, Putin's Russia, a. a. O., S. 179.

40 Fred Weir, Christian Science Monitoring, 2. 2. 2007; Moscow Times, 2. 2. 2007.

41 Margareta Mommsen, Wladimir Putin – Zerstörer der Demokratie, a. a. O., S. 42; Nesawissimaja Gaseta, 27. 2. 2007.

42 Newsweek Russia 8 (134), 19.–25. 2. 2007.

43 Margareta Mommsen, Wladimir Putin – Zerstörer der Demokratie, a. a. O., S. 42.

44 Washington Post, 26. 9. 2003.

45 Margareta Mommsen, Putins «gelenkte Demokratie»: «Vertikale der Macht» statt Gewaltenteilung, in: Matthes Buhbe/Gabriele Gorzka (Hrsg.), Rußland heute. Rezentralisierung des Staates unter Putin, Wiesbaden 2007, S. 242.

46 Dieselbe, Wladimir Putin – Zerstörer der Demokratie, a. a. O., S. 42.

47 Hans-Henning Schröder, Personenvertrauen und Stabilität: die russische Gesellschaft und das System Putin, in: Matthes Buhbe/Gabriele Gorzka (Hrsg.), a. a. O., S. 44.

48 Margareta Mommsen, Statt liberaler Rhetorik Großmachtpose und Säbelrasseln, in: Russlandanalysen Nr. 100, S. 2–4.

49 Andrei Illarionow, Mosnews.com, 12. 5. 2006.

50 Margareta Mommsen, Surkows «souveräne Demokratie» – Formel für einen russischen Sonderweg?, a. a. O., S. 2–4.

51 Moskowskije Nowosti, 28. 4. 2006.

52 Margareta Mommsen, Putins «gelenkte Demokratie», a. a. O., S. 241.

53 Jutta Scherrer, Russlands neue – alte Erinnerungsorte, in: Aus Politik und Zeitgeschichte, 11/2006, 13. 3. 2006, S. 24–28. Siehe auch Kommersant Wlast, 7. 11. 2005.

54 Kommersant Wlast, 15. 11. 2004; 14. 11. 2005; Georgi Bowt, in: Russia Profile, 4. 11. 2006.
55 Roland Nash, Iswestija, 9. 12. 2005.
56 Juri S. Piwowarow, Die russische Macht und die öffentliche Politik (russ.), in: Polis Nr. 6/2005; derselbe: Zwischen Kosakentum und Knute (russ.), Polis Nr. 2/2006, S. 7 und S. 17. Zum «Russischen System» als einem eigenen Herrschaftstypus siehe auch Lilia Shevtsova, Putin's Russia, a. a. O., S. 16.

II. Gelenkte Demokratie

1 Ivan Krastew, Democracy's «Doubles», in: Journal of Democracy, Nr. 2, April 2006, S. 52–62.
2 Margareta Mommsen, Wer herrscht in Russland?, a. a. O., S. 65 ff.
3 Ebenda, S. 33 ff.
4 Margarete Wiest, Rußlands schwacher Föderalismus und Parlamentarismus. Der Föderationsrat, Münster, Hamburg, London 2003, S. 261 ff.
5 N. Geworkjan/A. Kolesnikow/N. Timakowa, Aus erster Hand. Gespräche mit Wladimir Putin (russ), Moskau 2000, S. 168.
6 Margareta Mommsen, Wer herrscht in Russland?, a. a. O., S. 79 ff.
7 Stenografitscheski Ottschet o press-konferenzii w Kremle, 20. 6. 2003, http://www.kremlin.ru/appears/2003/06/20/1237_type63380_47449.shtml (letzter Zugriff 2. 4. 2007).
8 Margarete Wiest, Ausgehöhlte Gewaltenteilung. Der Föderationsrat in Putins gelenkter Demokratie, in: Osteuropa 54. Jg. 1/2004, S. 17 ff.
9 Lilia Shevtsova, Putin's Russia, a. a. O., S. 38 ff.
10 Sergei Markow, Nesawissimaja Gaseta, 2. 3. 2000.
11 Sergei Kirijenko, Rossiskaja Gaseta, 19. 5. 2004.
12 Margarete Wiest, Rußlands schwacher Föderalismus, a. a. O., S. 328 ff.
13 Margareta Mommsen, Wer herrscht in Russland?, a. a. O., S. 112.
14 Margarete Wiest, Ausgehöhlte Gewaltenteilung, a. a. O., S. 17 ff.
15 Ebenda, S. 27.
16 Margarete Wiest, Die neue Staatsduma – das Taschenparlament des Präsidenten, in: Russlandanalysen Nr. 13, 30. 1. 2004, S. 2–4.
17 Margareta Mommsen, Wer herrscht in Russland?, a. a. O., S. 91.
18 AFP, 3. 12. 2003.
19 Nowaja Gaseta, 18. 12. 2003.
20 Silvia von Steinsdorff: Die russische Staatsduma, in: Russlandanalysen Nr. 3, 31. 10. 2003, S. 1–3.
21 Wladimir Lyssenko, AFP, 3. 12. 2003.
22 Aleksei Arbatow, ebenda.
23 Margarete Wiest, Die neue Staatsduma, a. a. O., S. 2.
24 Wremja Nowostei, 13. 2. 2004.

25 Föderales Verfassungsgesetz Nr. 6 vom 3. 11. 2004, SFRZ Nr. 45/2004, Pos. 4376.
26 Iswestija, 6. 8. 2004.
27 Galina Michailowa, Die entscheidenden Etappen der Bildung eines russischen Mehrparteiensystems im Kontext der Transformationsprozesse (russ.), Moskau 2007, im Erscheinen.
28 Nesawissimaja Gaseta, 12. 10. 2005.
29 Nowye Iswestija, 4. 11. 2004.
30 Nesawissimaja Gaseta, 18. 8. 1999.
31 Kara-Mursa, in: Echo Moskwy, 9. 3. 2004.
32 Moscow Times, 30. 7. 2004.
33 Kommersant, 12. 2. 2006. Dem Staatlichen Statistischen Dienst zufolge stieg die Zahl der Beamten seit 2001 stetig an, allein 2005 um 143 500 Personen, d. h. 10,9 Prozent gegenüber dem Vorjahr, um ein Niveau von insgesamt 1 462 000 zu erreichen.
34 Moskowskie Nowosti, 17.–23. 9. 2004.
35 LA Times, 10. 10. 2004.
36 Reuters, Moskau, 7. 11. 2004.
37 Elke Fein, Potjomkinsches Parlament und Papiertiger. Die Russische Gesellschaftskammer, in: Russlandanalysen Nr. 87, 27. 1. 2006, S. 2–4.
38 Ebenda.
39 Zitiert nach Angelika Nußberger, Zivilgesellschaft per Dekret – zur Gründung einer «Gesellschaftskammer» in der Russischen Föderation, in: Osteuropa Recht 3/2005, S. 245–253.
40 Gaseta.ru, 8. 2. 2007; Interfax, 22. 1. 2007.
41 Lilia Schewzowa, Briefing des Carnegie Zentrums Moskau, Januar 2006.
42 Andrei Rjabow, Nowaja Gaseta, 3.–5. 7. 2006.
43 Nowaja Gaseta, 28. 5. 2004.
44 Nikolai Petrow, Moscow Times, 28. 12. 2004.
45 Awtandil Tsuladse, Großes Manipulationsspiel (russ.), Moskau 2000, S. 30 ff.
46 Radio Free Europe/Radio Liberty, Newsletter, Vol. 4, Nr. 116, Part 1, 15. 6. 2000.
47 Iwan Sassurski, Rekonstruktion Russlands: Die Massenmedien und die Politik (russ.), Moskau 2001, S. 220 ff.
48 Rossiiskaja Gaseta, 11. 7. 2000.
49 Jewgeni Kisseljow, Carnegie Endowment for International Peace, 14. 11. 2006.
50 Robert Orttung, Die Lage der Massenmedien in Rußland, in: Russlandanalysen Nr. 118, 17. 11. 2006, S. 3.
51 Ebenda; BBC Monitoring, 3. 5. 2006.
52 Margareta Mommsen, Das Verhältnis von Macht und Medien in der Russischen Föderation, in: Angelika Nussberger/Carmen Schmidt

(Hrsg.): Medienrecht und Medienfreiheit in Russland, Berlin 2005, S. 115 ff.

53 Süddeutsche Zeitung, 23. 11. 2006.

54 Angelika Nussberger, Die Grundlagen des russischen Wahlrechts, in: Russlandanalysen Nr. 5, 2004, S. 4.

55 Wladimir Ryschkow, Moscow Times, 7. 6. 2006.

56 Masha Lipman, The Alliance of TV Moguls and Kremlin Elite, in: http://blog.washingtonpost.com/postglobal/ (letzter Zugriff 13. 3. 2007), 26. 9. 2006.

57 AFP, 28. 4. 2006; siehe auch Orttung, a. a. O., S. 3.

58 Carmen Schmidt, Der Journalist, ein potentieller «Extremist» – der russische Extremismusbegriff seit Juli 2006, Osteuropa Recht 2006, S. 409 ff.

59 Masha Lipman, Washington Post, 15. 6. 2006.

60 Context (Moscow Times), 2.–8. 7. 2004; BBC, 6. 2. 2007.

61 Kommersant, 25. 10. 2006.

62 Lilia Schewzowa, Bürokratischer Autoritarismus, in: Aus Politik und Zeitgeschichte 11/2006, 13. 3. 2006, S. 9.

63 Moscow Times, 7. 6. 2006.

64 Andrej Rjabow, Nowaja Gaseta, 3.–5. 7. 2006.

65 BBC Monitoring, 24. 8. 2006.

66 Nesawissimaja Gaseta, 31. 3. 2005; Moscow Times, 7. 7. 2004.

67 Lilia Schewzowa, Bürokratischer Autoritarismus, a. a. O., S. 9.

68 Russlandanalysen Nr. 21, 17. 3. 2004, S. 10.

69 Margareta Mommsen, Das Verhältnis von Macht und Medien, a. a. O., S. 82.

70 Nesawissimaja Gaseta, 26. 10. 2006; kremlin.ru, 25. 10. 2006.

71 Margareta Mommsen, Das politische System Russlands, a. a. O., S. 388.

72 Galina Michailowa, Zurück zum Einparteienstaat? in: Russlandanalysen Nr. 115, 27. 10. 2006, S. 13.

73 Margareta Mommsen, Das politische System Rußlands, a. a. O., S. 387 ff.

74 Mitteilung von Juri Lewada in einem persönlichen Gespräch in Moskau, 2. 10. 2006.

75 Petra Stykow, «Einiges Rußland»: Die «Partei der Macht» als Staatspartei? in: Russlandanalysen Nr. 115, 27. 10. 2006, S. 2.

76 Ebenda, S. 3.

77 AFP, 10. 8. 2006.

78 Petra Stykow, ebenda.

79 Boris Gryslow, Der Vorsitzende von Einiges Russland kommentiert die neuen Programmdokumente der Partei (russ.), offizielle Seite der Partei Einiges Rußland, http://www.edinros.ru/print.html?id=115719 (letzter Zugriff 2. 4. 2007), Moskau 2. 10. 2006.

80 Iswestija, 2. 11. 2006.
81 Nesawissimaja Gaseta, 16. 8. 2006; Kommersant, 16. 8. 2006.
82 Interfax, 16. 8. 2006.
83 Ebenda.
84 Moscow Times, 30. 10. 2006.
85 Neue Zürcher Zeitung, 30. 10. 2006; Nesawissimaja Gaseta, 27.–28. 10. 2006.
86 Andrew Wilson, Virtual Politics. Faking Democracy in the Post-Soviet World, New Haven und London 2005, S. 110 ff.
87 Lilia Schewzowa, Bürokratischer Autoritarismus, a. a. O., S. 10.
88 Nesawissimaja Gaseta, 27.–28. 10. 2006.
89 Sergei Mironow, Nowaja Gaseta, 31. 8. 2006; Washington Post, 30. 8. 2006. Die Idee der doppelten Parteiführung durch Putin stammt von einem Abgeordneten des «Einigen Rußland», Russia Profile, 3. 11. 2006.
90 Ulrich Schmid, Naschi – Die Putin Jugend, in: Osteuropa 5/2006, 56. Jg., S. 5–18.
91 Jens Siegert, Politische Jugendorganisationen und Jugendbewegungen in Russland, in: Russlandanalysen Nr. 83, 2. 12. 2005.
92 Ebenda.
93 Kommersant, 19. 5. 2006.
94 Jens Siegert, Politische Jugendorganisationen, a. a. O., S. 4.
95 Olga Kryschtanowskaja/Stephen White, Inside the Putin Court: A Research Note, in: Europe – Asia Studies, vo. 57, Nr. 7, November 2005, S. 1065–1075; Reuters, 14. 12. 2006; dieselbe: Anatomie der russischen Elite. Die Militarisierung Rußlands unter Putin, Köln 2005.
96 Michail Deljagin, Pressekonferenz, Federal News Service http://www. fednews.ru (letzter Zugriff 13. 3. 2007), 3. 8. 2004; Boris Kagarlitski, Moscow Times, 2. 11. 2006.
97 Gaseta.ru, 28. 12. 2006.
98 Margareta Mommsen, Einflussgruppen in der russischen Exekutive, in: Russlandanalysen Nr. 69, 10. 6. 2005, S. 2–4.
99 Margareta Mommsen, Wer herrscht in Rußland?, a. a. O., S. 133.
100 Ebenda, S. 34.
101 Dieselbe, Putins «gelenkte Demokratie»: «Machtvertikale», a. a. O., S. 243.
102 Dieselbe, Wladimir Putin – Zerstörer der Demokratie, a. a. O., S. 35.
103 Dieselbe, Einflussgruppen in der russischen Exekutive, a. a. O., S. 171.
104 Ebenda, S. 172.
105 Russia Profile, 2. 6. 2006; Nowaja Gaseta, 5.–7. 6. 2006.
106 Margareta Mommsen, Einflussgruppen, a. a. O., S. 173.
107 Dieselbe, Wer herrscht in Rußland, a. a. O., S. 233 f.
108 Dieselbe, Machtkämpfe und Intrigen beim Wechsel von Kasjanow zu Fradkow, in: Russlandanalysen Nr. 20, 19. 3. 2004, S. 3–5.

109 Russia Profile, 22. 2. 2005.

110 Kommersant Wlast, 8. 3. 2004; Moskowski Komsomolez, 13. 4. 2004.

111 Polititscheski Schurnal, 19. 7. 2004.

112 Nesawissimaja Gaseta, 2. 8. 2004; www.gazeta.ru, 25. 8. 2004.

113 Moscow Times, 25. 2. 2005; Julia Kusznir: Der Staat schlägt zurück. Wirtschaftspolitische Konsequenzen der Jukos Affäre, in: Osteuropa 7/2005, 55.Jg., S. 81 f.

114 Margareta Mommsen, Wladimir Putin – Zerstörer der Demokratie, a. a. O., S. 46 f.

115 Dieselbe, Einflussgruppen in der russischen Exekutive, a. a. O., S. 183., Neue Zürcher Zeitung, 5.–6. 3. 2005.

116 Olga Kryschtanowskaja, in: Profil Nr. 10, 21. 3. 2005.

117 Margareta Mommsen, Putins «gelenkte Demokratie»: «Machtvertikale», a. a. O., S. 246.

118 Kommersant, 23. 1. 2006.

119 Robert Orttung, Die Lage der Massenmedien, a. a. O., S. 3.

120 Lilia Schewzowa, Russland im Jahr 2006. Die Elite stellt sich auf für den Kampf um die Sicherung der Machtpositionen, in: Russlandanalysen Nr. 122, 15. 12. 2006, S. 2.

121 Argumenty i Fakty, 24. 5. 2006.

122 Stephen Kotkin, All that stands between democracy and Russia is Russia. Gasputin, in: The New Republic, 29. 5. 2006, https://ssl.tnr.com/p/docsub.mhtml?i=20060529&s=kotkino52906 (letzter Zugriff 13. 3. 2007); siehe auch Johnson's Russia List 121/33, 24. 5. 2006.

123 Andrei Kolesnikow, www.gazeta.ru, 26. 12. 2006.

124 Ian Brammer/Samuel Charap, The Silowiki in Putin's Russia. Who they are and what they want, in: The Washington Quarterly, Winter 2006/2007.

125 Wedomosti, 16. 2. 2007.

126 Siehe dazu auch das letzte Kapitel dieses Buches über die Auswege aus der gelenkten Demokratie.

127 Hans-Henning Schröder, Kader-Rochade im Kreml, in: Russlandanalysen Nr. 81, 18. 11. 2005, S. 15.

128 Itar Tass, 18. 2. 2007; Interfax, 15. 2. 2007; Wedomosti, 16. 2. 2007.

129 Moscow Times, 21. 2. 2007.

130 www.gazeta.ru, 9. 11. 2006.

131 Nesawissimaja Gaseta, 19. 2. 2007.

132 Itar Tass, 17. 11. 2006.

133 Ekspert, 14. 7. 2006.

134 Aleksei Sudin, Moskowskie Nowosti, Nr. 21, 1.–7. 6. 2007.

135 Russia Profile, 3. 11. 2006.

136 Iswestija, 20. 2. 2007; Rossiskaja Gaseta, 28. 10. 2006; Newsweek Russia, Dezember/Januar 2007.

137 Eugene Huskey, Daytona Beach News Journal, Florida, 25. 7. 2006.

138 Lilia Schewzowa, Interview mit Radio Swoboda, 29. 1. 2007, http://
svobodanews.ru/Transcript/2007/01/29/20070129200000517.
html (letzter Zugriff 13. 3. 2007).
139 Argumenty Nedeli Nr. 23, 7.–13. 6. 2007.

III. Gelenkte Justiz

1 Vgl. die am 9. und 10. Oktober 2004 durchgeführte Umfrage (Domi-
nanten. Meinungsfelder (russ.)) 2004, Nr. 41 (771), 14. Oktober.
2 Interview mit Waleri Sorkin, Die Korruption in den Gerichten ist
einer der einflussreichsten korrupten Märkte geworden (russisch),
Iswestija, 26. 10. 2004.
3 Russisch «prikasnye ljudi», abgeleitet von dem Wort «prikas» (Befehl).
4 So das Urteil von G. K. Gins im Jahr 1916, zitiert nach Michael Silnizki, Geschichte des gelehrten Rechts in Russland. Jurisprudencija an
den Universitäten des Russischen Reiches 1700–1835, Frankfurt am
Main 1997, S. 44, FN 93.
5 Moroschkin, Die Beteiligung der Moskauer Universität an der Entstehung der vaterländischen Jurisprudenz, in: Wissenschaftliche Notizen
der Kaiserlichen Moskauer Universität VIII (1834), S. 205–255, zitiert
nach Silnizki, a. a. O., S. 45.
6 Vgl. dazu im Einzelnen Michael Silnizki, a. a. O..
7 Vgl. § 227 der Senatsordnung (Bd. I Swod Sakonow von 1857): «Der
Senat hat solche Sachen nicht zu entscheiden, für die es kein genaues
Gesetz gibt, sondern er fertigt einen Entwurf einer Entscheidung an
für jeden Fall, der die Herausgabe neuer Gesetze oder die Ergänzung
und Abänderung der bestehenden gesetzlichen Regelungen fordert,
und der Fall wird vom Justizminister mit dessen Gutachten durch den
Reichsrat vor Seine Kaiserliche Hoheit gebracht.»
8 Alexander Herzen, Gesammelte Werke in 30 Bänden, Bd. VII, Moskau
1956, S. 121.
9 Ebenda.
10 Aussage eines Kreisrichters aus dem Jahr 1862, zitiert nach Fried-
helm Berthold Kaiser, Die Russische Justizreform von 1864. Zur Geschichte der Russischen Justiz von Katharina II. bis 1917, Leiden 1971,
S. 37 f.
11 Gessen, V. M., Die entscheidenden Augenblicke in der juristischen Entwicklung Russlands im 19. Jahrhundert (russ.), in: Prawo (1901), Nr. 6,
S. 289, zitiert nach Jörg Baberowski, Autokratie und Justiz. Zum Verhältnis von Rechtsstaatlichkeit und Rückständigkeit im ausgehenden
Zarenreich 1864–1914, Frankfurt am Main 1996, S. 14.
12 Baberowski, a. a. O., S. 6.
13 Baberowski, a. a. O., S. 42.
14 Vgl. Baberowski, a. a. O., S. 617 mit weiteren Nachweisen.

15 Zitiert nach Baberowski, a. a. O., S. 656.

16 Matwej Libermann, Im Namen der Sowjets, Berlin 1930, S. 42.

17 Leonid Nikitinski, Das schnellste Gericht der Welt (russ.), in: Nowaja Gaseta Nr. 71, 26.9.–28. 9. 2005, S. 2.

18 Nikolai Krylenko, Gericht und Recht in der UdSSR (russ.), Moskau/Leningrad 1927, S. 27.

19 Ebenda, S. 93.

20 So der Tenor des Urteils des Militärkollegiums des Obersten Gerichts vom 23. 8. 1936; als Opfer des Verbrechens genannt werden konkret die Genossen *Stalin, Woroschilow, Schdanow, Kaganowitsch, Ordschonikidse, Kossior* und *Postyschew.*

21 Artikel 112 der Verfassung: «Die Richter sind unabhängig und nur dem Gesetz unterworfen.»

22 Juri Andruchowytsch, Moscoviada, Frankfurt am Main, 2006, Originalausgabe 2003, S. 34.

23 Konzeption der Gerichtsreform in der RSFSR, 1992. S. A. Paschin (Hg.), Konzepzija Sudebnoi Reformy w Rossiskoi Federazii, Moskau 1992.

24 Vgl. die Änderung der Verfassung der RSFSR von 1978 durch Gesetz vom 21. 4. 1992 (Wedomosti Sjesda narodnych deputatow R. F. i Werchownogo Soweta R. F. 1992, Nr. 20, Pos. 1084).

25 Gesetz vom 27. 4. 1993 «Über Beschwerden vor Gericht gegen Handlungen und Entscheidungen, die die Menschenrechte und -freiheiten verletzen.» In: Wedomosti sesda narodnych deputatow Rossiskoj Federazii, Nr. 19, Pos. 685.

26 Zahlenangaben nach Sergey A. Pashin, The Current Situation with the Judicial Reform in Russia, http://bcsia.ksg.harvard.edu/publication. cfm?programm=CORE & ctype=event_reports & item_id=5 (letzter Zugriff 2. 4. 2007).

27 Vgl. das Interview mit Sergei Paschin, abgedruckt bei Igor Korolkov, Die Gerichtsreform ist erfolgreich beendet, meint der Staat. Man muss sie von neuem beginnen, hält einer der Väter der Reform dagegen (russ.), in: Moskowskije Nowosti Nr. 47, 10. 12. 2004.

28 Zitat des Autors der Gerichtsreform Sergei Paschin bei Georgi Ilitschew, Iswestija 26. 10. 2004.

29 W. W. Smirnow, Die Unabhängigkeit der Richter als Bedingung für die Sicherung der Menschenrechte in der Russischen Föderation (russ.), in: Forging a common legal destiny: Liber Amicorum William E. Butler, London 2005, S. 327 ff; S. 338.

30 Vgl. die Zeitungsberichte von Juri Feofanow, Ein armes Gericht taugt nicht zur Rechtsprechung (russ.), Iswestija, 9. 7. 1996, S. 5; derselbe, Die gerichtliche Macht in der finanziellen Einbahnstraße (russ.), in: Rossiskaja Gaseta, 14. 11. 1996, S. 5.

31 Vgl. Peter H. Solomon, Todd S. Foglesong, Courts and Transition in Russia. The Challenge of Judicial Reform, Boulder, Colorado 2000, S. 38.

32 Entscheidung des russischen Verfassungsgerichts vom 17. 7. 1998, SZ RF 1998, Nr. 30, Pos. 3801.

33 Gordon M. Hahn, Putin's «Federal Revolution»: The Administrative and Judicial Reform of the Russian Federation, in: East European Constitutional Review, Winter 2001, S. 63; Gesetz über die Finanzierung der Gerichte; in: Juriditscheski Westnik 1998, Nr. 11, S. 2–3; S. 9–10.

34 Vgl. die Angaben in der Zeitschrift «Der Richter» (Sudja), 2005, Nr. 1, S. 10.

35 Wladislaw Kulikow, Hunderttausend für die Ehrlichkeit (russ.), in: Rossiskaja Gaseta, 26. 9. 2006.

36 Angaben aus: Banken und Finanzen. 100 000 als neues Gehalt des russischen Richters, RBC Daily vom 27. 9. 2006, http://www.leos.ru/ bank/?quantity=20&ordernews=datat & pagenews=1&idnews=0797 (letzter Zugriff 2. 4. 2007); Nina Wasdajewa, Was bleibt den Richtern? Welches Gehalt die Richter in den Roben bekommen, ist nicht ganz klar (russ.), in: Nowye Iswestija, 20. 1. 2006.

37 Im Jahr 2006 waren in der R. F. von 22 317 Richterstellen in der allgemeinen Gerichtsbarkeit 3868 Stellen und von 4083 Stellen bei Arbitragegerichten 1054 Stellen unbesetzt; Angaben nach Wladimir Pejsikow, Autoreferat, unveröffentlicht.

38 O. W. Martyschin, Einige Thesen über die Perspektiven des Rechtsstaats (russ.), in: Gossudarstwo i Prawo 1996, S. 3 ff.

39 Vgl. Leonid Nikitinski, Gerichtstragende Initiative. Wie ‚Echo Moskau' berichtet, haben die Richter erfahren, dass es sie nicht mehr geben wird. Natürlich sind sie selbst schuld, aber es ist Zeit, zur Verteidigung ihrer Rechte aufzustehen (russ.), in: Nowaja Gaseta, 4. 10. 2004; Michael Ludwig, Russlands Richter in der Machtvertikalen. Warum Putin die Justiz reformieren will, in: Frankfurter Allgemeine Zeitung, 18. 10. 2004, S. 8,

40 Vgl. Beschluss des Plenums des Obersten Arbitragegerichts der R. F. vom 22. 6. 2006, http://www.arbitr.ru/pract/post_plenum/msg. asp?id_msg=92 (letzter Zugriff 2. 4. 2007).

41 Florian Hassel, Anklagende Verteidiger, in: Frankfurter Rundschau, 16. 12. 2005.

42 Leonid Celjanow, «Euer Ehren»? Gut wär's (russ.), in: Moskowskije Nowosti Nr. 27, 23. 7. 2004.

43 Vgl. die «Grundlagen der Gesetzgebung der UdSSR und der Unionsrepubliken über den Gerichtsaufbau» von 1989, in denen erstmals Entscheidungen von Geschworenengerichten über die Schuld der Angeklagten, denen die Todesstrafe oder eine mindestens 10-jährige Freiheitsstrafe droht, zugelassen werden.

44 Konzeption der Gerichtsreform 1992, a. a. O., § 20 Nr. 2.

45 Ebenda.

46 Musa Muradow, Kommersant, 27. 10. 2006.

47 So etwa die Aussage von Sergei Wicin, stellvertretender Vorsitzender des Rats beim Präsidenten über Fragen der Vervollkommnung der Justiz, Generalmajor des inneren Dienstes a. D. und Mitautor der Justizkonzeption von 1991, in: Argumenty i Fakty, Ausgabe 15 (59), 30. 7. 2004.

48 So Wladimir Zykow, verdienter Jurist der R. F., in: Argumenty i Fakty, Ausgabe 15 (59), 30. 7. 2004.

49 Pashin, Current Situation with Judicial Reform in Russia, http://bcsia. ksg.harvard.edu/publication.cfm?program=CORE & ctype=event_ reports & item_id=5 (letzter Zugriff 13. 3. 2007).

50 Rossiskaja Justizija 2005, Nr. 1–2, S. 27.

51 Stenographischer Bericht über ein Treffen der Mitglieder des Rats zur Stärkung der Institute der bürgerlichen Gesellschaft und der Menschenrechte mit Präsident Putin vom 11. 1. 2007, im Internet abrufbar unter http://www.kremlin.ru/text/appears/2007/01/116614.shtml (letzter Zugriff 13. 3. 2007).

52 Lord Chief Justice Hewart, King's Bench Division of the High Court, Lord Hewart C. J., Rex v. Sussex Justices, Ex parte McCarthy [1924] 1 K. B. 256, 259.

53 Die Auszüge aus der Instruktion des Richterrats werden zitiert von Wladislaw Kulikow, Freundlicher Euer Ehren! Der Richterrat hat strenge Regelungen zum Umgang der Gerichtsbediensteten mit Besuchern erlassen (russ.), in: Rossiskaja Gaseta, 6. 6. 2006.

54 Nikolai Pawlowitsch Sagoskin, Skizze der Geschichte der Todesstrafe in Russland, Rede gehalten am 5. November 1891, in der feierlichen jährlichen Sammlung der Kaiserlichen Universität Kasan, 1892, zitiert nach Peter Liessem, Die Todesstrafe im späten Zarenreich: Rechtslage, Realität und öffentliche Diskussion, in: Jahrbücher für Geschichte Osteuropas, n. F. Bd. 37, 1989, S. 493.

55 Nußberger/Marenkov, Das «Jein» zur Todesstrafe in Russland, in: Osteuropa Recht 2007, S. 9.

56 T. G. Morschtschakowa im Gespräch mit Präsident Putin am 11. 7. 2007 (Stenographischer Bericht über ein Treffen der Mitglieder des Rats beim Präsidenten, a. a. O.).

57 Wörtlich lautet die Antwort des Präsidenten: «Ich habe gesehen, dass Sie mit erkennbarem Schmerz davon gesprochen haben, was im Gerichtssystem vor sich geht. Wir kennen – und da stimme ich mit Ihnen überein – in der letzten Zeit viele kritische Äußerungen gegen das Gerichtssystem, das ist tatsächlich so. Und ich stimme auch mit Ihnen überein, dass es nötig ist nachzudenken, um dieses System zu vervollkommnen.»

58 Resolution 1418 (2005), The circumstances surrounding the arrest and prosecution of leading Jukos executives, http://assembly.coe.int/Main. asp?link=/Documents/AdoptedText/ta05/ERES1418.htm (letzter Zugriff 13.3. 2007).

59 Ernst Gottfried Mahrenholz, Justiz – eine unabhängige Staatsgewalt? in: DRiZ 1991, S. 432 ff.

60 Konzeption der Gerichtsreform, a. a. O., Abschnitt I, Krise der Justiz.

61 Art. 6.1 Abs. 6 des Gesetzes über den Status der Richter.

62 Vgl. Peter H. Solomon, Informal Practices in Russian Justice: Probing the Limits of Post-Soviet Reform, in: Ferdinand Feldbrugge, Russia, Europe, and the Rule of Law, Leiden/Boston 2007, S. 79 ff.

63 Vgl. Anastasija Kornja, Richter unter Druck (russ.), in: Wedomosti, 12.2. 2007. Sie nennt die Reform von Kosak aus dem Jahr 2001 eine «Stärkung der administrativen Kontrolle».

64 Olga Kudeschkina, Offener Brief an den Präsidenten der Russischen Föderation V. V. Putin (russ.), Nowaja Gaseta, 9.3. 2005.

65 Tatjana Morschtschakowa, Die Gerichtsreform in Russland, Osteuropa Recht 2007, Heft 1, S. 2–8.

66 Sergei Paschin, Current Situation with Judicial Reform in Russia, a. a. O.

67 Olga Kudeschkina, Offener Brief an den Präsidenten der Russischen Föderation, a. a. O.

68 Natalja Ratnikowa, Das Gasprom-Gericht (russ.), in: Politcom.ru, 27.1. 2005.

69 Ebenda.

70 Wladimir Worsobin/Anna Sirota, Wieder ein Iwanow, und wieder aus Petersburg (russ.), in: Komsomolskaja Prawda, 26.1.2005.

71 Andrei Scharow, 12 Stühle. Der Menschenrechtsbeauftragte Wladimir Lukin: das Geschworenengericht hat sich behauptet (russ.), in: Rossiskaja Gaseta, 11.11. 2004.

72 Boris Jaschanow, Korrupte Justiz am Diensteingang. Die Vorsitzende des Moskauer Stadtgerichts Olga Jegorowa offenbart die Geheimnisse bestellter, fabrizierter und skandalöser Entscheidungen (russ.), in: Rossijskaja Gaseta, 24.3. 2005.

73 Andrei Scharow, 12 Stühle. Der Menschenrechtsbeauftragte Wladimir Lukin, a. a. O.

74 Eine Zusammenstellung der bisherigen russischen und sowjetischen Generalprokuroren findet sich abgedruckt in Kommersant Wlast Nr. 25 vom 26.6. 2006. Dabei wird allerdings der Generalprokuror Oleg Gaidanow, der 1995 nach Kasannik und vor Skuratow den Posten für 16 Tage innehatte und die kriminelle Vergangenheit einer Vielzahl von Dumaabgeordneten zu durchleuchten versuchte, nicht mitgezählt.

75 Walentin Stepankow/Jewgeni Lisow, Das Kreml-Komplott, München 1992.

76 Iswestija, 20. 5. 1993, S. 5.

77 Vgl. Gordon B. Smith, The Procuracy, Putin and the Rule of Law in Russia, in: Ferdinand Feldbrugge, Russia, Europe, and the Rule of Law, Leiden/Boston 2007, S. 4.

78 Verordnung der Duma vom 23. 2. 1994 «Über die Verkündung einer Amnestie im Zusammenhang mit der Annahme der Verfassung der R. F.», veröffentlicht in Rossiskaja Gaseta, 26. 2. 1994.

79 Iswestija, 1. 3. 1994, S. 2.

80 Nikolai Groschkow, «Kursk» – die Fragen sind geblieben, BBC Moskau vom 1. 8. 2002, http://news.bbc.co.uk/hi/russian/news/newsid_2 166 000/2 166 220.stm (letzter Zugriff 13. 3. 2007).

81 Vgl. dazu oben den Abschnitt «Bürokratischer Kapitalismus» und «Apparatepluralismus».

82 Für den August 2003 wird die Zahl der Mitarbeiter bei der Prokuratur mit 55 021 angegeben; vgl. http://www.russia-today.ru/2003/no_ 11/11_topic_2thm (letzter Zugriff 13. 3. 2007).

83 Art. 376 ff ZPO.

84 Wladimir Perekrest, Nicht geben, nicht nehmen. Die Generalprokuratur hat einen totalen Krieg gegen die Rechtsbrecher auf den Straßen begonnen (russ.), in: Iswestija, 1. 3. 2007.

85 Juri Feofanow, Wohin schaut der Prokuror, oder warum können wir die Kriminalität nicht zähmen? Macht und Gesetz: wem von beiden dient der Prokuror im Russland der Gegenwart? Ein Gespräch zwischen dem ersten Stellvertreter des Generalprokurors der R. F. Wladimir Kolesnikow und dem Abgeordneten der Duma Boris Resnikow unter Beteiligung des Beobachters von «Russland heute» (russ.) abrufbar unter http://russia-today.ru/2003/no_11/11_topic_2htm (letzter Zugriff 13. 3. 2007).

86 A. Trochev, Distrusted Courts: The Impact of State (In)capacity on Judicial Power in Post-Communist Countries, abrufbar unter: http://www.cpsa-acsp.ca/papers-2005/Trochev.pdf (letzter Zugriff 2. 4. 2007).

87 Ebenda.

88 Entscheidung des Europäischen Gerichtshofs für Menschenrechte vom 7. 5. 2002 Burdov v. Russische Föderation (veröffentlicht in: Rossiskaja Gaseta, 4. 7. 2002).

89 Maksim Stroker, Rechtsprechung auf Russisch (russ.), in: Moskowski Komsomolez, 25. 12. 2005.

90 Sergei Poduzow, Das russische Gericht und die europäischen Standards (russ.), veröffentlicht am 14. 11. 2006, http://www.hro.org/court/2006/11/14–1.php (letzter Zugriff 13. 3. 2007).

91 Vgl. Otto Luchterhandt, Vom Verfassungskomitee der UdSSR zum Verfassungsgericht Russlands, in: JöR 1993, S. 251.

92 Vgl die Aussage Sorkins bei einer Pressekonferenz am 10. 2. 1993, in Zeiten der Hyperinflation dürfe man kein Referendum durchführen,

http://www.cityline.ru/politika/ks/epzor.html (letzter Zugriff 1.3. 2007).

93 Dekret vom 7.10. 1993 «Über das Verfassungsgericht der R.F.», in: Sobranie aktow Presidenta i Prawitelstwa R.F., 1993 Nr. 41, Pos. 3921; zu den Einzelheiten der Auseinandersetzung zwischen Verfassungs-gericht und Exekutive vgl. Angelika Nußberger, Das Russische Ver-fassungsgericht zwischen Recht und Politik, in: Matthes Buhbe, Gab-riele Gorzka (Hrsg.): Russland heute. Rezentralisierung des Staates unter Putin, Wiesbaden 2007, S. 215–233.

94 Vgl. dazu im Einzelnen Margareta Mommsen, Wer herrscht in Russ-land? a.a.O.

95 Vgl. dazu im Einzelnen Angelika Nußberger, Rechts- und Verfas-sungskultur in der Russischen Föderation, in: Jahrbuch des öffent-lichen Rechts der Gegenwart. Neue Folge, Band 54, 2006, S. 35–55.

96 Vgl. dazu im Einzelnen Nußberger, Das russische Verfassungsgericht zwischen Recht und Politik, a.a.O., S. 215 ff.

IV. Berühmte Prozesse

1 Sergei Kowaljow ist einer der berühmtesten russischen Menschen-rechtler, der bereits seit 1968 für den Schutz der Menschenrechte ein-trat. 1974 wurde er verhaftet, 1975 wegen «antisowjetischer Agitation und Propaganda» zu sieben Jahren Lagerhaft und drei Jahren Verban-nung verurteilt. Erst in der Zeit der Perestrojka kehrte er nach Moskau zurück.

2 Zitat von Sergei Kowaljow, abgedruckt in dem Dokument 11 031 der Parlamentarischen Versammlung des Europarats vom 25.9. 2006 «Fair trail issues in criminal cases concerning espionage or divulging state secrets», Berichterstatter Christos Pourgourides, Zypern, Punkt 76, im Internet abrufbar unter http://www.assembly.coe.int/Main.asp?link=/Documents/WorkingDocs/Doc06/EDOC11 031.htm (letzter Zugriff 4.4. 2007).

3 Der Annex ist in der Entscheidung des Europäischen Gerichtshofs für Menschenrechte wörtlich zitiert; vgl. Gusinskiy v. Russische Föderation (Beschwerde Nr. 70 276/01), Urteil vom 19. Mai 2004, Reports 2004-IV, Rdnr. 28.

4 Die Sachverhaltsdarstellung basiert gleichfalls auf der in der Entschei-dung des Europäischen Gerichtshofs für Menschenrechte enthaltenen Wiedergabe.

5 Art. 159 Abs. 3 StGB: Wurde der Betrug … (b) in großem Umfang … begangen, so wird er mit Freiheitsentzug für die Dauer von fünf bis zu zehn Jahren in Verbindung mit Vermögenskonfiskation oder ohne eine solche bestraft.

6 Verordnung der Duma vom 26. 5. 2000, SZ RF 2000, Nr. 22, Pos. 2286.

7 Gusinskiy v. Russische Föderation (Beschwerde Nr. 70 276/01), Urteil vom 19. Mai 2004, Reports 2004-IV, Rdnr. 73 ff.; die Vorschrift, auf die sich der Gerichtshof bei seiner Argumentation bezog, lautet: «Die nach dieser Konvention zulässigen Einschränkungen der genannten Rechte und Freiheiten dürfen nur zu den vorgesehenen Zwecken erfolgen.» (Art. 18 EMRK).

8 Marina Wolkowa/Iwan Grigor'ew/Swetlana Rasupkina/Dmitri Gornostaew, Die Verhaftung Gussinskis hat ein «zweites Davos» provoziert. Der Kampf des Kreml mit den Oligarchen bringt Putin in eine ausweglose Situation (russ.), in: Nesawissimaja Gaseta, 15. 6. 2000.

9 Aleksandr Dobrowinski, Ein Schlag gegen das Vertrauen. Fordert das Verdikt des Europäischen Gerichtshofs für Menschenrechte im Fall Gussinski mit der Formulierung «für persönliche Treue» diejenigen zu entlassen, die ihn verfolgt haben? (russ.), in: Nowaja Gaseta, 24. 5. 2004.

10 Maksim Tschernikowski, Nach Straßburger Rechnung (russ.), in: Kommersant Dengi, 14. 6. 2004.

11 Anatoli Tschubais, Moscow News, 15.–21. 6. 2005.

12 Susan Glasser/Peter Baker, Washington Post, 5. 11. 2003; Nesawissimaja Gaseta, 21. 2. 2003; Roland Götz: Rußland und seine Unternehmer. Der Fall Chodorkowski, in: SWP – Aktuell 45, Berlin, November 2003.

13 Julia Kusznir: Der Staat schlägt zurück. Wirtschaftspolitische Konsequenzen der Jukos Affäre, in: Osteuropa 7/2005, 54. Jg., S. 76 ff.

14 Jegor Gaidar, Business Week Online, 23. 12. 2003.

15 Glasser/Baker, a. a. O.

16 Jegor Gajdar, Carnegie Endowment, Internet, 27. 1. 2004; Viktor Jerofejew in Newsweek, 17. 11. 2003.

17 Roland Götz, Russland und seine Unternehmer, a. a. O., S. 5.

18 www.utro.ru, 26. 5. 2003.

19 Moscow Times, 11. 6. 2003; Iswestija, 30. 7. 2003; Wedomosti, 8. 9. 2003.

20 Lew Gudkow/Boris Dubin, Der Oligarch als Volksfeind. Der Nutzen des Falls Chodorkowski für das Putin Regime, in: Osteuropa 7/2005, 55. Jg., S. 52–75.

21 W Miljutenko, Zur Jagd auf die Oligarchen wird geblasen, in: Wostok 4/2003, S. 8 f.

22 Roland Götz, Rußland und seine Unternehmer, a. a. O., S. 5.

23 Margareta Mommsen, Autoritäres Präsidialsystem und gelenkter politischer Wettbewerb in Putins Russland, in: Gabriele Gorzka/Peter W. Schulze (Hrsg.): Wohin steuert Russland unter Putin? Der autoritäre Weg in die Demokratie, Frankfurt am Main/New York 2004, S. 185.

24 Ebenda, S. 186.

25 Ebenda; das Puschkinzitat stammt aus Kapitel VIII von *Eugen Onegin*, deutsche Übersetzung in der Reclam-Ausgabe, Stuttgart 1972, S. 200.

26 Jewgeni Jasin, Überlebt die Demokratie in Russland (russ.), Moskau 2006, S. 197 ff, siehe dazu auch Nowaja Gaseta, 8. 9. 2003.

27 Nesawissimaja Gaseta, 4. 9. 2003.

28 Jewgeni Jasin, Überlebt die Demokratie, a. a. O., S. 199.

29 Eberhard Schneider, Putin und die Oligarchen, SWP Studie, September 2004, S. 18.

30 Nowaja Gaseta, 13. 11. 2003.

31 Michail Deljagin, Pressekonferenz, Internet, zitiert nach Johnson's Russia List 8318, 6. 8. 2004.

32 Peter Lavelle, futurebrief.com, 19. 8. 2004.

33 Andrei Illarionow, Mosnews.com, 11. 11. 2004; Igor Schuwalow, Kommersant Dengi, 4. 12. 2005.

34 Moscow Times, 6. 6. 2005; Moscow Times, 16. 8. 2005.

35 Itogi, 14. 6. 2005.

36 AP, 22. 2. 2007; Reuters, 21. 2. 2007. siehe auch SZ, 5./6. 4. 2007.

37 Itar Tass, 9. 2. 2007.

38 Wedomosti, 8. 2. 2007.

39 Otto Luchterhandt, Rechtsnihilismus in Aktion. Der Jukos-Chodorkovskij-Prozess, in: Osteuropa 2005, Heft 7, S. 9.

40 Zu den Einzelheiten vgl. die Auswertung der Anklageschrift bei Luchterhandt, a. a. O., S. 12 ff.

41 Parlamentarische Versammlung des Europarats, Entschließung 1418 (2005) «Die Umstände bei der Festnahme und Strafverfolgung von führenden Jukos-Verantwortlichen», abgedruckt in: Osteuropa 2005, S. 87 ff.

42 Ebenda, Punkt 11.

43 Ebenda, Punkt 9.

44 Ebenda, Punkt 15.

45 Der Tatbestand des Vaterlandsverrats (Art. 64 StGB von 1960) lautete: «Übertritt auf die Seite des Feindes, Spionage, Auslieferung von Staats- oder militärischen Geheimnissen an einen fremden Staat, Flucht ins Ausland oder die Weigerung, aus dem Ausland in die UdSSR zurückzukehren, Unterstützung einer ausländischen Macht bei der Durchführung feindseliger Tätigkeit gegen die UdSSR sowie Verschwörung mit dem Ziel der Machtergreifung wird mit Freiheitsentziehung von zehn bis fünfzehn Jahren, verbunden mit Vermögenskonfiskation und mit Verbannung von zwei bis zu fünf Jahren oder ohne Verbannung, oder mit dem Tode, verbunden mit Vermögenskonfiskation, bestraft.»

46 Entscheidung des Russischen Verfassungsgerichts vom 20. 12. 1995, SZ RF 1996 Nr. 1 Pos. 54; die Strafbarkeit der Tathandlung «Weige-

rung, aus dem Ausland zurückzukehren» wurde allerdings für verfassungswidrig erklärt.

47 Nunmehr handelt es sich um Art. 275 StGB: «Staatsverrat, das ist Spionage, Preisgabe eines Staatsgeheimnisses oder eine sonstige Hilfeleistung gegenüber einem ausländischen Staat, einer ausländischen Organisation oder deren Vertretern bei der Ausübung einer feindlichen Tätigkeit zum Schaden der äußeren Sicherheit der Russischen Föderation, die von einem Staatsangehörigen der Russischen Föderation begangen wurde ...».

48 Gesetz vom 21.7.1993 Nr. 5485–1 «Über das Staatsgeheimnis», SZ RF 1993, Nr. 41, Pos. 4673.

49 Eine entsprechende, in der Verordnung des Verteidigungsministeriums Nr. 55–96 enthaltene Liste wurde vom Obersten Gericht teilweise für nichtig erklärt und in der Folge ganz aufgehoben, danach aber durch ein anderes, gleichermaßen geheimes Dekret ersetzt; Angaben dazu in der Resolution der Parlamentarischen Versammlung des Europarats Nr. 11031 vom 25. September 2006 «Fair trial issues in criminal cases concerning espionage or divulging state secrets», Berichterstatter Christos Pourgourides, im Internet abrufbar unter http://www.assembly.coe.int/Main.asp?link=/Documents/WorkingDocs/Doc06/EDOC11031.htm (letzter Zugriff 4.4.2007).

50 Verlautbarung des Rats der Gesellschaftskammer der R. F. zu Verurteilungen einer Reihe von Wissenschaftlern vom 30.6.2006, im Internet abrufbar unter http://www.oprf.ru/rus/documents/resolutioins/article-1719.html (letzter Zugriff 13.3.2007).

51 Vgl. die Darstellung in Nowye Iswestija vom 27.4.2004 «Die Geschworenen haben die Augen abgewendet». Menschenrechtsschützer haben Igor Sutjagin als politischen Gefangenen eingestuft (russ.), http://www.newizv.ru/print/6302 (letzter Zugriff 13.3.2007).

52 Resolution Nr. 11031 vom 25. September 2006, a. a. O.

53 Vgl. z. B. Walentin Moiseew, Wie ich «südkoreanischer Spion» war (russ.), Moskau 2004.

54 Vgl. zu den Einzelheiten das Dokument der Parlamentarischen Versammlung Doc. 9926 vom 25.9.2003 «Conviction of Gregory Pasko», im Internet abrufbar unter http://www.assembly.coe.int/Documents/WorkingDocs/doc03/EDOC9926.htm (letzter Zugriff 13.3.2007).

55 Vgl. Art. 42 der Verfassung: «Jeder hat das Recht auf eine günstige Umwelt, authentische Information über ihren Zustand sowie auf Ersatz des Schadens, der seiner Gesundheit oder seinem Vermögen durch die Verletzung von Umweltrecht entstanden ist.»

56 Vgl. dazu im Einzelnen Jens Siegert, Ökoheld oder Vaterlandsverräter? Der Fall Pas'ko – ein Lehrstück über Russlands defekten Rechtsstaat, Osteuropa 4/2002, S. 405 ff, S. 409.

57 Pawel Podwig (Hrsg.), Russlands strategische Nuklearrüstung, Moskau 1998.
58 Die Informationen zu den Unzulänglichkeiten des Falles stammen aus dem Dokument der Parlamentarischen Versammlung des Europarats, Doc. 11 031 vom 25. 9. 2006.
59 Grigori Pasko, Der Spion, der keiner war. Der Fall Sutjagin ist nicht beendet, in: Osteuropa 2005, S. 91–102, S. 97.
60 Vgl. zu den angeblichen Verfahrensfehlern International Helsinki Federation for Human Rights, IHF condems retrial ordered for Valentin Danilow: warns against raising «Spy-mania», abrufbar unter www.ihf-hr.org/viewbinary/viewdocument.php?download=1&doc_id=2661 (letzter Zugriff 13. 3. 2007).
61 Zitiert in der Verlautbarung des Rats der Gesellschaftskammer der R. F. zu Verurteilungen einer Reihe von Wissenschaftlern vom 30. 6. 2006, im Internet abrufbar unter http://www.oprf.ru/rus/documents/resolutioins/article-1719.html (letzter Zugriff 13. 3. 2007).
62 Verlautbarung des Rats der Gesellschaftskammer der R. F., a. a. O.
63 Gaseta Kommersant Nr. 99 vom 8. 6. 2007.
64 Anna Politkowskaja, In Putins Russland, Köln 2004, S. 65.
65 Sergei Karamajew, Budanow hat Putin in eine Sackgasse gestellt (russ.), http://lenta.ru/articles/2004/09/20/budanov/ (letzter Zugriff 2. 4. 2007).
66 Anna Politkowskaja, In Putins Russland, a. a. O., S. 133 ff.
67 Vgl. dazu unten Kapitel 5.
68 Vgl. dazu die Darstellungen der Tätigkeiten der russischen Strafverfolgungsbehörden in den in Straßburg entschiedenen Fällen.
69 Anna Politkowskaja, In Putins Russland, a. a. O., S. 92.
70 Entscheidung der Militärkammer des Obersten Gerichts vom 6. 10. 2003; vgl. dazu Kommersant, 6. 10. 2003, http://news.kommersant.ru/index-news.html?ext=news & id=71 850 (letzter Zugriff 13. 3. 2007).
71 Nachricht von Interfax: Nachrichten von einem Antrag von Budanow entsprechen nicht der Wahrheit, 29. 9. 2004.
72 Strana.ru, Juri Budanow wird keine Amnestie bekommen (russ.), http://www.strana.ru/print/239 599.html (letzter Zugriff 13. 3. 2007).
73 Vgl. die Nachricht von Ria Nowosti «Das Gerichtsverfahren über Budanow (russ.), http://www.strana.ru/stories/01/02/28/1300/273 746.html (letzter Zugriff 13. 3. 2007).
74 Ernest Filippowskij, Der Richter des Hauptmanns Budanow braucht Schutz (russ.), Kommersant, 4. 8. 2006.
75 Der Aufruf ist im Internet abrufbar unter www.portal-credo.ru.
76 Appell der Duma vom 12. 2. 2003, SZ RF 2003, Nr. 8, S. 72.
77 Urteil vom 11. 8. 2003, im Internet abrufbar unter http://www.moral.ru/Sakh_sud_11aug.htm (letzter Zugriff 13. 3. 2007).

78 Vgl. dazu die Darstellung des Geschehens aus der Sicht des Ehemanns der Angeklagten Anna Altschuk, Michail Ryklin, Mit dem Recht des Stärkeren. Russische Kultur in Zeiten der «gelenkten Demokratie», Frankfurt am Main 2006, S. 84 ff.

79 Seite 1 des Urteils, zitiert nach Ryklin, Mit dem Recht der Stärkeren, a. a. O., S. 101 f.

80 Ryklin, Mit dem Recht der Stärkeren, a. a. O., S. 63.

V. Auswege aus der gelenkten Demokratie

1 Heinz Timmermann, Die Beziehungen EU – Rußland. Voraussetzungen und Perspektiven von Partnerschaft und Kooperation, in: BiOst 60 (1994); siehe auch Neil Malcolm (Hrsg.), Russia and Europe. An End to Confrontation? London, New York 1994, S. 94.

2 Margareta Mommsen, Die Europäische Union und Rußland, a. a. O., S. 487 f.

3 Margareta Mommsen, Wer herrscht in Rußland?, a. a. O., S. 172 f.

4 Ebenda, S. 192 f.

5 Ebenda, S. 493.

6 Kommersant Wlast, 30. 5. 2005.

7 Margareta Mommsen, Wer herrscht in Rußland? a. a. O., S. 219.

8 Nowaja Gaseta, 13.–15. 10. 2003; Süddeutsche Zeitung, 10./11. 7. 2004.

9 Archiv der Gegenwart, 22. 11. 2004, S. 47–167 ff.

10 Wremja Nowostej, 9. 12. 2005.

11 Hannes Adomeit, Putins Westpolitik. Ein Schritt vorwärts, zwei Schritte zurück, SWP Studie, Berlin 2005.

12 Pavel K. Baev, Russia deflects European criticism with the pretence of self-isolation, in: Jamestown Foundation Eurasia Daily Monitor, 27. 6. 2005.

13 Radio Echo Moskwy, 23. 6. 2005.

14 Radio Free Europe/Radio Liberty, 20. 3. 2006.

15 Kommersant, 15. 2. 2006.

16 TV, Moskau 6. 3. 2006, BBC Monitoring.

17 Olaf Melzer, Traurige Bilanz. Der russische Vorsitz im Europarat (Mai–November 2006), in: Russlandanalysen Nr. 121, 8. 12. 2006.

18 Sabine Fischer, Die EU und Rußland, Konflikt und Potentiale einer schwierigen Partnerschaft, SWP Studie, S. 34, Berlin 2006; Cornelius Ochmann, Die polnisch-russischen Beziehungen im Kontext der neuen Ostpolitik der Europäischen Union, in: Russlandanalysen Nr. 123, 26. 1. 2007.

19 Zitiert nach Financial Times, 22. 11. 2006.

20 Vergleiche hierzu die Ausführungen in Kapitel I dieses Buches.

21 Margareta Mommsen, Wer herrscht in Rußland?, a. a. O., S. 141.

22 Moskowskije Nowosti, 19. 1. 2007; Radio Free Europe/Radio Liberty, 6. 2. 2007; Lilia Schewzowa, in: Wedomosti, 18. 1. 2007. Komsomolskaja Prawda, 25. 1. 2007.

23 Moscow Times, 31. 12. 2006; Viktor Jerofejev, International Herold Tribune, 21. 1. 2007.

24 Vgl. Art. 34 EMRK: «Der Gerichtshof kann von jeder natürlichen Person, nichtstaatlichen Organisation oder Personengruppe, die behauptet, durch eine der Hohen Vertragsparteien in einem der in dieser Konvention oder den Protokollen dazu anerkannten Rechte verletzt zu sein, mit einer Beschwerde befasst werden.»

25 Die Russische Föderation ratifizierte die Europäische Menschenrechtskonvention am 28. 2. 1996. Sie trat am 5. 5. 1998 in Kraft.

26 Statistische Angaben des Gerichtshofs, vgl. http://www.echr.coe.int/ ECHR/EN/Header/Reports+and+Statistics/Reports/Annual+ surveys+of+activity (letzter Zugriff 13. 3. 2007).

27 Vgl. dazu die Ausführungen oben im Kapitel III (Das alltägliche Versagen der Justiz).

28 Entscheidung des EGMR vom 8. 7. 2004 Ilaşcu u. a. v. Russische Föderation und Moldau, Beschwerde Nr. 48 787/99, NJW 2005, 1849.

29 Vgl. dazu die ausführlichen Nachweise in der Entscheidung Ilaşcu vom 8. 7. 2004, Rd. 111–185.

30 Ebenda, Punkt 22 des Urteilstenors.

31 Vgl. das Sondervotum des Richters Kowler zu der Entscheidung Ilaşcu vom 8. 7. 2004, a. a. O.

32 Stenographischer Bericht über ein Treffen der Mitglieder des Rats zur Stärkung der Institute der bürgerlichen Gesellschaft und der Menschenrechte mit Präsident Putin, im Internet abrufbar unter http://www. kremlin.ru/text/appears/2007/01/116 614.shtml (letzter Zugriff 13. 3. 2007).

33 Entscheidung des EGMR vom 24. 2. 2005, Isajewa, Yusupowa, Basajewa v. Russische Föderation, Beschwerde Nr. 57 947/00, 57 948/00 und 57 949/00, EuGRZ 2006, S. 41.

34 Vgl. den Hinweis auf darauf bei Michail Ryklin, Mit dem Recht des Stärkeren, a. a. O., S. 94.

35 Verordnung des Plenums des Obersten Gerichts der Russischen Föderation vom 10. 10. 2003 «Über die Anwendung der Gerichte der allgemeinen Gerichtsbarkeit der Prinzipien und Normen des Völkerrechts und der völkerrechtlichen Verträge der Russischen Föderation», Bulletin des Obersten Gerichts der R. F. 2003, Nr. 12, S. 3.

36 Angelika Nußberger, The Implementation of the European Convention on Human Rights in Russia and Ukraine, im Erscheinen.

37 Vgl. Art. 15 Abs. 4 der Russischen Verfassung: «Die allgemein anerkannten Prinzipien und Normen des Völkerrechts und die internationalen Verträge der Russischen Föderation sind Bestandteil ihres Rechts-

systems. Wenn durch einen internationalen Vertrag der Russischen Föderation andere Regeln festgelegt worden sind als die im Gesetz vorgesehenen Regeln, so werden die Regeln des internationalen Vertrags angewandt».

38 Vgl. dazu Angelika Nußberger/Dmitri Marenkov, Das «Jein» Russlands zur Todesstrafe, a. a. O., S. 12 ff.

39 W. Tretjakow, Reversive Demokratisierung (russ.), in: Rossiskaja gaseta, 30. 6. 2006, http://www.rg.ru/2005/06/30/revers-demokratizacia.html (letzter Zugriff 13. 3. 2007).

40 Petra Stykow, Unternehmerverbände in der Politik: Ein Testfall für die Beziehungen zwischen Staat und Zivilgesellschaft, in: Matthes Buhbe/Gabriele Gorzka (Hrsg.): Russland heute, a. a. O., S. 125.

41 Margareta Mommsen, Wer herrscht in Rußland? a. a. O., S. 131.

42 Diana Schmidt, Neues (und Altes) in Sachen NGO-Gesetz, in: Russlandanalysen Nr. 103, Juni, S. 5 ff; Jens Siegert, Administrative Begeisterung oder wie die gelenkte Demokratie souverän wurde, in: Russlandanalysen Nr. 115, 27. 10. 2006, S. 15–17.

43 Diana Schmidt, Neues (und Altes) in Sachen NGO-Gesetz, a. a. O.

44 Angelika Nußberger/Carmen Schmidt, Zensur der Zivilgesellschaft in Russland, a. a. O., S. 12 ff.

45 Diana Schmidt, Neues (und Altes) in Sachen NGO-Gesetz, a. a. O.

46 Vgl. Angelika Nußberger/Carmen Schmidt, Vereinsrecht auf Russisch oder Don Quichote und die russische Bürokratie, in: Russlandanalysen Nr. 139, 21. 6. 2007, S. 1 ff.

47 Tanya Lokshina, Russian Civil Society: The G8 and after, Opendemocracy.net, 19. 7. 2006.

48 Ebenda; siehe auch AFP, 2. 8. 2006.

49 Kommersant, 12. 7. 2006; Iswestija, 12. 7. 2006; Wremja Nowostej, 13. 7. 2006.

50 Neue Zürcher Zeitung, 13. 7. 2006.

51 Kommersant, 11.–12. 7. 2006.

52 The Mail on Sunday (UK), 4. 2. 2007.

53 Iswestija, 17. 7. 2006.

54 Neue Zürcher Zeitung, 13. 7. 2006.

55 Sonja Margolina, Erziehung zur Gewalt: Russische Orte männlicher Sozialisation, in: Internationale Politik, Juli 2006, 61. Jg., Nr. 7, S. 64.

56 Itar Tass, 22. 1. 2007.

57 Moscow Times, 23. 1. 2007; Interfax, 22. 1. 2007.

58 Sonja Margolina, Jenseits von Demokratie und Diktatur, S. 63.

59 Iswestija, 8. 8. 2005.

60 Interfax, 22. 1. 2007.

61 Neue Zürcher Zeitung, 13./14. 1. 2007.

62 Interfax, 22. 1. 2007; Moscow Times, 23. 1. 2007.

63 Dmitry Vinogradov, Das russische Internet: Insel der Meinungsfreiheit und Zivilgesellschaft, in: Russlandanalysen Nr. 118, 17. 11. 2006, S. 17–21; BBC Monitoring, 22. 2. 2007; International Herald Tribune, 27. 2. 2007.

64 Reuters, 29. 1. 2007.

65 Galina Michailowa, Grundlegende Etappen, a. a. O.

66 Ebenda.

67 Ebenda.

68 Wjatscheslaw Kostikow, Argumenty i Fakty, 31. 1. 2007.

69 BBC Monitoring, Radio Echo Moskwy, 5. 3. 2007.

70 Nesawissimaja Gaseta, 24. 1. 2007.

71 Kommersant, 12. 2. 2006; dem Staatlichen Statistischen Dienst zufolge stieg die Zahl der Beamten seit 2001 stetig an, allein 2005 um 143 500 Personen, d. s. 10,9 Prozent gegenüber dem Vorjahr.

72 Wjatscheslaw Kostikow, Argumenty i Fakty, 31. 1. 2007, Interfax, 30. 5. 2007; Masha Lipman, Washington Post 4.6.2007; Moscow Times, 5. 6. 2007.

Personenregister